Nelles Verlag

W0039714

Syrie
Liban

Auteur :
Wolfgang Gockel

SYRIE / LIBAN

LISTE DES CARTES

ACHEVÉ D'IMPRIMER / LÉGENDE DES CARTES

Chère lectrice, cher lecteur,

Être constamment à jour est l'objectif principal des Guides Nelles. Afin d'y parvenir, nos correspondants nous informent continuellement des dernières nouveautés dans le domaine du voyage et nos cartographes réactualisent nos cartes en permanence. Le monde du voyage évoluant sans cesse, les erreurs ou omissions involontaires qui auraient pu subsister dans cet ouvrage ne sauraient engager la responsabilité de l'éditeur. Nous vous serions toutefois reconnaissants de bien vouloir nous faire part de vos remarques à l'adresse suivante : Nelles Verlag, Machtlfinger Str. 11, D-81379 Munich, tél. : +49 (0)89 3571940, fax : +49 (0)89 35719430, e-mail : info@nelles-verlag.de, internet : www.nelles-verlag.de

LÉGENDE

★★	À ne pas manquer *(sur la carte)*	Voie rapide
★★	*(dans le texte)*	R. à grande circulation
★	Très intéressant *(sur la carte)*	Route principale
★	*(dans le texte)*	Route secondaire
❽	Numéro correspondant dans le texte et sur la carte	Sentier
⑧	Numéro correspondant dans le texte et plan de ville	Chemin de fer
❽	Numéro correspondant dans le texte et plan de détail	Zone piétonne
	Bâtiment public ou important	Murs de la ville
■ ●	Hôtel, Restaurant	Frontière d'Etat avec poste frontière
■ □	Marché, Centre commercial	Distance en kilomètres
✝ ✝	Église, monastère	
☪	Mosquée	Numération des routes
■ ★	Ambassade, police	

Suweida *(Cité)* / Dura Europos *(curiosité, monument)* — Lieu mentionné dans le text
Aéroport international / Aéroport national
H. Sannine 2628 — Sommet (altitude en mètres)
Plage
Parc National
Domaine skiable
Point de vue, château fort
Site archéologique, caverne
Phare
Office de tourisme
Bureau de poste, hôpital
Arrêt d'autobus, parking
Distance en kilomètres : 13
Numération des routes : 5

SYRIE – LIBAN
© Nelles Verlag GmbH, 81379 München
  All rights reserved
  Couverture protégée par modèle
  d'utilité en France et en Allemagne
  ISBN 978-3-86574-158-5
  Printed in Germany

Édition 2008
Distribution pour la France :
EDITOUR
Z.I. Bois des Lots
B.P. 24
26131 Saint-Paul-Trois-Châteaux
info@editour.fr, www.editour.fr

Éditeur :	Günter Nelles	**Traduction :**	Marlène Kehayof-Michel
Rédacteur en chef :	Berthold Schwarz	**Réactualisation :**	M.-O. Buchschmid
Chef de projet :	Wolfgang Gockel	**Cartographie :**	Nelles Verlag GmbH
Rédaction :	Claudia Mende	**Quadrichromie :**	Priegnitz
Iconographie :	K. Bärmann	**Impression :**	Farbdrucke Bayerlein

1 SYRIE

2 DAMAS ET LE SUD DE LA SYRIE

3 ALEP ET LE NORD DE LA SYRIE

8 THÈMES PARTICULIERS

9 GUIDE PRATIQUE SYRIE

GUIDE PRATIQUE LIBAN

À VOIR EN SYRIE

Damas : l'une des vieilles villes les plus attachantes d'Orient avec ses **souks et sa **mosquée des Omeyyades** sans oublier, dans la ville moderne, le **Musée national** (p. 31).

*Maalula : l'un des plus beaux villages de Syrie. Les habitants les plus âgés parlent encore l'araméen (p. 46).

**Bosra : ville la plus importante du Hauran avec de nombreux vestiges de l'Antiquité parmi lesquels le théâtre romain le mieux conservé (p. 57).

**Krak des Chevaliers : le plus grand château croisé d'Orient et le plus imposant avec ses bastions, ses tours, ses salles et ses entrepôts (p. 72).

*Hama : l'irrigation se fait grâce à d'immenses roues à eau en bois (norias) depuis le IVᵉ siècle (p. 79).

**Apamée : un modèle d'urbanisation gréco-romaine avec sa colonnade monumentale et ses remarquables mosaïques (p. 82).

**Trullis : fermes en bois et en argile que l'on rencontre dans le désert syrien et qui ressemblent à des ruches (p. 92).

Alep : une puissante **citadelle domine l'ancienne ville marchande, ses vastes **souks**, ses **khans** ottomans et ses **madrasas** arabes (p. 94).

Qalb Lhosé, ****Mushabbak et ****Qala'at Samaan** (**St-Siméon**) : les plus belles Villes Mortes du Massif calcaire de la Syrie du Nord et les mieux conservées (p. 112 et suiv.).

**Palmyre : ses chefs d'œuvre architecturaux font de la métropole antique du désert l'un des plus célèbres sites archéologiques (p. 124).

*Qasr al Hayr ash Sharqi : château du désert omeyyade aux allures de forteresse avec mosquée, caravansérail et reliefs en brique et en stuc (p. 134).

*Doura Europos : ville frontalière sur l'Euphrate, qui fut fortifiée pour résister aux dynasties perses des Parthes et des Sassanides (p. 136).

*Mari (**Tell Hariri**) : on a mis au jour des archives (25 000 tablettes d'ar-

Pages précédentes : le souk d'Alep. Ci-dessus : trullis, à l'est de Hama (Syrie). Ci-contre : l'ancienne cité phénicienne de Tyr à la nuit tombée (Liban).

gile) dans le mythique palais (XVIIIe s. av. J.-C.) du roi Zimri-Lim (p. 141).

★★Sergiopolis (Resafa) : l'un des plus importants lieux de pèlerinage du début de la chrétienté avec ses remparts et ses vénérables basiliques (p. 148).

★Tartous : ancienne ville des croisés avec la cathédrale Notre-Dame (p. 160).

★Qala'at al Marqab : château des croisés on ne peut plus imposant avec ses entrepôts, ses citernes et son fier donjon (p. 162).

★Ougarit (Ras Shamra) : cette ville côtière datant de l'âge de bronze a joué un rôle de premier plan dans l'histoire. Le plus ancien (XIVe s. av. J.-C.) alphabet du monde fut mis au jour dans le palais royal (p. 166).

★Qala'at Saladin (Sayhun) : forteresse croisée dotée d'un immense fossé (p. 169).

À VOIR AU LIBAN

★Beyrouth : découvrez la capitale du Liban, ses rues commerçantes, sa vie nocturne et les trésors archéologiques de son Musée national (p. 185).

★★Byblos (Jbail) : visitez les ruines (temple aux obélisques) de cette cité marchande millénaire (p. 195).

★★Tripoli (Trablous) : pour les mosquées, bains, écoles coraniques et le port de sa vieille ville (p. 200).

★★Wadi Qadisha : monastères, grottes, gorges et cèdres de la Vallée Sainte des maronites vous attendent (p. 205).

★★Baalbek : les dimensions gigantesques de ces temples romains du nord de la plaine de la Bekaa attirent les visiteurs depuis 2000 ans (p. 209).

★★Aanjar : château du désert omeyyade construit sur le modèle romain avec des bains, des mosquées et trois résidences (p. 219).

★Chouf (Shouf) : de la côte au djebel Barouk (1948 m), villages druzes de rêve et palais enchantés alternent (p. 222).

★★Sidon (Saïda) : vieille ville on ne peut plus pittoresque avec ses deux ports, ses khans, ses mosquées et ses marchés (p. 226).

★★Tyros (Sour) : ne négligez pas l'une des plus importantes cités de l'ère phénicienne avec sa cathédrale des croisés et ses sites en ruine (p. 229).

ANTIQUITÉ

VIIIe-IVe millénaire av. J.-C. Au néolithique et au chalcolithique (âge de cuivre) : passage de la civilisation semi-nomade des chasseurs et cueilleurs à l'agriculture avec l'apparition des premières colonies sédentaires, des outils en métal et de la domestication des animaux.

3500-2700 av. J.-C. Protohistoire : rayonnement de la culture sumérienne (Irak du Sud) jusqu'à Tell Brak (nord-est de la Syrie) : temples somptueux, sceaux circulaires, statues d'orants et premiers textes cunéiformes.

2900-1200 av. J.-C. Âge de bronze : importantes villes-États avec palais et archives rédigées sur des tablettes d'argile : Ougarit (Ras Shamra), Halap (Alep), Ebla (Tell Mardikh), Mari (Tell Hariri ; palais de Zimri-Lim, XVIIIe siècle av. J.-C.) entre autres.

1750-1250 av. J.-C. Le royaume hourrite de Mitanni (nord de la Syrie), l'Égypte et le royaume hittite (Anatolie) se disputent l'hégémonie sur la Syrie (en 1285 av. J.-C. : défaite de Ramsès II face au roi hittite Muwatalli à la bataille de Qadesch, Liban).

XIVe s. av. J.-C. Premier alphabet (cunéiforme) du monde, à Ougarit (Ras Shamra).

1200-750 av. J.-C. À la chute de Byblos (Jbail), Sidon (Saïda) et Tyr (Sour) deviennent les plus puissantes villes phéniciennes. **À p. de 1100 av. J.-C.** Avancée araméenne.

539-333 av. J.-C. Domination de la dynastie perse des Achéménides.

333 av. J.-C. Après la bataille d'Issos, Alexandre le Grand s'empare du Levant (côte méditerranéenne orientale).

323-281 av. J.-C. Guerres diadoques : la Syrie et la Palestine reviennent à la dynastie des Séleucides (fondation d'Apamée vers 300).

64 / 63 av. J.-C. Pompée remet de l'ordre au Proche-Orient et crée la province de Syrie.

270-272 Règne de la reine Zénobie et apogée du royaume de Palmyre.

395 Partage de l'Empire romain : le Levant revient à Byzance (Empire romain d'Orient).

IVe-VIe s. Apogée des futures "Villes Mortes" du Massif calcaire de la Syrie du Nord (monastère de Saint-Siméon / Qala'at Samaan, Qalb Lhosé). **634-636** Les Arabes s'emparent de toute la Syrie et de la Palestine.

MOYEN ÂGE

661-750 Damas est la métropole la plus en vue du monde musulman sous la dynastie des Omeyyades, fondée par le cinquième calife Moawiya.

750-1258 Apogée de l'islam pendant la dynastie des Abbassides qui résident à Bagdad.

1070-1117 Domination des Seldjoukides turkmènes originaires d'Asie centrale.

1096-1099 1ère croisade et fondation des États croisés (Jérusalem, Émèse...). Avec Akko (A-

L'hippodrome romain de Tyr (Liban) a vu plus d'une course de chars.

cre), Tripoli (Liban) est le port le plus important des croisés.

1291 / 1302 Fin des croisades avec la prise d'Akko et de l'île d'Arwad (près de Tartous).

1174-1250 Dynastie des Ayyoubides : le sultan Saladin unifie les royaumes musulmans de Bagdad au Caire ; apogée culturel en Syrie.

1187 Défaite écrasante des "Francs" face à Saladin, à la bataille de Hattin.

Milieu du XIIIe s. Les Mongols s'emparent de presque tout le Proche-Orient (destruction de Bagdad en 1258 et siège de Damas en 1260).

TEMPS MODERNES

1516-1918 Le Liban et la Syrie font partie de l'Empire ottoman.

1832 L'émir du Liban, Chihab Bachir II, s'allie à Ibrahim Pacha, le vice-roi ottoman d'Égypte, contre les Ottomans.

1840 Ibrahim Pacha est vaincu par les Turcs et leurs alliés britanniques et autrichiens.

1858-1860 Guerre civile au Liban entre les maronites qui ont la faveur de la France et les Druzes soutenus par les Britanniques.

La Grande Mosquée de Damas atteste la puissance de la dynastie des Omeyyades.

1920 Au terme d'une occupation de deux ans, le Liban est placé sous mandat français.

1943 Indépendance du Liban.

1948 Près de 100 000 Palestiniens quittent Israël et se réfugient dans des camps au Liban où ils sont pris en charge par l'ONU.

1970-2000 Régime dictatorial d'Hafez el-Assad, qui a le soutien de l'armée, en Syrie.

1970-1976 Sous la présidence de Soleimane Frangié, aggravation des problèmes économiques, politiques et sociaux au Liban qui débouchent sur la guerre civile.

1975-1990 Guerre civile au Liban.

1976 Intervention militaire syrienne au Liban.

1982 À la suite d'un attentat meurtrier à l'encontre du président Béchir Gemayel, l'armée israélienne occupe l'ouest de Beyrouth ; massacres de Sabra et Chatila.

Jusqu'en 1985 Israël se retire progressivement du sud du Liban à l'exception d'une "zone de sécurité".

1988 Point culminant de la guerre civile au Liban : rivalité des deux chefs de gouvernement, Selim el-Hoss et le général Michel Aoun.

1989 Accords de Taïf (Arabie Saoudite) : chrétiens et musulmans se répartissent les sièges au Parlement libanais ; désarmement des milices.

1990 L'intervention syrienne met fin à la guerre civile libanaise : Michel Aoun est contraint de se retirer et est remplacé par Omar Karami.

HISTOIRE RÉCENTE

1992-1998 Poursuite des troubles au Liban. Le Premier ministre Hariri démissionne en 2004.

2000 Retrait de l'armée israélienne du Sud Liban. Bachar el-Assad succède à son père à la tête de la Syrie ; amorce de libéralisation.

2005 Février : assassinat de Rafiq Hariri. Avril : le sunnite Nagib Mikati devient Premier ministre. Mai : les dernières troupes syriennes quittent le Liban.

2006 Suite à l'enlèvement de deux soldats israéliens, guerre de six semaines à la frontière libanaise entre Israël et le Hezbollah. Le conflit coûte la vie à quelque 150 Israéliens et à 1500 civils libanais. Destructions considérables, notamment dans le sud du Liban et à Beyrouth.

2007 Mort dans un attentat à la voiture piégée de l'homme politique libanais anti-syrien, Walid Eido. Dans le nord de la Syrie, une attaque aérienne israélienne détruit un site nucléaire en construction. Violents combats dans le camp de réfugiés de Nahr al-Bared (au nord de Tripoli). 1 400 000 réfugiés irakiens vivent en Syrie ce qui n'est pas sans provoquer de vives tensions sociales.

2008 La Syrie perd de son influence au Liban. Un détachement de la marine envoyé par les Nations Unies surveille la côte libanaise pour empêcher tout trafic d'armes.

LA SYRIE

HISTOIRE ET CULTURE

Anciennes civilisations et villes-États

Si la Syrie n'est pas le berceau de l'humanité, elle est sans conteste un des hauts lieux de son épanouissement. Au néolithique et au chalcolithique (âge de cuivre), de 8000 à 4000 av. J.-C., des hommes ont commencé à cultiver des plantes et à élever du bétail au Proche-Orient. Ils ont construit des bâtiments en dur, fondé les premières villes avec tous les avantages et les inconvénients de la vie en communauté et fabriqué les premiers objets en métal. Le passage progressif de la vie nomade, consacrée à la chasse et à la cueillette, à la vie sédentaire du paysan marque un tournant décisif dans l'évolution de la civilisation humaine. Durant cette période, les hommes s'établissent de préférence dans la région du "croissant fertile", sur les versants orientaux du mont Liban et dans les vallées de l'Euphrate et de ses affluents notamment. Des liens économiques sont tissés avec la Mésopotamie et l'Asie Mineure (Anatolie). Dès cette époque, la région est un lieu de rencontre des cultures et des civilisations, une fonction qu'elle assumera souvent au cours de l'Histoire.

Au début de l'âge de bronze (IIIe millénaire av. J.-C.), plusieurs maisons royales et leurs villes-États se partagent le territoire de l'actuelle Syrie tandis que l'influence égyptienne se fait particulièrement sentir dans l'ouest du pays et au Liban. L'âpre lutte que se livrent les deux villes les plus puissantes, Ebla (Tell Mardikh) et Mari (Tell Hariri), pour le contrôle de l'importante route caravanière reliant la Mésopotamie à la vallée de l'Oronte (Nahr al Asi) se ter-

Ci-contre : les Assyriens ont régné sur le nord de la Syrie de 900 à 612 av. J.-C. environ (relief du roi Sargon II).

mine par la prise de Mari, Ebla mettant la main sur un butin de 65 kg d'or et 1052 kg d'argent. La chute de Mari aplanit la voie pour les campagnes des rois mésopotamiens (2250-2150 av. J.-C.) qui aboutissent à la suprématie des rois d'Ur et font reculer l'influence égyptienne.

Les Sémites venus du Sud, les Cananéens de la Bible, s'implantent très rapidement avec leurs dynasties à Ougarit (Tell Ras Shamra), Qatna (Mishrfeh), Mari et Halap (Alep). Dès 1900 av. J.-C., au début de l'âge de bronze moyen, sous la recrudescence de l'influence égyptienne, les dieux et les rois sont représentés en vêtements égyptiens. Mari obtient la suprématie politique.

De toute évidence, la perspective d'un butin – bois précieux – importait davantage aux conquérants de cette époque que l'accroissement territorial. Vers 1800 av. J.-C., Shamshi-Adad d'Assur (Irak du Nord) suit l'exemple de ses prédécesseurs et se dirige vers la Méditerranée. Il tente d'asseoir à long terme son influence en Syrie en nommant son fils Jasmashahad roi de Mari. En vain car un prince local reprendra Mari. Lorsque Hammourabi de Babylone détruit Mari en 1750 av. J.-C., la dynastie de Jamshad (Alep) étend sa suprématie au nord de la Syrie et va connaître pendant un siècle une période de relative tranquillité.

Au début de l'âge de bronze tardif qui commence à partir du IIe millénaire av. J.-C , c'est au tour des Hittites d'Anatolie centrale d'envahir la Syrie du Nord alors que le nord-est, la région de la Jezirah située entre les affluents de l'Euphrate que sont le Balikh et le Khabur, voit arriver les Hourrites indo-européens venus d'Anatolie orientale. De leur royaume du Mitanni, ces derniers vont introduire au Proche-Orient l'élevage des chevaux notamment, ce qui se traduira à terme par des changements déterminants non seulement dans la manière de faire la guerre mais aussi de construire des forteresses.

La Syrie : histoire et culture **1**

Aux environs de 1450 av. J.-C., le pharaon Thoutmès III met à profit l'instabilité politique. Il se dirige vers l'Euphrate, conquiert le Mitanni et, au retour, chasse l'éléphant sur les bords de l'Oronte. Malgré sa défaite, le Mitanni conserve un rôle dirigeant en Syrie au cours des 150 années suivantes, jusqu'à ce que les Hittites anéantissent le royaume des Hourrites. À la bataille de Qadesh en 1285 av. J.-C., le roi hittite Muwatalli bat même le célèbre pharaon Ramsès II.

Ce n'est que lorsque les Peuples de la Mer, après avoir écrasé le royaume des Hittites (Hatti), entreprennent une marche triomphale le long de la frontière syro-palestinienne, que seul le pharaon Ramsès III pourra arrêter en Syrie vers 1198 av. J.-C., que la situation va changer de fond en comble. Les villes-États de l'Ouest sont démantelées, de petits groupes parmi les Peuples de la Mer comme les Philistins s'implantent le long de la côte (en Palestine surtout) et les Araméens sémites pénètrent plus avant dans le Nord. Ils s'imposent également sur le plan culturel : l'araméen supplante peu à peu l'ancienne écriture cunéiforme.

Les Araméens fondent des principautés à Damas, Alep et Hama et commencent à menacer la Mésopotamie de sorte que les Assyriens se voient contraints vers 900 av. J.-C. de les arrêter. Ils assujetissent les principautés araméennes et leur font payer tribut. Au cours des 250 années suivantes, de vastes parties de la Syrie du Nord obtiennent le statut de provinces assyriennes, même Damas et le royaume de Judée, aujourd'hui une partie d'Israël, doivent payer tribut. Des soulèvements contre les Assyriens, fomentés sans succès par Damas, sont brutalement réprimés et des milliers de prisonniers déportés.

Ci-contre : le roi des Parses, Darius III, s'enfuit devant les soldats d'Alexandre le Grand à Issos en 333 avant J.-C. (Musée archéologique national de Naples).

Même la chute de Ninive, la capitale du royaume d'Assyrie, en 612 av. J.-C., ne met pas fin à ces troubles sanglants : Babylone va endosser pendant des décennies le rôle des Assyriens, son roi Nabuchodonosor II conquiert Jérusalem en 587 av. J.-C. et emmène en captivité les Juifs qui ne seront délivrés que par le roi perse Cyrus le Grand après la conquête de Babylone en 539 av. J.-C. En même temps, la Syrie et le Levant (côte méditéranénne orientale) deviennent des provinces du royaume perse des Achéménides. Mais lorsque des gouverneurs avides de pouvoir se mettent à amputer de plus en plus l'autonomie des princes locaux, une alliance syrienne se soulève qui anéantira les Perses en 451 av. J.-C.

D'Alexandre le Grand à la marche triomphale de l'islam

Après qu'Alexandre le Grand l'eut emporté sur le roi des Perses, Darius III, à la bataille d'Issos (Turquie) en 333 av. J.-C., les États syriens se rallient à lui, seule la ville de Tyr nécessitera un long siège avant d'être conquise. Alexandre meurt toutefois peu de temps après. Après une marche triomphale sans précédent jusqu'en Afghanistan et en Inde, il décède, victime des fièvres, à l'âge de 33 ans à Babylone. Son fils étant encore mineur et son demi-frère débile, ses généraux se disputent son héritage dans les guerres des Diadoques (323-281 av. J.-C.).

L'immense empire finit par être partagé en trois ; la Perse, la Mésopotamie, la Palestine et la Syrie reviennent à Séleucos Ier Nicator (305-281). Au cours de plusieurs campagnes de colonisation d'une ampleur inconnue jusque-là, des dizaines de milliers de Grecs s'implantent et des centaines de villes sont fondées. Le grec restera la langue véhiculaire (*lingua franca*) du Proche-Orient jusqu'à la conquête arabe. Et pendant près de 250 ans, durée de la période hellénistique, la Syrie et le Levant vont

constituer une pomme de discorde entre les Séleucides et les rois d'Égypte, les Ptolémées.

Et c'est Rome qui en profitera ; en 64 av. J.-C., Pompée pénètre en Syrie et réunit ses petites principautés en province de Syrie. Pendant près de 300 ans, les Romains vont avoir fort à faire pour repousser les assauts des Parthes à l'est. Sous Trajan et Hadrien (106-138 ap. J.-C.), des routes sont construites et les frontières fortifiées ; rien que dans le Hauran, près de 300 villes nouvelles voient le jour.

Après les Parthes, les Sassanides deviennent les adversaires à l'est. Dès 261, leur roi Shapur Ier réussit à défaire les Romains en Syrie et il faudra le génie militaire du Palmyréen Odénat pour le contraindre à se retirer. Lors de la division de l'Empire romain en 394, la Syrie échoit à Byzance (Empire romain d'Orient). Au début de l'ère byzantine, le pays et la population souffrent des querelles religieuses constantes et des attaques des Sassanides qui, en 610-614, se seraient même emparés de la croix du Christ à Jérusalem. Au VIe siècle viennent s'ajouter des catastrophes naturelles : des épidémies de peste bovine, des périodes de sécheresse et des tremblements de terre dépeuplent des régions entières, ce dont témoignent les ruines des "Villes Mortes" (Massif calcaire de Syrie du Nord).

En 634-636, le climat d'insécurité générale et le déclin économique poussent de nombreuses villes syriennes mécontentes de Byzance à n'opposer qu'une faible résistance aux armées arabes musulmanes voire à capituler.

La prospérité musulmane et l'époque des croisés

Muawiya, cinquième calife et fondateur de la dynastie arabe des Omeyyades fait de Damas, en 661, la capitale de l'empire musulman qui, dès 711, s'étend de l'Èbre (Espagne) jusqu'à l'Indus. La ville devient la brillante métropole d'une puissance mondiale en expansion. Fonctionnaires et savants syriens exercent une grande influence sur le jeune État mais lorsque, en 749, Abu al-Abbas extermine les Omeyyades, à

une exception près, lors de son tristement célèbre "banquet de la paix" et fonde en tant que nouveau calife la dynastie des Abbassides (750-1258), il transfère sa résidence à Bagdad.

Les structures du pouvoir politique et culturel se déplacent au profit des Perses tandis que des dynasties locales voient le jour en Syrie. Les luttes et les intrigues affaiblissent tellement le pouvoir des califes que 200 ans plus tard la dynastie des Hamdanides chiites (originaire de Mossoul en Irak) avec à sa tête Saif ad Daula (le "glaive de l'État") règne depuis Alep en Syrie du Nord. Pour avoir encouragé notamment le célèbre poète Al Mutanabbi (915-965), Saif ad Daula, lui-même poète, est tenu en haute estime par le monde arabe. Saif, le seigneur d'Alep, dirige la résistance aux incursions byzantines incessantes. À sa mort, en 967, les Fatimides égyptiens prennent la direction de la lutte contre Byzance.

Ci-dessus : le siège de Damas par les "Francs" pendant la deuxième croisade (1147-1149).

La consolidation du pouvoir des Seldjoukides turcs modifie à nouveau le paysage politique. Emmenés par Alp Arslan, les Seldjoukides, après leur victoire sur l'Empire romain d'Orient en 1071 et l'établissement d'un royaume en Anatolie ("Seldjoukides de Roum"), deviennent une grande puissance musulmane dont le fils d'Alp Arslan, Tutush, va étendre l'influence jusqu'en Syrie et en Palestine.

Le pape Urbain II appelle, à la demande de l'empereur byzantin Alexis Ier Commène, l'Occident à partir en croisade. Les chevaliers chrétiens, avides de butin, conquièrent Jérusalem en 1099 puis toute une série de villes syriennes. Ils ne rencontrent qu'une faible résistance car les musulmans sont divisés entre eux et le soutien des califes leur fait défaut. La répartition des terres conquises entraînera des querelles entre chrétiens.

C'est seulement avec l'atabeg Zengi de Mossoul, qui avait conquis Alep, que les chrétiens vont avoir à faire à plus forte partie (1119). Grâce à ses aptitudes et malgré ses origines modestes, il était le fils d'un esclave, l'atabeg – titre donné au précepteur d'un prince seldjoukide – avait eu accès à de hautes fonctions. Son fils Nour ed-Din ("Lumière de la foi") va poursuivre avec succès la contre-croisade qui ne peut être arrêtée qu'avec le secours de Byzance. Son successeur, l'Ayyoubide Saladin ("Soutien de la foi") s'allie avec les Seldjoukides et avec leur aide encercle les croisés. Après sa victoire à Hattin (Israël), Saladin peut s'emparer de Jérusalem en 1187. L'équilibre des forces établi après sa mort (1193) ne sera rompu que par l'expulsion des Mongols arrivés en 1260.

L'arrivée au pouvoir du sultan mamelouk Baybars en 1260 va amorcer le déclin des "Francs" (croisés). Jusque-là, ils s'étaient alliés aussi bien avec les Byzantins qu'avec des musulmans contre d'autres musulmans. Ce genre d'alliance était courante mais le sultan mamelouk ne pardonna pas aux chrétiens d'avoir soutenu les Mongols. Lorsque Baybars meurt en 1279, il a mené 38 campagnes, livré 15 batailles, et vaincu tous ses adversaires : Mongols, chrétiens et Assassins. Sous le règne de son fils Qalaoun et de son petit-fils Al Ashraf, les derniers bastions chrétiens du continent vont tomber jusqu'en 1290-1291 aux mains des musulmans. En 1302, c'est le tour du dernier refuge des croisés, l'île d'Arwad (près de Tartous).

Les malheurs de la Syrie ne sont pas pour autant terminés car les sultans qui vont suivre seront de véritables incapables. De plus, les Mongols reviennent en 1400 avec à leur tête Timur Lang (Tamerlan) et sèment la terreur dans tout le pays. Des trésors artistiques seront irrémédiablement détruits, de nombreux artistes et artisans seront emmenés en captivité à Samarkand (Ouzbékistan) où ils mourront.

La domination des Ottomans

Après le retrait des Mongols, la reconstruction ne se fait que lentement,

entravée de surcroît par la guerre entre les Mamelouks et les Ottomans. Le sultan ottoman Sélim Ier ayant fini par occuper tout le pays en 1516 et l'ayant divisé en cinq vice-royautés ou *pachaliks* (Gaza, Saïda-Acre, Tripoli, Alep et Damas), l'arrière-pays et la région côtière vont se développer différemment en fonction des conditions régionales et des compétences des vice-rois.

Les pachas d'Alep, nommés pour trois à douze mois en échange d'un salaire insignifiant, tentent de s'enrichir en affermant leur charge et en créant d'innombrables impôts supplémentaires allant jusqu'à imposer les revenus tirés du nettoyage des pipes. Il s'ensuit un appauvrissement de la population et une diminution du nombre des habitants. Les pachas de Damas, nommés généralement à vie, sont en revanche d'une toute autre trempe, surtout les gouverneurs de la famille des Azem (XVIIIe siècle). Mais, même sous leur règne, une corruption sans bornes et des soldats indisciplinés, la source de tous les maux de la domination ottomane, vont nuire au développement du pays. Malgré plusieurs soulèvements, la Syrie demeurera – à l'exception de brefs intermèdes dus à Mohammed Ali, le pacha d'Égypte (1831) et aux Français (1860) – sous domination turque jusqu'en 1918.

De l'indépendance au régime d'Assad

Dans une lettre rédigée en termes vagues, la Grande-Bretagne assure en 1916 Hussein, le chérif de la Mecque, de son soutien aux efforts d'indépendance arabes à condition que les Arabes se rangent aux côtés des Britanniques dans la Première Guerre mondiale contre l'Allemagne, l'Autriche-Hongrie et la Turquie qui leur est alliée. Or, la même année, la France et la Grande-Bretagne projettent en secret dans les accords Sykes-Picot la création d'une confédération ou d'un État arabe sous le contrôle direct ou indirect des signataires des accords.

En outre, les Britanniques confirment dès 1917, avec la déclaration Balfour, le droit à l'existence d'un État juif en Palestine et pénètrent en Syrie en 1918. La même année, la France et l'Angleterre déclarent que leur but est "la libération de tous les peuples", mais lors de la conférence de paix à Paris en 1919, elles font échouer l'indépendance des Arabes pour imposer un mandat comme solution : l'Angleterre conserve la Palestine, la Jordanie et l'Irak, la France obtient la Syrie et le Liban. Hussein convoque en 1919-1920 un congrès national à Damas qui proclame la Syrie monarchie constitutionnelle. Le général Gouraud demande en vain la dissolution du congrès, entre dix jours plus tard dans Damas et contraint le "roi de Grande-Syrie", le père d'Hussein, Fayçal à quitter le pays.

En 1940, le chrétien syrien, Michel Aflaq fonde à Damas le parti *Baas*, le parti socialiste de la résurrection arabe, qui jusqu'à aujourd'hui a une influence prépondérante sur le destin du pays. Une citation d'Aflaq reflètent fort bien les sentiments des Syriens qui se considèrent victimes d'un complot : "La nation arabe est chargée d'une mission éternelle, elle a toujours voulu le bien et est toujours la victime innocente de la méchanceté des autres peuples".

Les Français parviennent par diverses manipulations à empêcher l'indépendance syrienne jusqu'en 1943 ; en 1939 par exemple, ils offrent la région d'Antioche aux Turcs en échange de leur neutralité dans la Deuxième Guerre mondiale. Ils ne quitteront définitivement la Syrie qu'en 1946.

Après plusieurs putschs au sein de la jeune république, les milieux dirigeants penchent d'abord pour la neutralité entre l'Occident et le bloc communiste.

Ci-contre : toujours bien présent – portrait du président Hafez el-Assad, décédé en l'an 2000.

Mais la politique pro-israélienne des États-Unis et la méfiance syrienne à l'égard des milieux économiques dirigeants dans le pays et à l'étranger vont contribuer à la victoire électorale du parti *Baas* en 1954. Le glissement à gauche est encore renforcé par l'attitude pro-égyptienne de l'Union soviétique pendant la crise de Suez en 1956. Des idées panarabes aboutissent en 1958 à la réunion de l'Égypte et de la Syrie au sein de la République Arabe Unie ; celle-ci prendra fin en 1961 à cause de la tutelle égyptienne.

Après le putsch d'officiers nationalistes organisé avec le parti, le *Baas* s'impose comme seul détenteur du pouvoir. Le parti tente de moderniser l'État et la société par des réformes sociales. En 1967, lors de la guerre des Six Jours, la Syrie essuie une cuisante défaite, elle doit évacuer le plateau du Golan occupé par Israël. Dans les années 1966-1970, la gauche marxiste arrive à s'imposer au sein du parti avec l'appui de l'URSS.

De 1970 à 2000, la république présidentielle est dirigée par Hafez el-Assad qui met en œuvre une politique économique plus libérale et une politique intérieure un peu plus modérée. Comme de nombreux officiers, Hafez el-Assad fait partie de la secte chiite des Alaouites. Pour ses partisans comme pour ses détracteurs, le président Assad était un homme politique retors capable de se monter impitoyable s'il sentait son pouvoir menacé. Ce qui fut le cas lorsque des frères musulmans osèrent fomenter une révolte contre le régime dans la ville de Hama en 1982. La révolte fut réprimée dans un bain de sang.

En 2000, le fils d'Hafez, l'ophtalmologue Bachar el-Assad, lui succède. Il commence par amnistier 600 prisonniers politiques et autoriser les associations humanitaires ce qui suscite une vague d'espoirs. Mais il faut très vite se rendre à l'évidence que les sbires de son père sont prêts à tout pour entraver le changement. Trois pas en avant, deux pas en arrière ! Le processus de démo-

cratisation n'en est pas moins en marche.

Contrairement à son père, Bachar ne s'oppose pas à l'ouverture de son pays qu'elle soit économique ou politique. La Syrie vit à l'heure du téléphone portable, de la télévision par satellite et d'Internet – impensable du temps d'Hafez ! – et le pays est désormais raccordé au système bancaire international. Toutes sortes de réformes sont mises en œuvre dont le pays ne peut que profiter. On assiste ainsi à l'émergence d'une véritable classe moyenne ou à un relâchement de la censure de la presse quelques années après l'accession au pouvoir de Bachar. Des journaux indépendants ont vu le jour à partir de 2001.

Lorsque la guerre civile éclate au Liban, le risque est grand de voir le conflit gagner les États voisins. L'entrée des troupes syriennes au Liban (1975) vaut certes à Hafez el-Assad d'être reconnu au sein du monde arabe, mais l'intervention syrienne ne fait que renforcer le mécontentement au Liban, ce qui se traduit par une opposition islamique plus forte.

30 ans plus tard, en 2005, suite à la mort dans un attentat – auquel la Syrie n'aurait pas été étrangère –, de l'ancien Premier ministre libanais Hariri, le pays retire ses troupes du Liban avec l'assentiment international. Avec l'effondrement du bloc de l'Est, la Syrie perd ses alliés les plus importants et commence alors à se tourner vers l'Occident.

Le pays est régulièrement en butte aux critiques internationales parce qu'il soutient les "combattants de la liberté" en tous genres, palestiniens notamment, ou les tolère sur son territoire. Si le pays soutient les ennemis d'Israël, c'est sans doute qu'il n'a pas perdu tout espoir de récupérer le plateau du Golan. Cette attitude vaut à la Syrie de figurer parmi les pays de l'"axe du mal" (comme l'Iran et la Corée du Nord) ; l'économie et le tourisme syriens en ont longtemps souffert, les États-Unis en tirant argument pour faire pression sur le pays. D'où les tentatives de la Syrie, qui dispose d'importantes réserves pétrolières, depuis 2006 de se rapprocher de pays en pleine expansion économique comme la Chine et l'Inde.

GÉOGRAPHIE

La République arabe de Syrie (en arabe : *Al Jumhuriya al Arabiya as Suriya*) est appelée par les autochtones *Bilad ash Sham*, le "pays de Damas". Le territoire national d'une superficie de 185 180 km² peut être divisé du point de vue géographique et climatique en quatre régions : 1. la plaine de terrains alluviaux le long de la Méditerranée avec le jeune massif côtier, 2. *al Ghab*, un fossé drainé par l'Oronte, avec la plaine de la Bekaa, bordé à l'est par le Massif calcaire du nord de la Syrie et l'Anti-Liban, 3. à l'intérieur des terres, la région des steppes avec les grandes agglomérations urbaines de Damas, Homs et Alep ainsi que 4. la zone désertique avec la vallée de l'Euphrate qui se transforme au nord-est en steppes, celles de la *Jezirah*, l'"île" entre l'Euphrate et le Tigre.

Ci-dessus : bien précieux, l'eau du lac de retenue du barrage Assad. Ci-contre : l'irrigation de la vallée de l'Euphrate est un gage de bonnes récoltes de coton.

Sur la côte méditerranéenne (175 km), la plaine, qui n'a généralement que quelques kilomètres de large, est irriguée par de nombreux ruisseaux et rivières venant de la montagne. Le niveau élevé de la nappe phréatique, 900 mm de précipitations par an, des variations de températures relativement faibles et l'agriculture intensive pratiquée par de petites entreprises agricoles familiales font que cette région obtient les plus fortes récoltes du pays. Outre les fruits, les légumes et les céréales, on y cultive le tabac. Ce jardin d'Eden possède deux ports : celui de Baniyas pour le pétrole et celui de Lattaquié pour les petites marchandises et le phosphate.

Le massif limitrophe à l'est avec le djebel (= montagne) Ansariya et le djebel Shiliya culmine à 1600 m. Sur ses crêtes en partie boisées où poussent cèdres et pins d'Alep, les croisés et la secte des Assassins érigèrent des forteresses au Moyen Âge. Aujourd'hui, on y trouve aussi des villas modernes : elles témoignent de la richesse des Alaouites, l'élite syrienne au sein de l'État et surtout de l'armée, qui est ici chez elle.

Plus à l'est, dans la vallée de l'Oronte où le premier lac de retenue avait été aménagé au sud d'Homs, dès l'Antiquité, les techniques modernes ont radicalement transformé le paysage. La zone marécageuse à l'ouest d'Homs, peuplée autrefois de lions et d'éléphants, a été asséchée et produit aujourd'hui d'abondantes récoltes. Le nouveau barrage d'Homs fournit de l'eau pour les plantations d'arbres fruitiers dont les fruits sont transformés dans les fabriques de la ville. Le vieux Massif calcaire du nord de la Syrie qui culmine de 600 à 900 m se transforme en avril et mai en une mer de fleurs ; au milieu des fleurs sauvages, des oliviers et des arbres fruitiers, les taches claires des croupes calcaires et les ruines gris foncé des "Villes Mortes" se détachent dans le paysage comme autant de petites îles.

Chaque année à la même époque, les nomades s'y installent avec leur menu bétail après avoir passé l'hiver dans les steppes orientales. Les paysans sédentaires qui se sont installés au cours de ce siècle dans d'anciennes ou même d'antiques colonies sont souvent de la même tribu que les nomades. Au sud d'Homs, l'Anti-Liban est divisé par la vallée du Barada. Ses plus hauts sommets, le djebel Musa (2630 m) et le mont Hermon (2830 m) sont souvent recouverts de neige toute l'année. Ils forment des frontières naturelles avec le Liban et Israël.

À l'est s'étend une région de steppes avec de nombreuses plaines fertiles : la Quinnesrine près d'Alep, la plaine de Hama dans les environs de Homs, la plaine de la Gutha près de Damas et la plaine de la Nuqra près de Bosra où l'on cultive principalement des céréales et des légumes. Ces villes sont pour le pays autant d'agglomérations et de centres économiques importants. Dans le sud, le djebel ad Druz, un vieux massif (1800 m) d'origine volcanique, constitue une particularité géographique au même titre que le grand lac salé Sabkhat al Jabbul au nord, entre Alep et le barrage Assad sur l'Euphrate.

Plus de la moitié du territoire syrien est constituée de déserts traversés uniquement par les vallées de l'Euphrate et de ses affluents, le Balikh et le Chabur.

Des nomades avec leur petit bétail, des troupeaux de chameaux, des crêtes rocheuses multicolores et les vestiges des châteaux du désert qui apparaissent dans la plaine comme des mirages contribuent au charme de ce paysage désertique. Le barrage Assad sur l'Euphrate permet l'irrigation artificielle d'une grande partie de la vallée du fleuve. Le coton récolté est transformé à Alep et constitue l'un des principaux produits d'exportation. L'exploitation du barrage du Balikh, achevé en 2004, doit être aussi fructueuse.

DIVERSITÉ DE LA POPULATION ET DES RELIGIONS

Bédouins et sédentaires

Environ 90% des quelque 18 millions d'habitants du pays se considèrent à juste titre comme des Arabes syriens. Car, au cours des derniers 2500 ans, des groupes d'Arabes sont venus se fondre à plusieurs reprises dans la population syrienne. Parmi les premiers habitants de la Syrie figurent les tribus bédouines du désert syrien et les Araméens sémites qui, dès le Ier s. av. J.-C., ont établi leur royaume à Homs. S'y sont ajoutés au cours des siècles les nomades les plus divers qui tous ont contribué à ce mélange de populations que l'on rencontre aujourd'hui en Syrie. Au IVe s., des Ghassanides sont venus du Yémen, ils contrôlaient la région du Hauran dans le sud de la Syrie.

Avec les armées musulmanes arrivent au VIIe s. les tribus bédouines des Kelb et des Kais. Alors que les Kais se sédentarisent rapidement et s'intègrent à la population indigène, une partie des Kelb, les Kilab parcourent le pays jusqu'au Xe s. Au XIe s., des nomades Tai et Uqail arrivent en Syrie. Dans le mê-

me temps, les Kilab se sédentarisent près d'Alep, Palmyre et Sheizar. Les Rabia, qui font partie des Bédouins Tai, avec les sous-groupes des Al Mera et Al Fadl, restent tout d'abord nomades. Au XIIe s., les Al Mera s'installent dans le Hauran et les Al Fadl se déplacent dans la région d'Homs et de Hama. Ils finissent par s'établir au Liban au XVIe s. À la même époque, les Al Mera sont chassés du Hauran par les Mefarejeh et dans les régions désertiques orientales les Mawali deviennent la tribu nomade la plus puissante de Syrie. Les Mawali sont à l'origine des tribus non-arabes qui se sont converties à l'islam. Pendant 200 ans, elles vont contrôler le désert syrien et ce n'est qu'au XVIIIe siècle qu'elles sont contraintes de s'établir près de Hama et d'Alep en raison de la baisse du commerce extérieur. Ce sont les Bédouins Aneze qui les remplacent dans le désert.

Depuis le XVIe s., les sultans turcs ont organisé les pèlerinages de Damas à la Mecque. Ils aménagent sur la route des auberges pour pèlerins (*qala*) et payent des taxes, les *surre*, aux tribus dont les territoires sont traversés. En contrepartie, les tribus mettent une escorte à la disposition des pèlerins. Avec les armées égyptiennes d'Ibrahim Pacha, les Henadi nord-africains arrivent en Syrie au XIXe s. Après les persécutions des chrétiens au cours de la guerre civile de 1860 entre Druzes et maronites, les sultans turcs construisent des forteresses près de Palmyre et Deir az Zur pour limiter la liberté de mouvement des Bédouins et les empêcher de se livrer à des razzias (*ghazzu*).

L'accroissement des surfaces cultivées réduit l'espace vital des nomades et lorsque, après la construction de la ligne de chemin de fer du Hedjaz (1908) et une période de versement transitoire, ils ne toucheront plus de redevances, de nombreux Bédouins se sédentariseront. C'est à cette époque que les éleveurs de chameaux des Shaa et Ruwala arrivent en Syrie. Les nouvelles frontières terri-

Ci-contre : une "tente en poil" et ses habitants (Bédouins du désert syrien, près de Palmyre).

toriales les coupent de leurs pâturages d'hiver en Jordanie et en Arabie. Leur nombre ne cesse de diminuer depuis que les voitures ont remplacé les chameaux pour porter les fardeaux. Les éleveurs d'ovins comme les Beni Said, les Beni Welde et les Henadi se sédentarisent également de plus en plus. Le gouvernement accélère cette mutation en créant des coopératives agricoles et par des incitations financières.

Toutefois, ces tribus continuent, bien que dans un espace restreint, de se déplacer dans leurs régions de pâturage. C'est ainsi que les Beni Said vivent en été au nord d'Alep, les Beni Welde au sud de la ville et les Henadi près du grand lac salé de Sabkhat al Jabbul dans le nord-est. En hiver, toutes ces tribus se retrouvent dans la région de Palmyre.

Lors de la révolte contre les Français, de 1925 à 1927, les Malawi – paysans ayant su conserver des liens tribaux très forts – se sont, à l'instar des Druzes (cf. page 48), particulièrement illustrés ce qui leur vaut aujourd'hui encore de jouir d'un grand prestige.

Les quelque 2 à 3 millions de Kurdes qui, depuis toujours, vivent principalement dans le nord-est, le long de la frontière turque, constituent l'une des minorités du pays. Les 200 000 Arméniens chrétiens quant à eux, se concentrent principalement à Alep et dans les régions côtières du Sud. Suite au génocide de 1915 en Turquie, une grande partie d'entre eux a cherché refuge en Syrie. Les Arméniens passent pour être d'habiles commerçants. Les Tcherkesses d'origine caucasienne ont été installés par les Turcs de 1859 à 1864 comme soldats-paysans le long de la frontière septentrionale syrienne et à Quneitra près du plateau du Golan. Quelques Turcs vivent au nord-ouest d'Alep. Toutes ces minorités parlent, outre l'arabe, leur propre langue.

Mais la Syrie n'est pas seulement un patchwork ethnique, le pays connaît également une grande diversité de religions. Il n'y a pas de religion officielle, toutefois, d'après la Constitution, le président doit être musulman. Les quelque 10% de chrétiens appartiennent soit à l'église orthodoxe grecque ou arménienne, à l'église maronite, ca-

tholique romaine, protestante soit à l'église chaldéenne. Même quelques Juifs sont encore tolérés dans le pays.

Sunnites et chiites

La grande majorité des Syriens (90%) est de religion musulmane et au sein de cette communauté, 70% sont des sunnites.

Les 20% restants respectent la doctrine chiite et se divisent en plusieurs groupements, les duodécimains 7-8%, les Alaouites 7-8%, les Druzes 3% et les ismaéliens. Les ismaéliens vivent dans les environs de Salamiyeh où vécut au IXe siècle, Abdallah, le fondateur présumé de leur doctrine, après son expulsion de la Perse, sa patrie, et de Basra. Comme pour toutes les doctrines chiites, il s'agit aussi chez les ismaé-

Ci-dessus : un "sage" druze (en arabe : Ukkal, cf. page 52). Ci-contre : le pèlerinage à La Mecque, représenté sur la façade de cette maison, est un devoir religieux pour les sunnites comme pour les chiites.

liens d'un problème de succession parmi les imams. À la mort du sixième imam, Ismaël ibn Jafar as Sadik (702-765), son fils Ismaël devait lui succéder mais lorsque celui-ci mourut, une dispute éclata à propos de sa succession. Les ismaéliens ne reconnurent pas Musa al Kazim, le frère d'as Sadik comme septième imam, mais le fils d'Ismaël, Mohammed. C'est pourquoi on les appelle également les septimains. Leur doctrine actuelle se base essentiellement sur les écrits d'Hamid ad Din al Kirmani, qui mourut en 1020 au Caire. Elle contient des éléments de la gnose et de la philosophie néo-platonicienne.

Les Alouites sont également appelés nusairis parce que leur doctrine remonte à Ibn Nusair (vers 870), un élève du onzième imam. Al Hasabi (Xe s.) et Tabarani (XIe s.) comptent parmi leurs principaux théologiens. Leur doctrine reconnaît notamment la métempsycose, l'interprétation religieuse du Coran, Ali, le premier imam (661), comme l'incarnation de Dieu et croit à la rédemption. Les Alaouites vivent aujourd'hui dans le djebel Ansariya mais il y en a aussi de petits groupes en Irak et en Turquie. On naît ismaélien et Alouite tandis que l'on peut se convertir à la sunna et au chiisme.

Le mot arabe *chia* signifie parti et désignait à l'origine un groupement politique qui soutenait la désignation d'Ali, le gendre de Mahomet (considéré comme le premier imam) comme quatrième calife contre l'Omeyyade Musawiya. Les imams sont considérés comme les chefs spirituels et temporels de la communauté religieuse tandis que les califes incarnent le véritable pouvoir. Selon les chiites, le douzième imam Mohammed al Mahdi se tient caché depuis 875 et son retour marquera le début d'une ère de justice.

La doctrine de la chia a évolué au cours des siècles et le sixième imam Jafar as Sadik (mort en 765) est considéré comme l'un des théoriciens les plus importants et l'école juridique des imams

(*madhab*) porte son nom. Comme toutes les écoles juridiques sunnites – hanafite, malékite, chafiite et hanbalite –, elle s'inspire du Coran et des hadiths – paroles, actes et approbations du prophète Mahomet, considérés comme des ordres à suivre par les musulmans – qui forment la base du droit islamique (charia), mais elle se réfère également aux décisions des imams et admet les interprétations des juristes d'aujourd'hui.

Les chiites rejettent la procédure de divorce considéré comme consommé lorsque l'homme a prononcé trois fois la formule de séparation, acceptent en revanche des contrats de mariage limités dans le temps et reconnaissent le droit à la succession des filles. En ce qui concerne le dogme et les rites, les chiites ne se distinguent guère des sunnites. Les chiites rajoutent à l'appel à la prière la formule "Venez faire la meilleure action" et doivent se laver les pieds avant la prière alors que les sunnites se contentent d'un lavage symbolique des chaussures.

Les deux groupes religieux respectent les cinq principes de l'islam : 1. la profession de foi, 2. la prière cinq fois par jour, 3. le jeûne au moment du ramadan, 4. L'aumône (*zakat*) et 5. le pèlerinage à La Mecque. Sont également typiquement chiites les fêtes (*ashura*) en souvenir du martyr du troisième imam Hussein avec scènes d'auto-flagellation en public et représentations théâtrales.

Le droit moderne syrien suit l'école hanafite. Le droit musulman étant d'origine divine, il n'est pas possible d'édicter des lois entièrement nouvelles, on peut uniquement les amender en fonction de l'apparition de situations nouvelles. Les bases de la jurisprudence hanafite sont le Coran, la sunna – une méthode analogique (*quiya*) – et l'*ijma*, le consensus de toute la communauté islamique.

Le droit patrimonial syrien s'inspire quant à lui en grande partie du modèle français. Conformément à la législation familiale et au droit successoral en vigueur depuis 1953, les femmes ne sont pas autorisées à se marier avant d'avoir atteint l'âge de 14 ans et elles peuvent demander elles-mêmes le divorce.

**DAMAS ET LE SUD
DE LA SYRIE**

**DAMAS
BARQASH / VALLÉE DU BARADA
MAALULA / DMEIR
LE HAURAN / SHAHBA
QANAWAT / BOSRA
QASR ABYAD / JEBEL SEIS**

2

Damas et le sud de la Syrie

****DAMAS**

Histoire

Si, à l'instar de certains Damascènes, on considère le village néolithique de Tell Ramad comme une partie de la ville, ****Damas** ❶ (patrimoine culturel mondial de l'Unesco) figure alors au nombre des plus anciennes colonies habitées du monde. Des sources égyptiennes mentionnent la localité de *Timashku* dès l'année 1450 av. J.-C. Située au croisement d'importantes routes marchandes, elle a de tout temps été convoitée par les puissants. Vers 850 av. J.-C., le roi Barhadad de Damas mène une lutte acharnée contre la Samarie, la Judée et l'Assyrie. Au cours des trois siècles suivants, les Assyriens et les Babyloniens vont influencer le destin de la ville. Puis, tour à tour, les Perses, les Grecs, les Nabatéens, les Arméniens et les Romains règnent sur la ville. Après la bataille d'Issos en 333 av. J.-C., les Damascènes doivent remettre non seulement leur ville mais aussi le harem et les trésors du roi de Perse, Darius III à Alexandre le Grand. La période hellénistique s'achève en 85 av. J.-C. avec la

Pages précédentes : salle de prière de la mosquée des Omeyyades à Damas. Ci-contre : vestiges du temple de Jupiter, près de la mosquée des Omeyyades.

victoire du roi nabatéen Arétas III. Lors de sa conquête de la Syrie (83-69 av. J.-C.), le roi Tigrane II d'Arménie occupe également Damas jusqu'à ce que les Romains emmenés par Pompée l'en délogent en 64 av. J.-C.

Pendant la domination romaine, on vénère Hadad, l'ancien dieu de l'Orage et de la Tempête sous son nom latin de *Jupiter Damascenus*, mais la foi chrétienne se répand rapidement. Ville épiscopale, Damas la byzantine tombe finalement en 635 aux mains des généraux musulmans Khaled ibn al-Walid et Abou Obeida. Les habitants avaient judicieusement capitulé devant Walid, qui se trouvait encore aux portes de la ville, alors qu'Obeida en occupait déjà les murs ; ils s'étaient ainsi épargné le sort réservé aux cités conquises, la destruction. Sous les califes des Omeyyades (661-750), Damas, devenue la nouvelle capitale d'un empire arabe en pleine expansion, est agrémentée de prestigieux édifices. Ce n'est qu'après que le calife Marwan II eut transféré en 744 sa résidence et l'administration à Harran en Irak que Damas fut négligée.

La ville connaît un nouvel essor après l'arrivée de l'atabeg Nour ed-Din en 1154 lorsqu'elle devient le centre de la résistance contre les croisés. À plusieurs reprises, les Francs l'attaquent et l'assiègent sans succès. Même sous la domination des Mamelouks égyptiens

Carte p. 45, plan de la ville p. 34-35, fiche pratique p. 66-67

(1250-1517) et malgré les assauts des Mongols en 1250 et 1400, elle demeure une des grandes cités musulmanes et les quelque 100 000 habitants pouvaient s'enorgueillir de somptueux édifices. Elle obtient par la suite le statut de capitale provinciale ottomane (1517 à 1916), car, chaque année, elle est le point de ralliement officiel des pèlerins en partance pour La Mecque.

Depuis 1944, Damas (690 m au-dessus du niveau de la mer) est la capitale de la République arabe de Syrie. La ville compte environ 1,5 million d'habitants et l'agglomération près de 4 millions.

LA VILLE MODERNE ET LE **MUSÉE NATIONAL

Les croyants ne pouvant entrer qu'une seule fois au paradis, le prophète Mahomet aurait refusé de visiter Da-

Ci-dessus : l'entrée du Musée national de Damas n'est autre que la façade du château du désert de Qasr al Hayr al Gharbi. Ci-contre : gravure sur cuivre au souk de Damas.

mas. Cette petite anecdote souligne l'importance de la métropole, qui en arabe s'appelle *Dimashq ash Sham* ou *Sham* tout simplement, et la fierté qu'elle inspire à ses habitants. Visiter Damas aujourd'hui revient à entreprendre un voyage à travers le temps et les 2000 ans d'histoire de l'Orient. On commencera de préférence par le centre moderne de la ville, à l'ouest de la vieille ville. C'est ici que se concentrent les ambassades, les boutiques de luxe et les hôtels dont les salles de banquet servent souvent de cadre à de fastueux mariages. Dans les restaurants du quartier, on sert de délicieux *mezzés*, les hors-d'œuvre syriens. La large **avenue Shukri al Kuwatly** ① est bordée par le **Barada**, le "fleuve d'or" des anciens dont les flots boueux, qui enflent abondamment à la saison des pluies, arrosent la plaine de la Gutha autour de Damas. On trouve dans les banlieues sud de la ville quelques vestiges des jardins jadis idylliques de cette plaine.

Sur la rive sud du Barada, à côté du parc des Expositions, se trouve le **Musée national** ②. Son entrée est

ornée de la ***façade en stuc du château du désert de Qasr al Hayr al Gharbi** qu'un calife omeyyade fit construire en 730. De nombreux témoignages de 9000 ans de culture syrienne, dont certaines pièces exceptionnelles, invitent à une visite de plusieurs heures.

Aucune œuvre d'art ne saurait rivaliser avec les remarquables fresques illustrant des scènes de l'Ancien Testament dans la **synagogue de Doura Europos** (vers 250 après J.-C.). L'**hypogée de Yarhai** (vers 108 après J.-C.), exposé au sous-sol, est l'un des plus beaux exemples de **tombeaux palmyréniens**.

Dans la salle d'**Ougarit**, on peut admirer en particulier une petite, mais extraordinaire tablette d'argile sur laquelle fut gravé le premier alphabet (cunéiforme).

De **Mari** proviennent les célèbres statuettes en calcaire de rois et de fonctionnaires, offrandes aux dieux des IIIe et IIe millénaires avant J.-C. Au premier étage, la pièce maîtresse de la collection est constituée par le **casque de parade** en argent de Homs (II-IIIe s.) avec des ornements en relief et un mas-que. De la **période musulmane**, il faut mentionner, outre les verres peints en or, les armes, les manuscrits enluminés et les instruments d'astronomie, des bijoux et des pièces de monnaie.

À l'issue de la visite, le **jardin du musée** et un petit **café** invitent à la détente. Pour le déjeuner, le restaurant-jardin de l'hôtel *Méridien* à 200 m à l'ouest est à recommander.

Dans le pâté de maisons suivant, là où se trouvait jadis le célèbre palais *Qasr el Ablaq* du sultan Baybars, Sinan, l'architecte de la cour du sultan ottoman Soliman II le Magnifique, fit ériger en 1560 la ***Tekkiyé Suleymaniyé ③**, une auberge pour les pèlerins en partance pour La Mecque. Des pièces d'habitation avec cheminées et une mosquée à coupole entourent la cour principale agrémentée d'une fontaine dans laquelle sont exposées des machines de guerre. Cuisine et toilettes sont reléguées dans une cour annexe. Les deux minarets turcs pointus manquèrent de susciter un soulèvement de la population qui y voyait un symbole de la domination ottomane. Les nombreuses

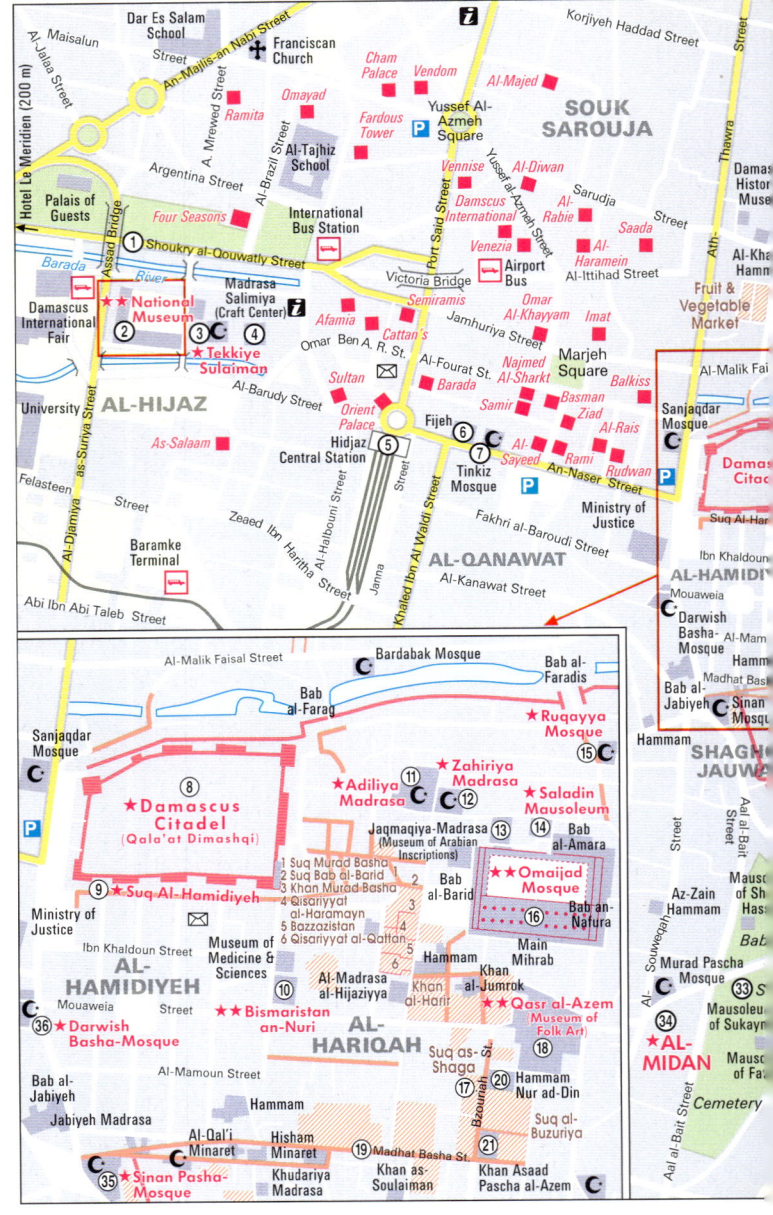

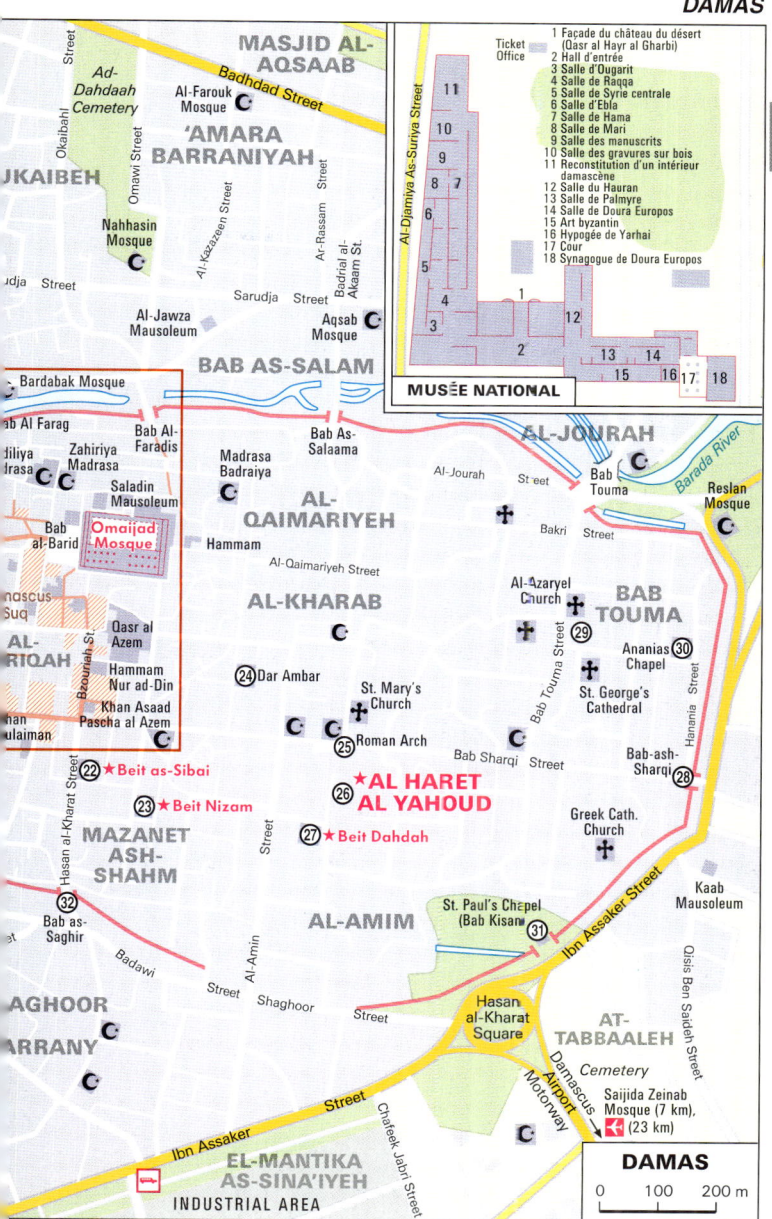

MASJID AL-AQSAAB

Ad-Dahdaah Cemetery

Al-Farouk Mosque

Badhdad Street

'AMARA BARRANIYAH

JKAIBEH

Okaibah St.

Omawi Street

Nahhasin Mosque

Al-Kazazaen Street

Ar-Rassam Street

udja Street

Sarudja Street

Sarudja Street

Badrial al-Akaam St.

Al-Jawza Mausoleum

Aqsab Mosque

BAB AS-SALAM

Bardabak Mosque

ab Al Farag

idiliya rasa

Zahiriya Madrasa

Bab Al-Faradis

Saladin Mausoleum

Madrasa Badraiya

Bab As-Salaama

Al-Jourah

St eet

AL-JOURAH

Barada River

Bab Touma

Reslan Mosque

Bab al-Barid

Omaijad Mosque

Hammam

nascus Suq

AL-RIQAH

Qasr al Azem

Al-Qaimariyeh Street

AL-QAIMARIYEH

Bakri Street

Al-Azaryel Church

BAB TOUMA

han ulaiman

Hammam Nur ad-Din

Khan Asaad Pascha al Azem

AL-KHARAB

(24) Dar Ambar

St. Mary's Church

(29)

Ananias Chapel (30)

St. George's Cathedral

Bab Touma Street

(22) ★Beit as-Sibai

(25) Roman Arch

Bab Sharqi Street

Bab-ash-Sharqi (28)

(23) ★Beit Nizam

(26) **★AL HARET AL YAHOUD**

Greek Cath. Church

Hanania Street

MAZANET ASH-SHAHM

(27) ★Beit Dahdah

Hasan al-Kharat Street

(32)

Bab as-Saghir

AL-AMIM

St. Paul's Chapel (Bab Kisan)

(31)

Ibn Assaker Street

Kaab Mausoleum

Badawi

Al-Amin Street

Shaghoor Street

Hasan al-Kharat Square

AT-TABBAALEH

Qisis Ben Saideh Street

AGHOOR

RRANY

Cemetery

Saijida Zeinab Mosque (7 km), (23 km)

Damascus Airport Motorway

Chafeek Jabri Street

Ibn Assaker Street

EL-MANTIKA AS-SINA'IYEH
INDUSTRIAL AREA

DAMAS

0   100   200 m

Ticket Office

Al-Djamija As-Suriya Street

11

10

9

8 7

6

5

4

3

1

2

12

13   14

15   16 17 18

MUSÉE NATIONAL

1 Façade du château du désert (Qasr al Hayr al Gharbi)
2 Hall d'entrée
3 Salle d'Ougarit
4 Salle de Raqqa
5 Salle de Syrie centrale
6 Salle d'Ebla
7 Salle de Hama
8 Salle de Mari
9 Salle des manuscrits
10 Salle des gravures sur bois
11 Reconstition d'un intérieur damascène
12 Salle du Hauran
13 Salle de Palmyre
14 Salle de Doura Europos
15 Art byzantin
16 Hypogée de Yarhai
17 Cour
18 Synagogue de Doura Europos

Damas et le sud de la Syrie

2

coupoles de la Tekkiyé et les faïences multicolores qui ornent les murs font plutôt penser à un palais qu'à un hospice. Les multiples motifs floraux du carrelage font penser à un livre d'échantillons de décorateur. À l'est de ce bâtiment, le sultan Sélim II fit bâtir en 1570 la **madrasa Salimiya** ④ dans un style plus sobre. L'ancienne école coranique est devenue un petit **bazar** plaisant qui abrite quelques ateliers.

La prochaine rue à droite mène à la **gare** ⑤ de l'historique ligne de chemin de fer du Hedjaz qui, construite en 1908 avec l'aide de l'Allemagne, allait jusqu'à La Mecque. En biais par rapport à l'ancienne gare, dans le bâtiment de la compagnie des eaux **Fijeh** ⑥ (1924), des lambris anciens rappellent l'époque ottomane. Les hôtels avoisinants sont surtout fréquentés par des pèlerins persans. Dans la **rue An Nasr**, on passe devant la modeste **mosquée Tangiz** ⑦ dont la coupole et les portes latérales

Ci-dessus : la citadelle Dimashqi au bout de la rue An Nasr. Ci-contre : le souk al Hamidiyeh.

témoignent de la splendeur mamelouke (XIVᵉ siècle).

★★VIEILLE VILLE

Arrivé au bout de la rue, le visiteur se trouve face à ★**Qala'at Dimashqi** ⑧, la **citadelle** de Damas érigée à l'emplacement du camp romain en grande partie sous Malik al Adil (1208), le frère de Saladin, ainsi qu'à l'époque ottomane (1516). La forme des imposants blocs de pierre et la manière dont ils ont été taillés prouve que l'on a "recyclé" d'anciens matériaux de construction. Pendant longtemps, la citadelle a servi de prison et une restauration de grande envergure est en cours depuis plusieurs années. C'est la raison pour laquelle elle est, à l'exception de certains festivals, fermée au public. Ce qui n'empêche pas de déguster thé et gâteaux dans le jardin du petit **café** qui se trouve juste au pied des remparts (côté Barada) de la citadelle. En longeant les remparts nord au niveau du **Barada**, on peut aller flâner dans le quartier chrétien de l'est de la ville.

Au sud de la citadelle Qala'at Dimashqi, on plonge avec le ★**souk al Hamidiyeh** ⑨ dans l'univers chamarré d'un marché couvert arabe (*bazar* en persan). C'est une succession de stands de souvenirs et de tissus de toutes les couleurs. De petits restaurants proposent de délicieux plats bon marché. Comme dans tout le reste de la Syrie, les touristes n'ont à craindre ici ni les mendiants ni les voleurs à la tire et les commerçants certes zélés ne se montrent pas importuns.

Traversez le souk, prenez la cinquième ruelle à droite et vous parviendrez à l'un des plus anciens hôpitaux de toute la Syrie, le ★★**Bimaristan an-Nuri** ⑩ (**Maristan Nur ad Din**), fondé en 1154 par Nour ed-Din et bientôt célèbre. Le portail au linteau agrémenté d'une riche ornementation romaine et le plafond au décor inhabituel prouvent que cet hôpital n'avait rien à voir avec les hospices européens. Le Bimaristan aspirait à être un palais du savoir, à guérir et formait des médecins dont on contrôlait chaque année les connaissances. Il abrite depuis 1978 un **musée de la Médecine et des Sciences** on ne peut plus intéressant.

Revenez dans la rue principale du souk et dirigez-vous vers l'est et la Grande Mosquée. Prenez le temps, juste avant, d'emprunter la dernière ruelle à gauche qui vous mènera à deux écoles de droit abritant le mausolée de leur fondateur. C'est Nour ed-Din qui posa la première pierre de la ★**madrasa Adiliya** ⑪ achevée en 1224 par Malik al Adil, le frère du sultan Saladin qui y est également enterré. La salle de classe ouverte (*iwan*) possède un plafond en berceau et occupe le côté nord de la cour intérieure en face de la salle de prière. Maîtres et élèves logeaient dans des pièces voisines plus petites.

C'est de l'autre côté de la rue, dans la ★**madrasa Zahiriya** ⑫, que le sultan mamelouk Baybars, le vainqueur des croisés, trouva sa dernière demeure en 1279. Tout comme la Grande Mosquée, l'élégante coupole de son tombeau est rehaussée d'une très belle décoration intérieure faite de marbres polychromes et de mosaïques en verre en partie dorées

Le **musée d'Épigraphie arabe** se trouve dans la jolie **madrasa Jaqma-qiya** ⑬. On y découvrira de splendides exemples de l'incomparable calligraphie arabe.

Au niveau du mur nord de la Grande Mosquée, dans un ravissant jardin situé un peu à l'écart se dresse le ***tombeau du sultan Saladin** ⑭. Comme l'ancien sépulcre était en piteux état, l'empereur d'Allemagne Guillaume II fit don du grand sarcophage en marbre lors de sa fastueuse visite officielle en 1898. La dépouille du secrétaire de Saladin repose dans un sarcophage en bois du XIIIe siècle, un impressionnant exemple de sculpture syrienne. L'épitaphe sur les faïences turques du XVIIe siècle rend hommage à une des plus grandes figures du monde musulman : "Ci-gît Saladin qui libéra Jérusalem des infidèles".

Dans la ***mosquée Rouqayya** ⑮, à quelques pas du **Bab al Faradis** se trou-verait la tombe de Rouqayya, la fille morte jeune, du petit-fils du prophète Hussein. Mort en 680 en combattant les Omeyyades, ce dernier est considéré par les chiites comme un martyr.

La **Grande Mosquée** ou ***mosquée des Omeyyades** ⑯ (pour les touristes, accès côté nord, près du Bab al Amara) fait partie des plus somptueux exemples des débuts de l'architecture islamique. Devant son entrée ouest s'élèvent des **vestiges du fronton et des colonnes** de la porte ouest de l'ancien temple de Jupiter (307 après J.-C.) qu'avait précédé à l'époque romaine, un temple consacré à Hadad, le dieu sémitique. Dès le IVe siècle, le temple fut transformé en église chrétienne.

Après 635, les conquérants musulmans se contentèrent tout d'abord d'un modeste lieu de culte mitoyen de l'église. Mais devant l'accroissement rapide de la communauté islamique, le calife Walid Ier décida en 705 de construire à cet endroit la Grande Mosquée. Il fit venir de la main-d'œuvre de tout l'empire et consacra sept années de revenus de l'État à une construction qui dépassa en

Ci-dessus : la cour de la mosquée des Omeyyades avec le Trésor. Ci-contre : ferveur religieuse à la Grande Mosquée.

splendeur les plus belles églises du pays. Ce n'est pas uniquement par souci d'économie que l'on conserva les anciens murs d'enceinte et que l'on utilisa des colonnes et des chapiteaux des anciens édifices païens, mais pour souligner la victoire de l'islam sur les autres religions.

Les merveilleuses **mosaïques** polychromes et dorées des murs et des plafonds représentent des victoires de l'islam et des scènes du paradis. Comme elle sert à la fois de lieu de prière, de repos, de méditation et d'école, une mosquée n'est jamais déserte ; dans la cour, son *Trésor, un édicule soutenu par huit colonnes antiques avec des chapiteaux filigranés était donc surveillé en permanence. Une riche ornementation en stuc, des moucharabiehs en marbre très ouvragés, 3000 tapis et une frise peinte représentant des vrilles de vigne dans la *salle de prière font de la mosquée elle-même un trésor artistique. Après les destructions mongoles de 1400 et l'incendie dévastateur de 1893, d'importants travaux de restauration des revêtements muraux et du toit s'avérèrent nécessaires. Le **minaret de Jésus** et le **reliquaire en marbre**, qui contiendrait la tête de saint Jean-Baptiste, témoignent des liens étroits qui existent entre le christianisme et l'islam.

À l'est de la mosquée, on tombe sur de jolies ruelles. Avec leurs maisons en torchis dont les façades arborent des colonnes antiques surmontées de balcons turcs en bois, elles ont le charme du passé. À l'angle sud-ouest de la mosquée commence le **souk as Sagha** ⑰, le bazar aux épices de la Buzuriya.

Dans la première ruelle à gauche se trouve le **Quasr al Azem** ⑱ (aujourd'hui **musée des Arts et Traditions populaires**) qui fut en son temps le palais du pacha Asaad al Azem dont la famille à l'époque de la construction (1749) monopolisait depuis 40 ans le poste de gouverneur de Damas. Le site avait été occupé auparavant par les rési-

dences du Mamelouk Tangis, des Omeyyades et par un palais byzantin. Pour construire le palais du gouverneur ottoman, tous les artisans de la ville furent à pied d'œuvre ; on alla même chercher des matériaux de construction dans les ruines de la lointaine Bosra. Des nœuds magiques entrelacés dans des marbres polychromes au-dessus des portes et des fenêtres empêchent les esprits malins d'entrer et les plafonds multicolores sculptés rivalisent de beauté avec de lourds brocarts. Des meubles anciens, des objets usuels, des armes, des mannequins de cire revêtus de costumes provinciaux permettent d'identifier la fonction des différentes pièces. Pièces de réception, harem, bains et salles de musique se succèdent autour de la cour principale, les communs se trouvant dans un bâtiment annexe. Le palais Azem permet de se faire une idée de la vie à l'époque ottomane.

Dans les boutiques à l'entrée du palais, les connaisseurs pourront dénicher l'objet rare parmi le lot habituel de souvenirs. Le restaurant *Bait Jabri*, qui se trouve dans une ruelle derrière le palais,

est à recommander tout particulièrement en raison de son ambiance agréable et de l'excellence de sa cuisine.

Un peu plus au sud, un peu avant la **Via Recta ⑲** (**souk Midhat Pacha** ; **Madhat Basha Street**), littéralement «la rue droite», autrefois l'artère gréco-romaine principale de la vieille ville, se trouve le **hammam Nour ed-Din** (**hammam al Buzuriya**) ⑳. Cet établissement de bains publics, qui remonte à l'époque de Nour ed-Din (XIIᵉ siècle), est encore utilisé aujourd'hui. L'aménagement intérieur date de la période ottomane. Les bains et les vestiaires sont disposés autour de salons surmontés d'un plafond à coupole où l'on peut fumer à loisir, certains faisant de la musique et d'autres bavardant.

À côté du hammam, près du **souk al Buzuriya**, se trouve le **khan Asaad Pacha al Azem** ㉑ (caravansérail 1752-1753). Restauré par le service des an-

Ci-dessus : le charme désuet de la salle de repos du hammam Nour ed-Din. Ci-contre : cour intérieure arabe – un petit paradis en miniature.

tiquités syrien, il est destiné à devenir **musée**. La **coupole** qui recouvre la cour intérieure est impressionnante. Au rez-de-chaussée, les comptoirs faisaient face aux entrepôts et au-dessus, accessibles par des galeries, se trouvaient les pièces d'habitation.

Au sud de la Via Recta, vous pourrez admirer plusieurs autres palais restaurés qui datent pour la plupart du XVIIIᵉ siècle. Parmi les plus beaux, le **★Beit as Sibai** ㉒ (1769-1774) qui fut longtemps occupé par l'ambassade d'Allemagne ou encore plus vaste, le **★Beit Nizam** ㉓ dont les pièces sont réparties autour de deux cours intérieures. Dans les deux cas, les salles de réception (*salamlik*) sont séparées des pièces réservées à la famille (*haramlik*).

Dissimulés dans de sombres impasses, d'autres khans turcs offrent aujourd'hui encore, avec leurs piles désordonnées de marchandises, le même spectacle qu'il y a 300 ans. Mais le curieux qui jettera un coup d'œil derrière les tristes façades découvrira de charmantes cours de madrasas, de bimaristans et de maisons privées. Les ama-

teurs de carreaux de faïence visiteront l'école **Dar Ambar** ㉔ dont les décorations murales sont magnifiques.

Si, malgré le trafic généralement dense, on poursuit son chemin vers l'est et que, peu avant l'**arc romain** ㉕ dans la Via Recta, qui à partir d'ici s'appelle **Sharki** (**Bab Sharki Street**), on tourne vers le sud, on arrive dans l'ancien **★quartier juif** ㉖ (**Al Haret al Yahoud**) où se trouve le palais de Fahri, le magnat de la finance. Des couloirs souterrains reliaient le **★Bait Dahddah** ㉗ (XVIIIᵉ s.) à ses autres maisons. Argent et objets de valeur pouvaient ainsi être amenés "discrètement" jusqu'au coffrefort de la maison principale. Les salles de réception d'hiver et d'été richement décorées (*salamlik*) donnent sur la cour intérieure plantée d'arbres, tout comme les pièces réservées aux femmes (*haramlik*) et la synagogue privée. Cette maison qui renferme une belle **collection d'armes et d'antiquités** se visite : frapper à la modeste porte nord.

Encore plus à l'est, le mur d'enceinte est coupé par la porte romaine **Bab ash Sharqi** ㉘, la porte de l'Est ou du Soleil.

Ce quartier, **Bab Tuma** ㉙ (**quartier chrétien**), a dû être habité tout d'abord par des Nabatéens vers 60 av. J.-C. puis par des chrétiens. Des objets d'art anciens et modernes sont proposés comme souvenirs dans les boutiques aux minuscules vitrines. Être invité dans l'une des maisons de ce quartier permet de découvrir un luxe tout oriental car ces dernières années, il est chic quand on a de l'argent d'acheter de vieilles maisons et de les restaurer.

La **chapelle Saint-Ananie** ㉚ de la rue Hananiya (au nord de Bab Sharki) était sans doute à l'origine un temple romain. Elle passe pour être l'un des plus anciens lieux de culte chrétiens de la ville. La chapelle du rez-de-chaussée de ce qui fut jadis une maison rappelle que le Juif Ananie fit recouvrer la vue à Saul qui, après avoir reçu le baptême, prit le nom de Paul. Le zèle missionnaire de Paul ayant suscité des pulsions meurtrières chez les Juifs de la ville, ses disciples le firent descendre la nuit dans une corbeille le long de la muraille (Actes des Apôtres IX, 3). Une église moderne, l'**église Saint-Paul** ㉛, s'élève à

l'endroit même où Paul aurait réussi à s'enfuir.

★AL MIDAN ET
BAB AL JABIYEH

Si l'on suit le mur d'enceinte en direction du sud-ouest, on arrive à **Bab as Saghir** ㉜ (porte de Mars), au **cimetière Bab as Saghir** ㉝ où reposent des parents et des compagnons de route du prophète Mahomet. Les chiites en particulier vénèrent ces **mausolées** et fleurissent les vieilles tombes.

À l'ouest, on trouve dans le quartier des pèlerins, ★**Al Midan** ㉞, le long de l'ancienne route de La Mecque, des édifices sacrés et profanes des XVᵉ et XVIᵉ siècles. Des ornements géométriques ou végétaux sculptés dans la pierre, le stuc ou le bois et des applications en métal et des peintures témoignent de l'habileté des artisans syriens.

Dans le quartier de **Bab al Jabiyeh**, à quelques mètres de l'extrémité ouest de

Ci-dessus : les mosaïques persanes du tombeau de Saijida Zeinab.

la Via Recta se dresse la **mosquée ★Sinan Pacha** ㉟. Consacré en 1590, ce sanctuaire faisait partie, à l'origine, d'un kulliye appartenant au gouverneur Sinan Pacha qui comprenait en outre une bibliothèque, un café et un salon de thé, un hammam et un khan. Avec ses dimensions harmonieuses, la **cour** entourée d'**arcades** et la salle surmontée d'une **coupole** décorée de stuc retiendront votre attention.

Ne manquez pas de vous rendre à la ★**mosquée Dervich-Pacha** ㊱ qui fut érigée elle aussi à l'époque ottomane (1572-1575) par le gouverneur éponyme, qui y trouva sa dernière demeure. De splendides **carreaux de faïence** damascène et des **portails** ornés de muqarnas font le charme de cette mosquée.

★SALIHIYA ET
LE DJEBEL QASIYUN

Au XIIᵉ siècle, lorsque la vieille ville s'avéra trop étroite, Nour ed-Din installa dans les jardins et les champs au pied du **djebel Qasiyun** des réfugiés de Palestine à l'endroit présumé où Caïn aurait tué Abel. La colonie se développa rapidement et eut, dès 1202, sa propre mosquée du vendredi. Sous les Ayyoubides et les Mamelouks, le faubourg qui, dépourvu de mur d'enceinte, eut particulièrement à souffrir des assauts des Mamelouks du XIIIᵉ siècle, fut doté d'hôpitaux, de mosquées, de couvents et d'écoles.

Lors des soulèvements contre les Mamelouks (1498) et les Ottomans (1521), Salihiya fut détruit et dépeuplé. Ce n'est qu'au XIXᵉ siècle que le quartier se repeupla dans la foulée d'un essor économique général. On recommandera la visite de ★Salihiya, qui compte plus d'une centaine de monuments et est par ailleurs peu fréquenté par les touristes, aux amateurs d'art. Ils opteront pour le vendredi en raison du grand ★marché qui a lieu ce jour-là et mérite vraiment le détour.

Parmi les nombreux édifices musulmans importants, il en est un de particulièrement remarquable, la ★Jami al Hanabila ㊲ (en arabe *jami* = mosquée). Fondée par le Cheik Abou Omar Mohammed al Maqdisi et nommée d'après le prince Muzaffar ad Din Gökbüri d'Emessa (1207), cinq fondateurs furent nécessaires à l'achèvement, (1213) de la première mosquée du vendredi du quartier. Avec ses fenêtres en stuc, ses panneaux en bois au-dessus des portes et les colonnes franques qui ont été réutilisées autour du *mihrab* (niche de prière toujours orientée vers La Mecque), elle ressemble beaucoup à la mosquée des Omeyyades.

Il faut absolument visiter la **madrasa ar Rukniya** ㊳ avec le **tombeau de l'émir Rukn ed-Din Mankuris al Falaki** (1228) ainsi que le **bimaristan al Qaimari** (1256), un hôpital fondé par l'émir kurde Saïf ed-Din al Qaimari qui trouva la mort dans la guerre contre les croisés. On ne négligera pas non plus la **mosquée d'Ibn Arabi** (mort en 1240), un mystique dont la tombe, située à l'intérieur de la mosquée, attire les pèlerins.

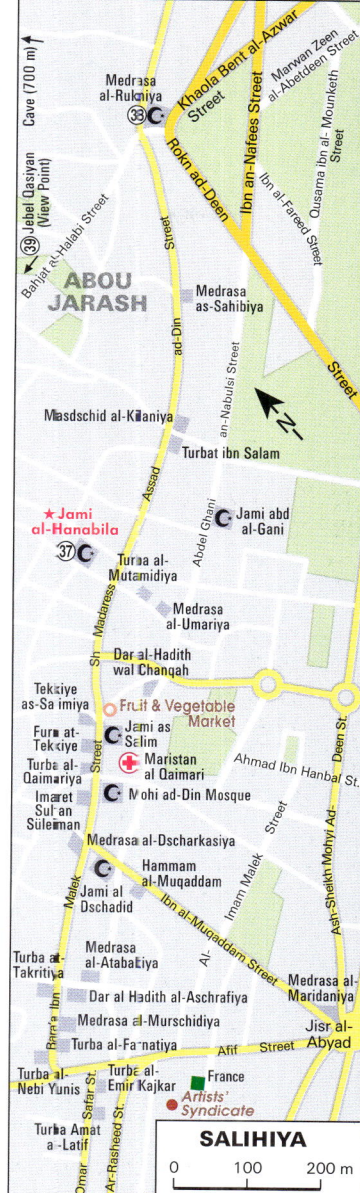

Damas et le sud de la Syrie · 2

Le **site panoramique** ㊴ du **djebel Qasiyun** offre une ****vue** splendide sur Damas. La route, qui y mène, longe le palais présidentiel aux allures de forteresse et une banlieue moderne.

**TOMBE DE SAIJIDA ZEINAB

À l'ouest de la ville se trouve la **mosquée** qui renferme la ****tombe de Saijida Zeinab**, une petite-fille de Mahomet, particulièrement vénérée par les chiites. Depuis des années, on édifie avec des fonds iraniens un nouvel édifice dans le style persan. Le mausolée est visité chaque année par des milliers de pèlerins chiites qui logent à proximité ou dans des hôtels autour de la gare du Hedjaz. Avant la visite du tombeau, on vous remettra à l'entrée une pièce de tissu de couleur noire dans les plis de laquelle vous vous enroulerez – il convient de respecter scrupuleusement les consignes vestimentaires chiites. La plus grande réserve est de rigueur. Dans

Ci-dessus : le monastère de sainte Thècle à à Maalula – oasis de paix et de tranquillité.

les boutiques autour du sanctuaire, on peut trouver des tapis persans ou du caviar à des prix avantageux.

EXCURSIONS À PARTIR DE DAMAS

BARQASH

De **Damas** (❶), passer par **Qatana** pour rejoindre **Barqash** ❷ qui se trouve au pied du **mont Hermon**, sur une terrasse articielle. Les derniers kilomètres se font au gré des cahots d'une piste caillouteuse. Outre une **église** chrétienne à moitié taillée dans la roche, vous découvrirez plus bas une vaste **salle** à laquelle sont accolées toilettes et salles de bains avec lavabos (V^e-VIe s.). Les vestiges d'un temple doté d'une crypte se dressent à environ 100 m de là.

LA *VALLÉE DU BARADA

La ***vallée du Barada** est l'un des buts d'excursion favoris des Damascènes qui viennent s'y rafraîchir en été. Dès l'antiquité, l'eau du Barada, le

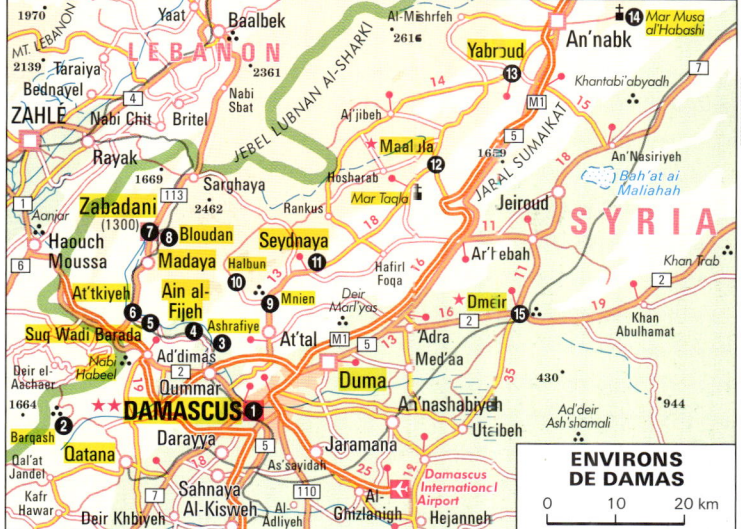

ENVIRONS DE DAMAS

0   10   20 km

Chrysorrhoas grec ("fleuve d'or"), fut acheminée par des canaux et des a-queducs jusqu'à Damas. On apercevra des vestiges de ce **système d'irrigation** près d'**Ashrafiyé** ❸.

L'étape suivante n'est autre qu'**Ain al Fijeh** ❹, l'antique source d'un des principaux bras du Barada. Au bord d'un **bassin** artificiel, on peut voir les vestiges d'anciens **temples** reconvertis en église au début de l'ère chrétienne.

En continuant sur la route principale, on arrive plus à l'ouest à **Suq Wadi Barada** ❺. Au sud du fleuve se trouve un **temple** d'avant l'ère chrétienne avec des tombes creusées dans la roche qui est vénéré par les Druzes comme le **Nabi Habil** ("tombeau d'Abel") ; il a donné à la ville son nom antique : en 30 av. J.-C., Abila était la capitale du roi Lysanias et des "sauvages" Ituréens spécialisés dans l'attaque des carava-nes. En 634, les Arabes s'emparèrent de la ville devenue évêché au Ve siècle à la faveur d'un coup de main alors qu'en raison du marché hebdomadaire, les habitants ne s'attendaient pas à une at-taque.

À **At'tkiyeh** ❻, la localité suivante (à laquelle mène aussi la voie rapide de Damas), une inscription, apposée à côté de tombes antiques creusées dans la ro-che, fait état de travaux routiers sous l'empereur romain Marc-Aurèle (161-180). La route oblique vers le nord, traverse **Madaya** et conduit à **Zabada-ni** ❼ et **Bloudan** ❽, deux villégiatures situées à 1330 m d'altitude, dont les nombreux petits hôtels et pensions af-fichent en général complet le week-end. Une autre **source** du Barada se trouve à Zabadani. Dans un **bosquet de chênes** sacré en contre-haut de Madaya, une aiguille rocheuse grise surplombe tel un index menaçant la plaine de Zabadani – un sanctuaire naturel très ancien tou-jours vénéré par les paysans.

La voie rapide continue jusqu'à la frontière libanaise. Pour visiter les sites qui se trouvent au nord de Damas, il vous faut revenir dans la capitale.

MNIEN ET HALBUN

Pour se rendre à Mnien, on quittera de préférence le centre de Damas par

l'avenue al Thawra pour prendre ensuite en direction du nord-est l'avenue al Aadawi.

Sainte Hélène aurait consacré deux églises à **Mnien** ❾. Environ 200 m plus loin en direction de la vallée, on peut marcher pendant une heure environ à travers la **★gorge d'Ain es Saheb** dans une vallée isolée jusqu'au petit village pittoresque de **Halbun** ❿.

SEYDNAYA

Seydnaya ⓫ se trouve à 10 km au nord-est de Mnien. Le versant est de l'**Anti-Liban** offre un paysage particulièrement attrayant avec ses gorges profondes, ses oasis fluviales idylliques, ses villages pittoresques et ses bosquets d'abricotiers ombreux. Autour de Sednaya, les **tombeaux** (IIe-VIe siècle) et les grottes qui se succèdent dans la paroi rocheuse la font ressembler à un gruyère. Un **couvent de femmes** ortho-

Ci-dessus : les maisons de Maalula, nichées dans la roche. Ci-contre : icônes au monastère de saint Serge (Mar Sarkis).

doxe grec, fondé au VIe siècle, couronne le sommet de la montagne qui surplombe le village chrétien. La Vierge est également vénérée par les musulmans qui payaient jadis l'huile des lampes de la chapelle de la Vierge. Au nord, le **djebel Shurabin** (de "chérubin") abrite plusieurs chapelles consacrées à des saints orhodoxes grecs.

★MAALULA

Le chemin qui mène à **★Maalula** ⓬ ("ouverture") part de la voie rapide 5, non loin du **khan al Arus**, l'auberge ottomane qui accueille pèlerins et commerçants. Certains estiment que Maalula est le plus joli village de Syrie, c'est en tout cas un endroit particulièrement pittoresque où les maisons sont accrochées aux rochers escarpés tels des nids d'hirondelles au-dessus de la vallée fertile. Ce village de 3000 âmes compte parmi les trois villages du pays où l'on parle encore l'araméen, la langue de Jésus. Des immeubles modernes en béton et un nouvel hôtel sur la crête qui domine le village contrastent avec les an-

ciennes maisons qui reposent sur des **grottes** artificielles et auxquelles on n'accède la plupart du temps que par les toits des maisons en contrebas.

À droite sur le versant escarpé se trouve le cloître grec orthodoxe de **Mar Tekla** qui a été entièrement reconstruit au XXᵉ siècle. La petite chapelle avec sa grotte abrite le tombeau de sainte Thècle ; l'eau de source aurait des propriétés miraculeuses quoique le nom de "Tekla" ait été retiré du calendrier des saints il y a de cela quelques années.

Dans le village, si vous gardez votre gauche, une route vous conduira à l'hôtel et au monastère ★**Mar Sarkis** sis sur l'arête de la montagne à 1700 m d'altitude. De là, vous jouirez d'une ★**vue** imprenable sur le village et toute la vallée. La congrégation de la Sainte-Croix a été fondée en 1686 par un évêque damascène pour accélérer la réunification de l'Église d'Orient avec Rome. Les bâtiments conventuels modernes sont groupés autour de l'antique église dont l'entrée très basse est creusée dans la roche. Les murs en pierre sont renforcés par une charpente en bois, une

technique de construction anti-tremblement de terre. La coupole sur trompes, inspirée de modèles perses, est la plus ancienne construction de ce type et la mieux préservée de toute la Syrie. Les colonnes et les chapiteaux devant l'abside proviennent d'un temple plus ancien. La table d'autel a été construite après le martyr, en 305, de Serge et Bacchus auxquels l'église est consacrée. La forme de l'autel rappelle les autels sacrificiels païens qui furent interdits au concile de Nicée. Vous pourrez goûter au vin doux du monastère et y acheter souvenirs et cassettes avec le Notre-Père en araméen.

En passant devant l'hôtel, on peut revenir à pied au monastère de sainte Thècle (15 min.) par le défilé ★**al Fajj** avec ses parois creusées de tombes antiques, ses grottes et ses conduites d'eau. Si l'on en croit la légende, le **défilé** serait ouvert pour permettre à Thècle d'échapper aux soldats que son père, opposé à sa conversion au christianisme, avait lancés à sa poursuite. Désespérée et ne voyant plus d'issue, la jeune femme aurait imploré l'aide de

Dieu qui aurait alors écarté les falaises pour lui permettre de s'enfuir.

YABROUD ET MAR MUSA AL'HABASHI

De retour sur la voie rapide, à 10 km avant An Nabkh, une route bifurque à gauche vers **Yabroud** ⑬ où l'on a trouvé dans des grottes des traces d'une colonisation humaine du paléolithique, vieille de 100 000 ans.

En partant d'An Nabk, il faut absolument faire un crochet (18 km) par le **djebel Sharqiyat** et le monastère merveilleusement situé de **Mar Musa al'Habashi** ⑭ (ou encore **Deir Mar Musa**, saint Moïse l'Abyssin) du nom d'un ermite africain qui a vécu ici vers l'an 500. Érigé il y a environ 1400 ans, le monastère fut abandonné au XVIIe siècle et ce, jusqu'en 1993, date à laquelle le père Paolo entreprit de le restaurer. Aujourd'hui, cinq moines et trois nonnes y vivent et y travaillent. Le monastère loue même des **chambres**. À ne manquer sous aucun prétexte : les ***fresques** du VIIe au XIIe siècle qui comptent parmi les mieux conservées de cette époque. Tous les 28 août, la fête de Moïse donne lieu à un pèlerinage au monastère.

*DMEIR

Au sortir de Damas, la route 5 (puis 4) vous mènera via **Duma** et **Adra** à ***Dmeir** ⑮ (Dumayr), la *Thelesa* antique où étaient stationnées les troupes de cavaliers du Ghassanide Al Mundhir au VIIe siècle. Au cœur du village, vous apercevrez le rectangle imposant d'un **temple de Zeus** du IIe siècle qui servit de forteresse aux musulmans au Moyen Âge qui condamnèrent les entrées des côtés nord et sud.

À côté de l'une des portes, des **inscriptions** font allusion à une reconstruction en 246 et à un procès qui opposa les habitants de la ville aux prêtres de Zeus. La cause en était l'interdiction

par les prêtres d'une procession traditionnelle d'une image sacrée dans la ville qui était alors un lieu de pèlerinage important. Le texte a malheureusement souffert si bien que nous ne connaîtrons jamais l'issue du procès.

LE HAURAN ET LES DRUZES

La région du Hauran dans le Sud se présente sous trois visages différents : la partie septentrionale, la **Leja**, un paysage de lave déchiqueté ; le **djebel ad Druz** (ou **djebel al Arab**) qui à l'époque romaine portait le nom de *Hauranitis* et qui culmine à 1803 m et pour finir, la plaine fertile de la **Nuqra** dont les vignobles servent à la production de l'arak syrien. Le Hauran a sans doute

été colonisé très tôt, ses habitants vivant alors principalement dans des grottes.

Dès le VIIe siècle avant J.-C, le Hauran fut habité par des peuplades arabes, mais ce n'est qu'à partir du Ier siècle avant J.-C. que l'on dispose d'informations plus détaillées sur cette région et ses habitants. Le prince Zénodore, un vassal romain, régnait à l'époque du haut du mont Hermon sur le Hauran qu'il avait soustrait au contrôle des Nabatéens. Son fils Lysanias fut dépossédé en 38 avant J.-C. de ses terres par Cléopâtre VII avec l'aide d'Antoine. Lors de la réorganisation de l'Empire romain, en l'an 24 avant J.-C., Auguste confia la région à Hérode le Grand. Afin de mieux surveiller les habitants, le roi d'Israël y implanta 3000 Édomites, une

tribu de Transjordanie vaincue, mais ceux-ci furent bientôt massacrés par les autochtones. Au Ier siècle, le Hauran était encore sous le contrôle des rois d'Israël et un groupe de Juifs mésopotamiens y fut implanté.

Il est vraisemblable que dès la fin du Ier siècle av. J.-C. des tribus originaires du Yémen, qui s'étaient vu contraintes de quitter leur pays pour des raisons économiques, s'y soient installées. Au cours des siècles qui suivirent, ce pays de montagnes inaccessibles a continuellement accueilli les tribus et les peuplades les plus diverses. Des nomades arabes s'y sont réfugiés à plusieurs reprises pour des motifs économiques, politiques ou encore religieux. Tout au long de cette époque, le pouvoir est pas-

sé tour à tour aux mains des Romains puis des Ottomans.

Après la conquête de Damas par les musulmans en 635, une partie des Damascènes chrétiens trouva refuge dans le Hauran. Au cours des XIIᵉ et XIIIᵉ siècles, ce fut au tour des musulmans du Liban pourchassés par les croisés de s'y réfugier. C'est de cette époque que datent les grandes forteresses de Bosra et Salchad. Après l'effondrement des États chrétiens, de nombreux réfugiés rentrèrent dans leurs pays d'origine.

Lors des invasions mongoles (1260 et 1400), la population du Hauran fut à ce point décimée que pendant des siècles le djebel ad Druz fut inhabité, à l'exception des nomades qui y faisaient paître leurs troupeaux. Après la bataille d'Aïn Dara (1711), les Druzes commencèrent à affluer du Liban.

Les Druzes se disent descendants des Yéménites qui au début de l'ère chrétienne émigrèrent dans l'Hira irakien et

Ci-dessus : champ de coquelicots au printemps. Ci-contre : au pied du djebel ad Druz, la terre est particulièrement fertile.

se firent appeler Lachmides. Parmi eux, un petit groupe prêta main forte en 635 aux armées musulmanes pour la conquête de Damas. En contrepartie de cette aide, les Lachmides obtinrent des terres dans la région de Ma'aret an Noman (au sud d'Alep). La même tribu fit alliance ensuite avec les Abbassides écrasant ainsi l'opposant omeyyade. En signe de reconnaissance, le calife al Mansour (754-775) lui fit don de terres fertiles au Liban. Par la suite, les Druzes conquirent tout le sud-ouest du Liban. De nombreux princes arabes s'établirent plus tard avec leurs tribus dans cette même région, Tenoch, Maan d'Arabie du Nord et Shihab.

La religion des Druzes est issue du schisme qui survint sous le règne du calife Fatimide Al Hakim ("le médecin", 996-1021). Deux prédicateurs officiaient à l'époque au Caire, le Persan Hamza al Labbad ("le faiseur de feutre") et son disciple, le Turc Ad Darzi ("le tailleur"). C'est de son nom qu'est dérivé le mot druze. Les deux prédicateurs voyaient dans le calife Al Hakim qui, après un début de règne sanglant, était devenu un pieux bienfaiteur, le sauveur tant attendu et l'incarnation de Dieu.

Mais le Turc ad Darzi dut bientôt fuir la colère des chiites et se réfugia dans la région du Hermon où il rassembla autour de lui de nombreux disciples. Lorsqu'en 1516, le sultan ottoman Sélim Iᵉʳ se trouve à la tête de la conquête de la Syrie, le grand émir du Liban, Fakhr ed Din Iᵉʳ et le chef des Druzes, Jamal ed Din se rangent à ses côtés. Fakhr ed Din Iᵉʳ exploite alors les faiblesses du gouvernement central turc et étend son influence au-delà du Liban. Mais refusant de payer tribut au gouverneur turc de Damas, il sera assassiné au cours de négociations en 1544. Son fils subira le même sort.

Sous son successeur, Fakhr ed Din II, les Maan d'Arabie du Nord étendent leur domination jusqu'à Palmyre et Alep. Ce n'est qu'en 1614 que le pacha de

Damas réussit à chasser Fakhr ed Din II de Syrie. Pendant son exil en Toscane, celui-ci fait circuler la rumeur selon laquelle les Druzes seraient des descendants d'un croisé, le comte de Dreux qui descendrait lui-même de Godefroi de Bouillon. Fakhr ed Din II rentre en Syrie sans l'aide espérée en argent et en armes. Lors de sa tentative de reconquête de son ancien territoire, il est fait prisonnier et sera exécuté en 1635 à Istanbul.

La lignée des Maan s'étant éteinte en 1697, les Shihab prennent le pouvoir au Liban. Ce à quoi s'opposent les tribus Tenoch d'Arabie du Sud au Liban sous la direction de Machmud abu Harmush. Toutefois, les Shihab l'emporteront à la bataille d'Aïn Dara, en 1711. C'est pour les Druzes une date décisive : en effet, en raison des persécutions qui s'ensuivent, un bon nombre d'entre eux quitteront le Liban pour se réfugier dans le Hauran.

Sous l'émir Bachir, les Shihab s'allient en 1832 avec Ibrahim Pacha, le vice-roi d'Égypte pour chasser les Turcs. Sous la domination égyptienne en Sy-

rie, les Druzes du Liban se tiennent tranquilles, pourtant une révolte éclate dans le Hauran en 1839 lorsque les Égyptiens tentent d'enrôler dans leur armée 175 hommes. Les Égyptiens sont battus dans un combat acharné. Un an plus tard, les Turcs occupent à nouveau la Syrie avec l'aide des Anglais.

Le Hauran connaît en 1852, 1879, 1895 et 1895 des soulèvements des Druzes qui ne voulaient pas obéir au pouvoir central d'Istanbul. Lorsqu'en 1860, les maronites chrétiens marchent sur les Druzes du Liban avec l'aide des Français, trois mille coreligionnaires viennent du Hauran à leur secours. Les combats s'achèvent par une défaite cuisante des maronites certes supérieurs en nombre mais indisciplinés et moins entraînés. La victoire des Druzes se traduit alors par des persécutions à l'encontre des chrétiens de Damas, ce qui sert de prétexte à l'intervention des troupes britanniques et françaises en Syrie. Lors de la révolte contre les Français en 1925, les Druzes se distinguent tout particulièrement, ce que rappelle la fête nationale le 17 avril.

Aujourd'hui, les Druzes ont leur représentant au Parlement syrien.

La famille Joumblatt, qui joue un rôle prééminent chez les Druzes du Liban, n'entre toutefois dans la communauté religieuse qu'à l'époque ottomane. Les Joumblatt sont originaires d'Alep. Ils ont merveilleusement réussi, grâce à une politique familiale avisée, à devenir rapidement influents et puissants. Aujourd'hui, le chef des Druzes libanais est issu de la famille des Joumblatt, mais il n'est pas reconnu dans le Hauran.

Le costume typique des Druzes, qui malheureusement disparaît de plus en plus, permet d'identifier les croyants. Les hommes portent une longue chemise (*kunis*), un pantalon large (*libas*), un gilet rayé court noir et blanc ou rouge et blanc (*abaje*) et parfois une sorte de long manteau (*kuchbaz*). Les Druzes pratiquent une religion secrète,

Ci-dessus : un druze à Um az Zaitoun. Ci-contre : c'est dans une tige de fenouil que Prométhée cacha le feu qu'il avait dérobé sur l'Olympe pour l'apporter aux hommes.

ils ne parlent ni de leurs dogmes ni de leurs rites. Ils établissent une distinction entre une minorité d'initiés (*ukkal*), qui ont seuls accès aux écritures secrètes et la masse des simples croyants (*juhbal*). Les initiés sont généralement vêtus d'un long manteau noir et arborent une ceinture en cuir alors que les profanes ont une ceinture en laine. Sur la tête, les initiés portent le *tarbouch* et les profanes la coiffure des Bédouins (*keffieh*), un carré de tissu retenu par un lien (*akal*). Sur leurs longs vêtements, les femmes portent souvent un corset (*sidrje*) et pour sortir un voile noir (*saje*). Ce voile recouvre une coiffe en tissu (*tantur*) ornée de pièces de monnaie et de bijoux en argent qui n'est plus beaucoup portée aujourd'hui.

Les Druzes forment une secte ismaélite. Leur doctrine est rassemblée dans sept livres et 111 traités. C'est un mélange d'islam, de christianisme, de philosophies anciennes et de pratiques occultes perses. Les Druzes n'ont pas de prêtres, ils n'ont que des initiés et des profanes. Les initiés se réunissent tous les jeudis dans des maisons isolées et des grottes pour étudier leur dogme. Ils n'ont pas d'édifices ou de monuments religieux tels qu'églises ou mosquées. Le principal devoir des Druzes est la sincérité à l'égard de leur communauté religieuse. Les cinq piliers de l'islam n'ont pour eux aucune signification, ils ne prient pas cinq fois par jour et ne font pas le pèlerinage de La Mecque.

UM AZ ZAITOUN

Pour vous rendre dans le sud de la Syrie, vous quitterez **Damas** au niveau du sanctuaire de Saijida Zeinab (cf. page 44) par l'ancienne route du sud-est en direction de Suweida. Pendant les 70 premiers kilomètres, le panorama est constitué d'un paysage de plaine ; mais en arrivant à **Lateh**, vous apercevrez une colline conique qui sert de point de repère. Au sommet de la colline se dresse une villa moderne tandis qu'en bas, dans la plaine, on extrait des cendres volcaniques qui serviront à construire des routes.

La route longe ensuite la **Lejas**, le "labyrinthe de Dieu", un terrain de lave parcouru d'innombrables crevasses qui constituent un repaire idéal pour les rebelles en tous genres. Son sol glaiseux rouge foncé est des plus fertiles.

En continuant toujours en direction de Suweida, vous passerez par le petit village druze d'**Um az Zaitoun** ⑯ ("Mère des olives"). Dans l'Antiquité, une grotte de lave à l'ouest de la route était utilisée comme réservoir d'eau. À sa lisière méridionale se trouve le petit **temple** de la déesse de la localité fondé en 282. Le temple sert aujourd'hui de maison d'habitation. Avec les raisins de leurs vignes aux allures de bonsaïs, les paysans de la région produisent un excellent vin rouge que l'on ne peut malheureusement pas transporter. La célébration des mariages est une occasion pour tout le village de faire la fête. On danse et on chante alors jusque tard dans la nuit. Les thèmes des chansons sont essentiellement l'amour ou quelque acte héroïque accompli par l'un des membres de la tribu.

que du IIIe siècle où l'évêque Tiberinus célébrait des messes. Les anciens plafonds en plaques de basalte sont typiques pour le Hauran. À l'est du village, une tour datant de 175 après J.-C. témoigne de l'existence à cet endroit d'un monastère qui était encore habité au Ve siècle.

SHAQQA

Peu avant d'arriver à Shahba (cf. ci-après), dont vous distinguerez déjà les maisons au-delà de la colline suivante, la route bifurque à gauche en direction de **Shaqqa** ⑰, qui se trouve à environ 10 km. L'antique *Sakkaia* ou *Maximianopolis* suscitera l'intérêt des seuls passionnés d'archéologie. Elle se vit octroyer au Ier siècle le statut de *colonia* et prit à la fin du IIIe siècle le nom de Maximianus en l'honneur d'un vice-empereur de Dioclétien. Un siècle plus tard, elle fut élevée au rang de siège épiscopal. Au milieu de ce village moderne aux constructions parfois malheureuses, on découvre les vestiges d'un palais, un sanctuaire de la déesse de la ville (*Tyché*) ainsi qu'une basili-

*SHAHBA

En venant de la route principale, on entre dans *****Shahba** ⑱ par la porte nord antique. L'empereur romain Philippe l'Arabe (244-249), originaire de Shahba, fit en sorte, à l'occasion de son intronisation, que la ville resplendît de tous ses feux, une mise en scène glorieuse qui valut à cette dernière son nom antique de Philippopolis et toute une série de bâtiments dont ne subsistent plus aujourd'hui que les ruines.

Philippe l'Arabe était le fils d'un cheikh du Hauran et il se convertit en secret au christianisme. Préfet de la garde, il se distingua dans les victoires sur les Sassanides, ce dont il fut récompensé par la fonction de Premier mi-

nistre. Non content d'en être arrivé là, il fit assassiner l'empereur Gordien III et se fit proclamer empereur par ses troupes, une pratique on ne peut plus courante à l'époque. Pendant cinq ans, Philippe combattit sur tous les fronts de son empire, mais il finit par être assassiné avec son fils par son général en chef Décius (ou Dèce). La ville ne périclita pas pour autant et connut un nouveau destin comme siège épiscopal.

À l'époque, la petite ville de plan rectangulaire possédait de chaque côté de ses remparts une grande porte. De la **porte nord** ne subsistent plus que des vestiges. La **porte sud** avec ses chapiteaux nabatéens est mieux conservée. Le rond-point, carrefour des deux anciens axes routiers, était orné jadis d'un **tétrapyle** (monument à quatre piliers), il est agrémenté aujourd'hui d'un pot à vin ou à café, symbole de l'hospitalité.

En se dirigeant vers la droite, on aboutit à l'ancien **forum** (place principale) après être passé devant un immeuble moderne construit dans un **temple** antique. Des colonnes de basalte et des chapiteaux corinthiens se dressent à leur emplacement d'origine et rehaussent la nouvelle construction.

Le **nymphée** occupe le côté est de la place. On suppose que l'immense abside ouverte était consacrée à la nymphe Chalybe à moins qu'elle n'ait servi de salle d'audience. Elle est reliée par une route suspendue au **palais** impérial voisin où résidait, il n'y a pas si longtemps encore, le cheik local.

Le **★philippéion**, le temple funéraire de la famille de Philippe se trouve sur le côté gauche de la place. Le petit temple carré avait à l'origine un aspect beaucoup plus élégant car, comme pour toutes les constructions du Hauran, les murs noirs contrastaient avec le marbre clair des revêtements intérieurs et des statues. Le bâtiment était surmonté autrefois d'une coupole ou d'un toit en berceau.

Derrière le temple funéraire se trouve le petit **★théâtre** habilement intégré au relief naturel. Celui-ci n'était vraisem-

Ci-dessus : Orphée chantant devant les animaux (mosaïque de pavement, musée de Shahba).

blablement réservé qu'à une élite car il est bien trop petit pour un usage public. La rue devant le théâtre mène à la rue principale et aux bains.

Bien que leur sol en mosaïque, les revêtements muraux et les statues en aient disparu, les ***thermes** ne manquent pas d'impressionner en raison de leurs murs imposants et de leurs plafonds en berceau construits en *opus caementitium* ("béton romain"), un mélange de sable, de calcaire et de pierrailles. Dans l'Antiquité, un aqueduc captait l'eau des collines avoisinantes et approvisionnait la ville.

Dans la cour de la maison qui se trouve en face, des gradins de théâtre antiques et un chapiteau font office de meubles de jardin. À côté, un petit ***musée** a été aménagé dans les ruines d'une maison romaine. Les remarquables ***mosaïques** de cette construction antique représentent des motifs tirés de la mythologie grecque : les animaux écoutent le chant d'Orphée, le chanteur thrace cependant qu'Ariane et Dionysos célèbrent leurs noces et qu'Aphrodite rencontre Arès son amant. Le musée possède en outre un remarquable **portrait de Philippe l'Arabe**.

La rue principale quitte la ville par la **porte sud** en direction de Salim.

SALIM ET ATHEEL

Environ 15 km séparent Shahba de **Salim ⓳**, l'antique *Selamea*, où l'on aperçoit au milieu des maisons les maigres vestiges d'un **temple** romain (IIe siècle).

Dans la localité suivante, **Atheel ⓴**, l'ancienne *Athela*, on verra également des ruines de deux petits **temples** romains (209-211). Là, une route bifurque à gauche en direction de Qanawat.

*QANAWAT

*Qanawat ㉑, l'antique *Kanatha*, est située sur un contrefort du djebel ad Druz couvert de rouvres et de maquis, au bord de la rivière Kanatha ("conduite d'eau"). Pompée l'incorpora en 63 av. J.-C. à ce que l'on appelait la Décapole romaine (fédération de dix villes). Elle fut possession juive sous Alexandre Janée (IIe siècle av. J.-C.) et Hérode Agrippa (Ier siècle). Sous l'empereur romain Trajan (98-117), la ville fut rattachée à la province de *Syria* et engagea ses propres cohortes au côté de l'armée romaine. Grâce au commerce extérieur, elle connut la prospérité mais la ville perdit une grande partie de son territoire lorsque de petites localités voisines accédèrent à l'indépendance. Les évêques de Karatha participèrent aux conciles de Chalcédoine (451) et de Constantinople (553). En 635, la ville tomba aux mains des Ottomans sans opposer de résistance. Depuis le XIXe siècle, elle est le siège des dirigeants druzes dans le Hauran.

En traversant le village moderne en direction de l'est, on aperçoit tout d'abord sur la droite du podium du **temple de Jupiter** (150-200) avant d'atteindre le ***sérail**. La façade de l'**église** érigée au IVe siècle dans un temple plus ancien (IIe siècle) donne sur une petite place. Certains ornements des portes et des fenêtres furent réalisés pour l'église, d'autres proviennent du temple antérieur. Dans l'ancienne abside du temple, on distingue des peintures de facture ottomane et des cierges à demi consumés attestent que l'église remplit aujourd'hui encore ses fonctions. La table de l'autel chrétien était accolée au mur longitudinal est du temple, les colonnes du fronton de ce dernier occupant aujourd'hui encore la face nord.

L'**atrium** (cour intérieure entourée de colonnes), situé derrière, faisait partie d'un lieu de culte païen (IIe siècle) qui fut sans doute transformé en église au IVe siècle. On notera les reliefs en basalte des ***linteaux de porte** et les fragments épars d'***ornements** représentant outre les motifs habituels en forme de vrille, des animaux, des bustes et les mains jointes de fidèles en prière.

Les chrétiens avaient accolé un immense bassin de pierre au flanc est de la basilique. À l'est de ce **baptistère** se trouvait un **monastère** dont ne subsistent aujourd'hui qu'une crypte avec plusieurs sarcophages monolithiques et les vestiges d'une tour.

En partant du monastère, la route longe à gauche la vallée de la Kanatha avec les vestiges d'un **sanctuaire de la source** et d'un **odéon**. En restant à gauche, on découvrira successivement une **madrasa** (école coranique), un ancien **bâtiment municipal** (124), les ruines de **thermes** et sur la droite le **temple d'Hélios** (150-200) où est entreposée parmi les bas-reliefs une cruche à vin. On rejoint ensuite la route principale qui mène à Suweida.

Du sérail, un autre chemin mène à **Sia** dans le sud-est (4 km). Par endroits, on distingue encore les pavés d'une **voie antique**. À la droite du village moderne, sis sur trois terrasses à flanc de montagne, on aperçoit l'antique sanctuaire de pèlerinage de **Sia** qui comprenait jadis un **temple du dieu du soleil Baalshamin** du IIe siècle, plus précisément du Dushara nabatéen (Dionysos) du Ier siècle av. J.-C. (Sia était alors la ville la plus septentrionale du royaume nabatéen). Mais outre une série d'intéressants **fragments d'ornements** et un magnifique ***panorama** sur les environs, le site ne présente pas grand intérêt.

Rejoignez et reprenez la route principale en direction de Suweida. Vous apercevrez sur votre droite un club de chasse qui est équipé d'un restaurant et propose des possibilités d'hébergement. Les nombreuses maisons et villas agrémentées d'une débauche de colonnades, de constructions en arc, de balcons et autres tourelles ont toutes été construites au cours des vingt dernières années. Nombreux sont en effet les Druzes qui travaillent dans les pays producteurs de pétrole que sont le Koweït, l'Arabie Saoudite ou les Émirats Arabes Unis. Ce genre de constructions est leur manière à eux de placer l'argent qu'ils gagnent.

Ci-dessus : Qanawat – vestiges d'une église érigée à l'emplacement d'un ancien temple.

SUWEIDA

Suweida ㉒, la "noire" doit son nom au basalte noir du djebel ad Druz. Dans l'Antiquité, la ville s'est d'abord appelée *Soada*. Au Ier siècle av. et ap. J.-C. la ville faisait partie du royaume des Nabatéens qui y érigèrent un grand temple à Dushara, leur dieu suprême. Lorsque les Romains prirent le pouvoir au IIe siècle ap. J.-C., ils baptisèrent la ville *Dionysias* en l'honneur de Dionysos, le dieu grec du Vin qui correspondait au Dushara nabatéen. Au Ve siècle, la ville fut résidence épiscopale et au VIe siècle, le Ghassanide Noman ibn Amr al Mundhir y aurait érigé une citadelle. Aux XVIIIe et XIXe siècles, des voyageurs firent état d'un champ de ruines désert dont les traces ont été complètement effacées par les constructions modernes. Seuls des vestiges d'une vieille porte au centre de cette ville moderne rappellent le passé et servent de point de repère en direction du sérail qui abrite le ★**Musée archéologique** (côté est de la route de Kanatha). Outre des statues en basalte et des fragments d'architecture, celui-ci renferme de remarquables ★**mosaïques** : la toilette de Vénus, Artémis au bain et une scène de banquet (toutes du IIIe siècle).

Au sud de la ville se trouve le **palais des Atrache**, une famille princière druze. Les sombres murs de basalte sont agrémentés de quelques merveilleux **reliefs** provenant d'anciens temples romains. Dans le grand et sobre *iwan*, la salle de réception, le prince accueille aujourd'hui encore ses visiteurs.

SALKHAD

En direction du sud-est, une route mène de Suweida à **Salkhad ㉓**, une ville plusieurs fois mentionnée dans l'Ancien Testament (Josué XII, 5 et Moïse III, 10). D'après la Bible, sur le roi Og régnait depuis Amman sur la région de Basan (Nabatène). Le récit biblique fait d'Og un géant ce qui explique peut-être les plaques de basalte monolithiques des constructions du Hauran. Au XIIe siècle, la **forteresse,** qui se trouve sur un cône de volcan éteint de 1200 m d'altitude, a joué un rôle important dans la lutte contre les croisés qui se trouvaient en Jordanie et à Jérusalem. De nombreuses inscriptions et un minaret octogonal datent du XIIIe siècle tout comme sans doute les lys symboliques que l'on retrouve souvent et qui étaient chers aux Mamelouks.

★★BOSRA

★★**Bosra ㉔** (patrimoine mondial de l'Unesco), à l'époque romaine capitale de la région de la Nabatène, se trouve dans la plaine fertile de la Nuqra à quelque 150 km au sud de Damas et à 35 km au sud de Suweida. Le roi nabatéen Arétas III (87-62 av. J.-C.) prétendait avoir érigé la ville de Bosra comme poste de garde sur le chemin des caravanes vers le nord. Mais la ville est plus ancienne. La Bible la mentionne déjà au IIe s. av. J.-C. comme une "ville forte et grande" où vivent beaucoup de Juifs (I Macchabées V, 26). Quoique Bosra ait fait partie de l'Empire romain depuis le milieu du Ier siècle av. J.-C., la ville resta de facto soumise à l'influence nabatéenne. Les rois Malichus II (40-71) et Rabel II (71-106) y résident par moments, ce qui explique les nombreux monuments et inscriptions nabatéennes des ruines. En 106, le Romain Cornelius Palma conquiert Bosra et en fait la capitale de la province d'Arabie sous le nom de *Nova Traiana Bostra*. Sous l'empereur romain Alexandre Sévère (222-235), Bosra obtient le droit de battre monnaie et sous Philippe l'Arabe (244-249), elle est élevée au rang de *colonia*.

En tant que siège d'un évêché, elle devient *metropolis* en l'an 300. Ses évêques prennent une part active aux querelles dogmatiques de l'Église et évangélisent les Arabes qui affluent du Sud en Syrie. Vers 634, Bosra a dû

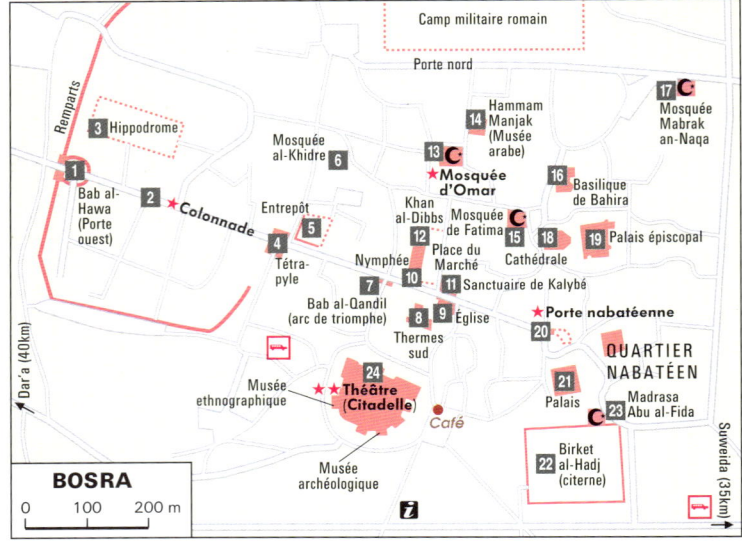

Camp militaire romain

Porte nord

17 Mosquée Mabrak an-Naqa

14 Hammam Manjak (Musée arabe)

Mosquée al-Khidre 6

13 Mosquée d'Omar

16 Basilique de Bahira

3 Hippodrome

1

Bab al-Hawa (Porte ouest)

2 Colonnade

Entrepôt

Khan al-Dibbs

Mosquée de Fatima 15 18

19 Palais épiscopal

4

5

12 Place du Marché

Cathédrale

Tétra-pyle

Nymphée

7

10 11 Sanctuaire de Kalybé

★ Porte nabatéenne

Bab al-Qandil (arc de triomphe)

8 9 Église

20

Thermes sud

QUARTIER NABATÉEN

Remparts

Daría (40km)

Musée ethnographique

24 ★★ Théâtre (Citadelle)

Café

21 Palais

23 Madrasa Abu al-Fida

Musée archéologique

22 Birket al-Hadj (citerne)

Suweida (35km)

BOSRA

0   100   200 m

🛈

passer dans le camp musulman car ses soldats participèrent à la conquête de Damas. À l'époque musulmane, Bosra garda tout d'abord son rôle prééminent comme le prouve son surnom d'"ancienne Damas". Dès l'époque omeyyade et abbasside, son théâtre est transformé en une forteresse qui résistera aux violents assauts des croisés en 1146 et 1182. Mais en 1261, les Mongols parviendront à s'emparer de la ville et de la forteresse.

Après sa reconstruction, Bosra joue, à l'époque mamelouke et ottomane, un rôle important comme centre administratif et carrefour des chemins caravaniers vers Pétra et l'Arabie, la Méditerranée, le golfe Persique, Palmyre et Damas. Après la construction de la ligne de chemin de fer du Hedjaz, les pèlerins partirent plus à l'ouest et La Mecque si bien que Bosra commença à décliner. À son apogée, elle comptait 80 000 habitants, elle n'est plus habitée aujourd'hui que par quelques centaines de paysans

Ci-contre : la rue à colonnade de Bosra a connu des jours meilleurs !

qui résistent encore aux tentatives du gouvernement de les faire partir.

Circuit à travers Bosra

On commencera de préférence par la **Bab al-Hawa** 1 ("la porte des Vents"), la porte occidentale. L'entrée est protégée par deux imposantes tours et mène à une **place ovale** comme à Palmyre ou Jerash, l'ancienne Gerasa en Jordanie.

De là, la grande artère de la cité, une ★**rue à colonnade** 2, court sur 900 m d'ouest en est jusqu'au **quartier nabatéen**. À gauche, l'affaissement à peine perceptible du champ de ruines correspond à un **hippodrome** 3 ou à une **naumachie** – bassin artificiel où étaient reconstituées jusqu'à des batailles navales – du IIe siècle.

Reprenez la rue à colonnade pour rejoindre, au bout de 350 m, le **tétrapyle** 4, un monument composé de quatre arches situé à l'intersection de l'axe principal et de l'axe transversal de la ville.

Peu après, on arrive à gauche à une vaste salle souterraine (100 m de long

env.) éclairée par des soupiraux qui donnent sur la rue. Cet immense **entrepôt**  avec sa voûte en plein cintre abritait les énormes quantités de céréales qui étaient récoltées dans la région et qui en firent le grenier à blé de l'Empire romain.

Au nord, on aperçoit le minaret carré de la **mosquée al-Khidre** 6 que l'atabeg Amin ad Daula Abu Mansur Ghumushtekin fit ériger en 1133 près de la source d'Al Jahir.

100 mètres plus à l'est, l'**arc de triomphe** 7 (**Bab al-Qandil**) indique la bifurcation vers le théâtre. Il fut bâti vers 150 en l'honneur de Cornelius Palma et de la Troisième légion. Les consoles de la façade supportaient jadis des statues de Cornélius et peut-être du donateur. Des allées transversales aux voûtes en plein cintre reliaient l'arc orné de chapiteaux corinthiens aux colonnades de l'artère principale de la ville.

À côté se trouvaient les cours et les salles des **thermes romains sud** 8 . Le visiteur accédait par le péristyle au vestiaire (*apodytérium*) revêtu autrefois de marbre et dont les niches et les absides étaient ornées de statues. Sous sa coupole s'échangeaient les dernières nouvelles et les commérages allaient sans doute bon train. Puis venait le *tépidarium* avec son eau tiède pour la toilette du corps. Derrière se trouve le *frigidarium* avec son eau froide, flanqué du *caldarium* avec de l'eau chaude. À l'époque romaine, on appréciait tant les bains, les massages et les échanges rhétoriques dans les bains publics que nombreux étaient ceux qui, pour satisfaire leurs ambitions politiques et gagner la faveur des masses, faisaient ériger des thermes.

À gauche, à côté des thermes, on peut voir les fondations d'une **église** 9 datant des débuts de la chrétienté (IVe siècle), et en face quelques colonnes et vestiges de murs du **nymphée** 10 (fontaine somptueuse) du IIe siècle.

Du **sanctuaire de Kalybé** 11 contigu, une nymphe qui donna naissance au plus bel homme du monde, Adonis, seuls subsistent des colonnes et un épistyle qui dominent les pauvres maisons en torchis du village et les sombres blocs de basalte.

La rue latérale à gauche mène au **khan al Dibbs** 🔢 ("marché au sucre"). Les imposantes voûtes en plein cintre de l'ancien marché avec son péristyle en marbre et ses absides a encore abrité au cours du XXᵉ siècle de petits commerces. Pendant plus de 1700 ans, cet édifice a donc assumé sa fonction.

Le haut minaret carré au nord indique le chemin de la ★**mosquée d'Omar** 🔢 qui a été presque exclusivement construite avec des matériaux anciens. Le deuxième calife Omar (634-644) aurait érigé la première mosquée sur les ruines d'un temple païen. L'édifice que l'on voit aujourd'hui a été agrandi et transformé sous le calife Yazid II en 720 et 745. Le toit couvert de plaques de pierre et les contreforts dans la salle de prière dateraient de travaux de rénovation effectués en 1607. Les nombreuses colonnes et les riches chapiteaux de la salle de prière sont vraiment impressionnants. Si la mosquée est fermée, on

Ci-dessus : l'amphithéâtre romain de Bosra.
Ci-contre : et un petit sourire pour le photographe !

peut en demander la clé au cheik du village.

En face de la mosquée, on peut voir par une fenêtre grillagée le **hammam Manjak** 🔢, un hammam mamelouk du XVᵉ siècle qui a été reconverti en **Musée arabe**. La pièce centrale surmontée d'une coupole décorée de muqarnas possède des bancs encastrés. Outre des inscriptions arabes, on trouve des ornements antiques qui ont été réutilisés (ou spolia).

Vers l'est, une ruelle latérale mène à la prochaine grande rue transversale et à la discrète **mosquée Fatima** 🔢 de l'époque des Fatimides (XIᵉ siècle).

À côté, la **basilique de Bahira** 🔢, une salle de réunions publiques qui fut transformée en église au IIIᵉ siècle, donne sur une petite place. Si l'on en croit la légende, c'est dans ses murs que le moine Sergius ou Félix Bahira aurait initié le prophète Mahomet au monothéisme. D'autres légendes racontent qu'il aurait prédit sa mission divine à Mahomet alors caravanier qui se trouvait faire étape à cet endroit. Des fenêtres murées et des moulures inachevées indiquent qu'il y a eu plusieurs phases de transformations. La façade actuelle n'a d'ailleurs été terminée qu'à l'époque ayyoubide (1250).

Au nord du parvis, une porte étroite mène dans une **pièce à moitié souterraine** dont le mur du fond, une abside romaine avec trois niches et des calottes conchiformes, passe pour être une des meilleures constructions romaines en basalte du Hauran.

Un étroit sentier conduit en direction du nord-est à la **mosquée Mabrak an-Naqa** 🔟. C'est là que se serait agenouillé le chameau qui transportait en Syrie le premier Coran édité par le troisième calife Othman en 651. L'emplacement ayant été à partir de ce moment-là considéré comme saint, on y construisit une mosquée pour y abriter convenablement cet exemplaire du Coran. Jusqu'au XIIᵉ siècle, l'édifice, un centre important de l'école juridique hanafite, fut agrandi à plusieurs reprises.

Les vestiges de la **cathédrale** 🔟 de Bosra jouxtent la basilique de Bahira. Elle fut consacrée en 512 par l'évêque Julianus aux saints Sergius, Bachus et Leontius. Le plan du bâtiment central est indiqué par la disposition en forme de feuille de trèfle des piliers et des colonnes. L'immense nef (36 m de diamètre) était éclairée par des portes et les nombreuses fenêtres de la galerie. L'abside et ses deux absidioles (ou pastophories) ont été décorées de fresques au Moyen Âge. Une porte dans le fond reliait l'église au **palais épiscopal** 🔟 contigu dont il ne reste plus que les fondations.

Plus au sud, dans la même rue, on arrive au bout de quelques minutes à la ***porte nabatéenne** 🔟, l'entrée du quartier des Nabatéens où devait se trouver le palais du roi Rabel II (71-106). La porte, qui a la forme d'un arc de triomphe, est ornée de chapiteaux de style nabatéen.

Cent mètres plus au sud se trouve le grand **palais** 🔟 où devait résider le légat impérial de la province romaine

d'Arabie. Les constructions à deux étages et péristyle disposées en forme de fer à cheval entourent une cour ouverte. Au premier étage de l'aile sud, on avait aménagé vers 120 ap. J.-C., la pièce de réception avec des absides latérales et une niche centrale rectangulaire. En dessous, au premier étage, de petits thermes privés avaient été installés.

À une centaine de mètres plus au sud, la **Birket al-Hadj** 🔟 ("citerne des pèlerins de La Mecque"), une citerne romaine transformée, sert toujours de réservoir à eau. Si le niveau de l'eau est suffisamment haut, les gamins du village sautent des hauts murs de clôture dans les flots où se reflète la **madrasa Abu al Fida** 🔟. La première construction fut plusieurs fois transformée de 1225 à 1500. Son minaret sans escalier se dresse à côté du tombeau d'un fils (1263) du commandant de la forteresse, l'émir Yaqut, tel un index pointé vers le ciel généralement bleu et sans nuages.

Des murs et des tours des VIIᵉ et XIIIᵉ siècles avant J.-C. entourent le ****théâtre romain** 🔟, le temps fort de

toute visite de Bosra. Cet amphithéâtre a sans doute été construit au IIe siècle dans une forteresse nabatéenne et a continué à être utilisé comme citadelle à l'époque islamique. Un pont à arche, dont les piliers sont ornés de statues antiques, enjambe le fossé qui date de l'époque islamique.

Dans les murs de la forteresse, on retrouve des pierres de taille et des tambours de colonne romains qui furent essentiellement réutilisés à l'époque ayyoubide (1202-52). Mais même ces puissantes fortifications ne purent résister en 1260 aux attaques et assauts des hordes mongoles.

Dans l'entrée se trouve un **couvercle de sarcophage** en marbre. Le défunt, une coupe de vin à la main, y est représenté couché sur un divan orné de scènes de chasse extrêmement vivantes. La porte franchie, on accède par un

Ci-dessus : des colonnes corinthiennes décorent la scène de l'amphithéâtre de Bosra. Ci-contre : les Syriens aiment à se retrouver pour prendre un café et jouer au backgammon.

dédale de passages et d'escaliers (vomitoires) aux rangées supérieures des tribunes du public. Trois couloirs horizontaux (diazomas) répartissent les tribunes en rangées reliées entre elles par des escaliers qui rayonnent.

Avec leurs 15 000 sièges, les **tribunes**, dont les parties antérieures viennent buter sur le **bâtiment de scène**, entourent un chœur en forme de demi-cercle. Les sièges monolithiques réservés aux personnalités étaient équipés de dossiers et arboraient leurs noms.

La scène se présente telle une façade de palais avec des colonnes corinthiennes, des édicules et des niches. Dans les coins supérieurs, des loges ont été aménagées cependant qu'en bas des passages mènent à deux cours à colonnade. L'intérieur du bâtiment rempli de terre au Moyen Âge a une excellente acoustique. C'est grâce à cet entassement de terre que le théâtre de Bosra compte parmi les théâtres romains les mieux préservés au monde. Il revit chaque année à l'occasion des représentations et autres concerts donnés pendant le ***festival de Bosra**. La pièce si appréciée à

l'époque romaine, *Actia Dusharia*, qui avait pour sujet la bataille d'Actium (31 av. J.-C.) et le dieu Dushara, ne figure toutefois plus au répertoire.

Dans l'une des tours, on découvre un petit **Musée ethnographique**. Sur le toit de la forteresse, derrière la scène, on trouve un autre musée, le **Musée archéologique**, avec des fragments de statues, des autels et des mosaïques de Bosra. Un petit **café** vous accueillera pour une pause bienvenue.

Le *Bosra Cham Palace*, un hôtel moderne, propriété de l'État, près du théâtre est tout à fait recommandé pour se restaurer et passer la nuit.

EN LONGEANT LA FRONTIÈRE LIBANAISE

DAR'A

À environ 40 kilomètres à l'ouest de Bosra, on retrouve à Dar'a la route principale qui mène de Damas à la frontière jordanienne, cette dernière ne se trouvant qu'à 20 kilomètres. Pendant la guerre des "six jours" (1967), **Dar'a ㉕**

abritait un vaste camp palestinien, qui a été fermé depuis longtemps. En bordure de la route principale, de petits restaurants proposent des repas tout à fait convenables.

Vous avez le choix entre emprunter la nouvelle voie rapide en direction de Damas ou suivre l'ancienne route plus à l'ouest qui mène à **Sheikh Miskeen** (22 km). Là, une route bifurque à gauche qui conduit à Quneitra via Nawa.

EZRA'A

L'église grecque orthodoxe **★Saint-Georges** (515) d'**Ezra'a ㉖** (à peine 50 km de Dar'a et quelque 45 km de Suweida) est un bâtiment carré de plan octogonal et fait partie des églises du début de la chrétienté les mieux conservées de Syrie. Des dizaines de milliers de pèlerins sont sans doute venus se recueillir autrefois devant les reliques du saint. Les parois étaient vraisemblablement recouvertes d'enduit et décorées de fresques. Ezra'a possède une seconde église intacte : **Saint-Élias** qui date quant à elle de 542.

ES SANAMEIN

À **Es Sanamein** ㉗, l'antique *Sana-mayn* ou *Aere*, se trouve un ★**temple de Tyché** qui fut aménagé en 191 sur la bordure sud d'un bassin. Depuis le Moyen Âge, l'édifice fait office de mosquée et est, avec ses riches **ornements**, un des sanctuaires les mieux préservés du sud de la Syrie.

QUNEITRA

Si vous souhaitez visiter la zone militaire interdite de **Quneitra** ㉘, il vous faudra vous procurer une autorisation auprès des autorités militaires de Damas. Les Israéliens ont conquis et détruit la ville en 1967. Après leur retrait, les Syriens n'ont pas déblayé les ruines en faisant ainsi un lieu de mémoire. Le trajet pour s'y rendre n'est pas des plus passionnants, vous apercevrez tout au plus des bergers qui parcourent les collines herbeuses avec leurs moutons et leurs chèvres. De Quneitra, il existe une liaison directe par Qatana pour Damas.

À LA DÉCOUVERTE DU DÉSERT

Si l'on veut se faire tranquillement une idée de ce qu'est le désert et partir à la découverte des célèbres châteaux du désert, il est recommandé de louer une voiture tout-terrain avec un chauffeur connaissant la région – les sites dignes d'intérêt ne sont pas toujours faciles à trouver – et de quitter Damas en mettant le cap au sud-est. Le circuit proposé prend environ deux jours et longe le **lac salé** où le Barada finit sa course pour continuer vers **Khirbet en Nbash**. À cet endroit, la route goudronnée se transforme en direction de l'est en une piste caillouteuse.

Ces "**châteaux du désert**", les plus anciens édifices profanes musulmans qui existent encore, ont été construits aux VIIᵉ et VIIIᵉ siècles en Jordanie (*Kharana, Mshatta* entre autres), en

Ci-dessus : tente bédouine dans le désert syrien (Badiyat ash Sham). Ci-contre : c'est l'heure du thé dans le désert.

Palestine (Minya), au Liban (Anjaar) et en Syrie (Qasr al Hayr ash Sharqi et al Gharbi). En général, ils ont un plan carré et leurs murs sont renforcés par des tours semi-circulaires. Ils se trouvent à la campagne, souvent en bordure de régions désertiques et étaient généralement bien aménagés avec des bains, des caravansérails, des réserves de chasse, des écuries et des communs. Nombre de détails rappellent des influences byzantines (carrefours rectangulaires avec un monument à quatre piliers, représentations ou ornements mythologiques) et des inspirations sassanides (représentations de scènes de chasse et ouvrages en stuc). Ces palais sont souvent construits sur les fondations de monastères byzantins ou se trouvent en bordure d'anciennes régions d'irrigation.

Si l'on s'en réfère à certaines sources, la construction de ces splendides édifices aurait été motivée par le désir de se retirer dans la solitude du désert des Omeyyades. Mais ce sont vraisemblablement des considérations nettement plus prosaïques qui y ont présidé.

D'une part ces châteaux reculés offraient une bonne protection contre les attentats – il faut se rappeler que parmi les premiers califes certains furent assassinés – et d'autre part les souverains pouvaient s'y livrer, sans crainte d'être observés, à des penchants qui souvent étaient contraires aux préceptes du Coran. Afin de se divertir, ils encouragèrent la littérature et la musique. Ils aimaient les courses de chevaux et le vin. Yasid s'enivrait quotidiennement en compagnie d'un singe, al Walid I buvait un jour sur deux, Hisham tous les vendredis, Al Walid II aurait même fait baisser considérablement le niveau de vin de sa piscine en s'abreuvant.

Une excursion dans le désert constitue une excellente occasion d'aller à la rencontre des **Bédouins** voire de profiter de leur hospitalité légendaire qui, au XIXe siècle, allait jusqu'à vous protéger des persécutions du sultan ottoman. Aujourd'hui, on savoure un café sous la tente (*bait ash shaar*, la "maison en poils de chèvre") et l'on parle de tout et de rien. Si vous parlez et comprenez l'arabe, on vous racontera peut-être un conte moderne à la manière de Rafik Shami (*Le conteur de la nuit* ou *Le dernier mot du surmulot*). Si l'on ne veut pas d'une deuxième tasse de café, il suffit de secouer sa tasse. On ne mange qu'avec la main droite, la gauche passant pour être impure chez les A-rabes. Les friandises, les médicaments ou bien encore les produits de beauté sont des cadeaux toujours appréciés. Il est strictement interdit aux hôtes masculins de pénétrer dans la partie de la tente réservée aux femmes. Et il est vivement recommandé de respecter ces règles.

QASR ABYAD

Une trentaine de kilomètres séparent tout au plus Khirbet en Nash (cf. page 64) de **Qasr Abyad** ㉙, le "château blanc" du djebel Safa. Ce **château des Omeyyades** en ruine présente un plan carré avec des tours d'angle rondes saillantes datant des VIIe et VIIIe siècles. On remarquera les **reliefs en pierre** des portes et des fenêtres. Outre des pampres dans des vases, des arcades à colonnes avec des oiseaux et des gazelles, on distingue des motifs en feuilles d'acanthe qui ornent frises et autres médaillons.

JEBEL SEIS

Plus à l'est, on prend, au bout d'une vingtaine de kilomètres, la direction du nord pour arriver quelque 40 km plus loin à un wadi ("vallée"). À droite, sur les flancs d'une montagne, on peut apercevoir les ruines de **djebel Seis** ㉚ où l'on découvre, outre les ruines de plusieurs **maisons**, des **bains**, un **entrepôt**, une **mosquée** et une **citadelle**. Tous ces édifices remontent à l'époque du calife omeyyade al Walid (705-715) : ce dernier avait une prédilection pour les châteaux du désert. Au nord de la forteresse, on distingue encore les vestiges d'une **construction aux allures de palais** ainsi que d'une **tour** pentagonale.

DAMAS (☎ 011)

ℹ️ Office de tourisme à l'**aéroport international de Damas** ainsi que dans l'av. du 29 mai, au nord de la place Yousef al Azmeh. Ouverts t.l.j. 9h-17h, l'accueil y est chaleureux et le personnel parle anglais.

🍴 **SYRIEN / ARABE :** de nouveaux restaurants, tous meilleurs les uns que les autres, ne cessent d'ouvrir dans les palais de la vieille ville. Vous y découvrirez dans une ambiance très agréable de délicieuses spécialités syriennes. Certains servent des boissons alcoolisées, d'autres pas. À l'exception des restaurants purement touristiques qui proposent cuisine médiocre et spectacles de danses à des tarifs éhontés (**Omayyad Palace** et **Dimashq al Qadim** notamment), on peut se rendre en toute confiance dans les restaurants de la vieille ville.

Elissar, Bab Tuma, tél. 5424300. Vous vous régalerez dans une vieille cour sur laquelle donnent plusieurs iwans. Boissons alcoolisées. Environ 30 € pour un dîner à deux.

Bait Shami, Bab Tuma, tél. 5414479, site internet : www.shamihouse.com. Cuisine et service excellents, pas d'alcool, prix comparables à ceux pratiqués par l'Elissar.

Bait Jabri (**Jabri House**), près de la mosquée des Omeyyades, tél. 5443200, site : www.jabrihouse.com. Un très joli café où l'on peut aussi déjeuner et dîner. Les propriétaires organisent parfois des semaines gastronomiques pendant lesquelles on peut déguster de vieilles spécialités damascènes. Un peu moins cher que l'Elissar ou le Bait Shami. Pas d'alcool.

Dans la ville moderne, vous mangerez bien dans les restaurants suivants : **Al Masry**, face à la poste centrale, av. Said al Jabri. Restaurant simple mais excellent qui sert des spécialités égyptiennes, mais aussi toutes les variétés possibles du plat national, le *foul*.

Al Kamel, Sh. 29th May, à côté de l'office de tourisme. Très bon restaurant, authentiques spécialités syriennes, peu fréquenté par les touristes, pas d'alcool.

Restaurants syriens simples, mais aussi stands de shawarma ou de falafels notamment aux abords de la place Merjeh.

ITALIEN / INTERNATIONAL :
Pit-Stop, Al Amar Izzedin al Jazzari Street (quartier des ambassades), tél. 3337095. Très joli bistrot/café italo-américain : vrai café italien et très bons plats à des prix peu élevés Fréquenté par les jeunes gens branchés des classes privilégiées.

Oxygen, Bab Tuma, tél. 5444396. Beau restaurant chic, décoré en style moderne dans une maison du XVIIe siècle ; ambiance garantie au bar. Spécialités internationales, menu autour de 15 €. Cantine de la bonne société damascène. Réservation conseillée !

DISTRACTIONS : tous les vendredis soirs, vers 19h, un conteur vient raconter – en arabe – au **salon de thé Noufara** l'histoire de Leila et Magnun, l'équivalent arabe de Roméo et Juliette. Le salon de thé est de toute manière un élément important de la vie damascène et la plupart des Syriens viennent volontiers s'y distraire. Et les nouveaux cafés s'inscrivent dans la tradition du salon de thé ; ils ouvrent l'un après l'autre dans toute la ville et en particulier dans la vieille ville où ils élisent domicile, à l'instar des restaurants, dans des demeures anciennes à l'image du **Club des Journalistes**, juste à côté (au sud) du palais Azem. On ne dédaignera pas non plus les bars qui se trouvent tous dans le quartier chrétien, notamment à côté du Bab Scharqi comme le **Marmar** (tél. 5410041) ou le **Domino** (tél. 5431120/30).

ARTISANAT D'ART : rendez-vous dans les ateliers et boutiques de la **Tekkiyé Suleijmanijé**, non loin du Musée national. Vous aurez l'embarras du choix par ailleurs en matière d'objets d'art, de souvenirs, mais aussi d'objets de la vie quotidienne tels les narguilés ou les cafetières à moka dans les diverses boutiques du souk al Hamidije. Les ateliers de narguilés se trouvent au sud du bazar, ceux spécialisés dans les objets en bois surtout dans la Bab Scharqi Street et ses rues adjacentes.

CHANGE : bureaux de change à l'aéroport ainsi que sur la place des Martyrs, ouverts tous les jours de 9h à 18h30, de 10h-13h le vendredi. Vous trouverez de nombreux distributeurs ATM dans toute l'agglomération de Damas.

TRAIN : la plupart des trains partent de la gare de Khaddam, à env. 5 km au sud-ouest du centre-ville. Trains quotidiens pour Homs, Hama, Alep, Raqqa, Deir az Zur, Hasaka, Qamishliyé, Tartous et Lattaquié. Horaires et rens. : www.cfssyria.org.

AVION : vols domestiques deux fois par jour à destination d'Alep et trois fois par semaine à destination de Qamishliyé. Agence **Syrian Arab Airlines** : à l'extrémité de l'av. du 29 mai, près de la Central Bank, www.syriaair.com.

BUS : les bus à destination du Nord et de l'Est partent de la gare routière centrale située dans la rue que l'on emprunte pour quitter Damas en direction d'Alep (Garage Harasta ou simplement "Garage Pullman"). Les bus et taxis collectifs à destination du sud du pays, du Liban ou de la Jordanie partent de la gare routière de "Somarieye", inaugurée en 2007.

✉ **Poste centrale :** av. Said al Jabri, lun.-dim.-jeu. 8h30-19h30, sam. 9h-13h.

☎ **Télécommunications :** av. Nasr, à 200 mètres au sud-est de la gare du Hedjaz.

IMMIGRATION OFFICE : Palestina Avenue, à un bloc en allant vers le nord-est de l'arrêt de bus Karnak. Prolongement des visas au 2ème étage.

COURS D'ARABE : Nawafir (site internet : www.nawafir-tours.com). S'adresser également à l'Institut français du Proche-Orient (www.ifporient.org).

BOSRA (☎ 015)

Des **minibus** font la navette entre Bosra et Dar'a ou Suweida. Le dernier bus pour Dar'a quitte Bosra vers 16h30.

SUWEIDA (☎ 016)

Des **minibus** et des **taxis collectifs** partent de la gare routière du Sud à Damas en direction de Suweida d'où l'on peut se rendre à Bosra ou Dar'a en bus ou taxi.

**ALEP ET LE NORD
DE LA SYRIE**

**HOMS / HAMA
KRAK DES CHEVALIERS
APAMÉE / EBLA
VILLES MORTES / QALB LHOSÉ
MONASTÈRE DE ST-SIMÉON
ALEP / VALLÉE DE L'AFRIN
CYRRHUS**

CHÂTEAUX DES ENVIRONS D'HOMS ET DE HAMA

HOMS

Jouissant d'une position stratégique au carrefour des anciennes routes commerciales entre Damas et Alep et de Palmyre à la Méditerranée, **Homs ❶** a joué un rôle important depuis l'Antiquité.

La capitale provinciale sur les bords de l'Oronte compte aujourd'hui plus de 500 000 habitants, dont 20% de chrétiens. Elle passe pour être un des centres économiques et industriels les plus importants du pays. Dans les environs, on cultive du blé, de l'orge, de la betterave sucrière, du maïs, des lentilles, du coton et des légumes et les récoltes de fruits sont abondantes : pommes, poires, prunes, abricots et grenades. Des conserveries ainsi que des filatures de soie et de coton y sont implantées. Glucose, sésame, huiles végétales et molasse sont transformés dans de grandes et petites entreprises. Les usines d'engrais utilisent le phosphate syrien des mines de Qaryatayn et de Palmyre ; en revanche, les cheminées des raffineries étaient alimentées jusqu'à la première guerre du Golfe (1991) par le pipeline Kirkouk-Tripoli et donc par du pétrole irakien. Le fer des mines de Masyaf sert de matière première aux grandes entreprises métallurgiques.

L'histoire attestée d'Homs commence avec le prince arabe Samsigeramus que le général en chef romain Pompée introuisa dans ses fonctions en 66 av. J.-C. À l'exception d'une brève interruption, sa dynastie resta au pouvoir jusqu'en 72 ap. J.-C. Au IIe siècle, *Émèse* (Émèse), le nom de la ville dans l'Antiquité, obtint le droit de battre monnaie, une tradition qui renaît aujourd'hui : Homs passe pour être un bastion de fabricants de fausse monnaie antique.

Héliogabale, le jeune prêtre du culte du Soleil à Émèse, étant devenu empereur en 218 sous le nom de Marc Aurèle Antoine, fit amener en triomphe à Rome la stèle de pierre noire de son dieu du Soleil pour y introduire le culte du Soleil syrien. Quatre ans plus tard, l'excentrique empereur fut assassiné et Rome renvoya la stèle, introuvable depuis. La mère de l'empereur, qui était originaire d'Émèse, continua toutefois avec ses affidés pendant encore quelques années de se mêler des affaires politiques romaines.

Au IIIe siècle, Odénat, le roi de Palmyre, mourut à Émèse de mort violente et sa veuve, la reine Zénobie, essuya devant les murs de la ville une cuisante

*Pages précédentes : le Krak des Chevaliers
Ci-contre : Villes Mortes et nature en fleur (près de Serjillah).*

défaite infligée par l'empereur romain Aurélien.

Après la conquête de la ville par les musulmans (635), elle fut encore reconquise deux fois au Xᵉ siècle pour une brève période par les empereurs byzantins Nicéphore II Phocas et Basile II. Pendant les croisades (XIIᵉ-XIIIᵉ s.), Homs constitua, sous l'autorité d'Alep ou de Damas, une ligue opposée au Krak des Chevaliers chrétien (cf. ci-après). Puis elle perdit toute importance et au XVIIIᵉ siècle, seuls 2000 habitants y vivaient encore au milieu des ruines.

Visiter Homs n'a guère d'intérêt car la ville n'a conservé que quelques édifices historiques. De plus, la **colline de la citadelle** d'Homs, où subsistent quelques traces du début de la chrétienté, est une zone militaire interdite et donc inaccessible.

La **Grande Mosquée** se trouve certes à l'emplacement d'une église chrétienne mais son joli minaret mis à part, elle n'a rien d'intéressant à offrir.

La mosquée qui abrite le **tombeau de Khalid ibn al Walid**, le conquérant musulman de la Syrie (635) particulièrement vénéré par les femmes, est quant à elle un bâtiment ottoman de style prétendûment ottoman. Le précieux sarcophage est lui aussi de construction récente, l'ancien étant conservé au Musée national à Damas. Une halte dans le **restaurant-jardin** au bord de l'Oronte près de la poste est à recommander.

LE **KRAK DES CHEVALIERS

De Homs, on arrive au **Krak des Chevaliers** ❷ (en arabe : Qala'at al Hosn) qui est inscrit au patrimoine de l'Unesco en prenant, au bout d'environ 30 km d'autoroute, la route qui bifurque à droite en direction de Tartous (panneau). L'étroite route sinueuse s'élance pendant 15 km à l'assaut d'un contrefort du **djebel Ansariya** que couronne le plus beau château de croisés d'Orient. C'est à 750 m d'altitude que l'émir de Homs fit bâtir la "forteresse sur le versant" (*Hosn as Safh*) en 1031 et y installa des Kurdes d'où son autre nom : *Hosn al Akrad*. Lorsque les Francs assiégèrent le Krak en 1099, les assiégés lâchèrent des cochons. Les chrétiens affamés se mirent à leur poursuite abandonnant le siège. Vers 1110, le croisé Tancrède d'Antioche finit tout de même par s'emparer de la citadelle et la remit dix ans plus tard à son pupille Pons de Tripoli. Le fils de ce dernier, Raimond III la revendit en 1144 aux chevaliers de Saint-Jean car il ne pouvait plus en assumer les frais d'entretien.

Les **chevaliers de Saint-Jean** étaient issus de la confrérie des Hospitaliers de Saint-Jean de Jérusalem, Raimond du Puy les ayant élevés au rang de chevaliers. Leurs membres devaient prononcer les vœux monastiques et, outre les soins à donner aux malades, ils étaient chargés de la protection militaire des pèlerins qui se rendaient en Terre Sainte. Leur habit était composé d'une tunique rouge et d'un manteau noir avec une croix blanche. Après la débâcle des croisés en 1291, l'ordre émigra tout d'abord à Chypre puis en 1309 à Rhodes et resta finalement jusqu'en 1798 à Malte d'où le nom de chevaliers de Malte donné à ses membres.

C'est l'ordre des chevaliers de Saint-Jean qui donna entre 1157 et 1202 sa forme actuelle au Krak des Chevaliers. Après que Nour ed-Din s'y fut cassé les dents en 1163, l'émir de Homs dut verser tribut à l'Ordre. Puis ce fut au tour du célèbre sultan Saladin d'essuyer un échec en 1188. Au total, la forteresse fut attaquée sans succès à onze reprises. Mais le 8 avril 1271, une petite garnison fut contrainte de capituler devant le sultan Baybars et ses Mamelouks qui avaient déjà réussi à prendre position sur les murs extérieurs. Les vaillants chevaliers obtinrent de se retirer avec les honneurs jusqu'à la côte.

Avec l'avènement des canons, la forteresse perdit de son importance stratégique et ne fut plus habitée que par des paysans chrétiens et musulmans qui

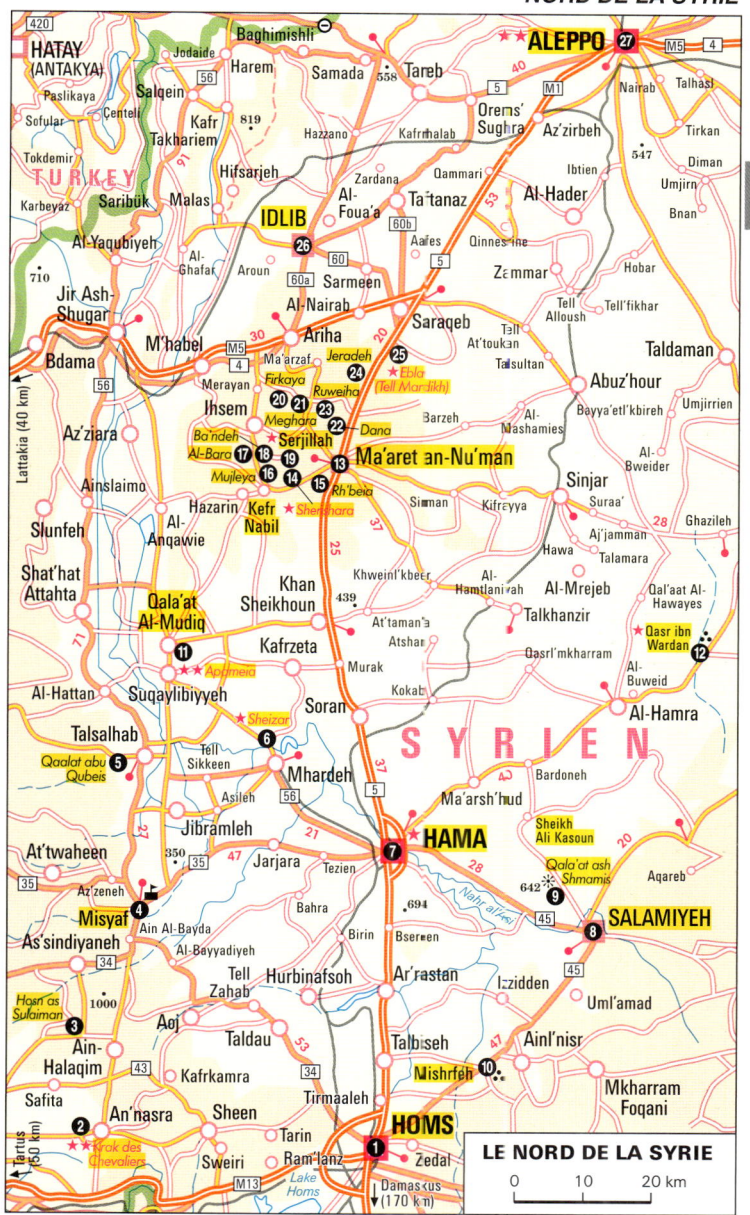

LE NORD DE LA SYRIE

0   10   20 km

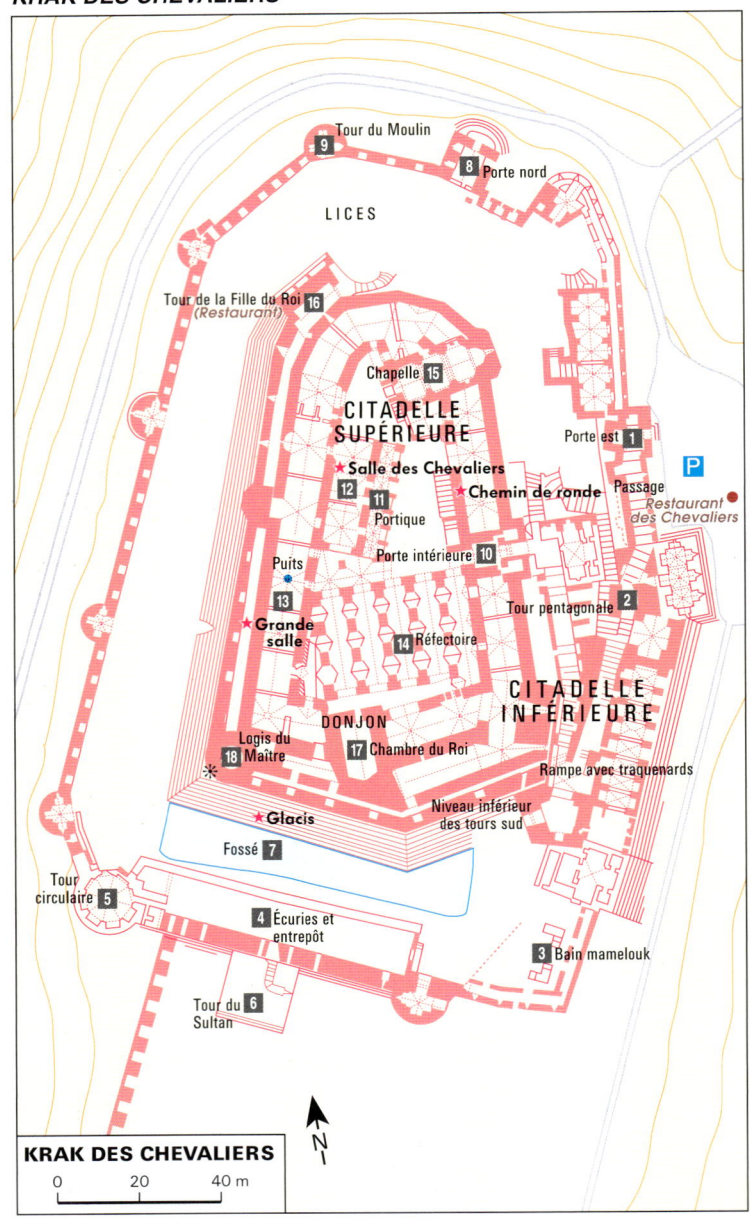

KRAK DES CHEVALIERS

Tour du Moulin

9

8 Porte nord

LICES

Tour de la Fille du Roi **16**
(Restaurant)

Chapelle **15**

CITADELLE
SUPÉRIEURE

Porte est **1**

★ **Salle des Chevaliers**
12 **11**   ★ **Chemin de ronde**   Passage

Portique   *Restaurant*
des Chevaliers

Porte intérieure **10**

Puits
13   Tour pentagonale **2**

★ **Grande**   **14** Réfectoire
salle

CITADELLE
INFÉRIEURE

DONJON
Logis du
18 Maître   **17** Chambre du Roi

Rampe avec traquenards

★ **Glacis**   Niveau inférieur
des tours sud

Fossé **7**

Tour
circulaire **5**

4 Écuries et
entrepôt

3 Bain mamelouk

Tour du **6**
Sultan

KRAK DES CHEVALIERS

0   20   40 m

N

74

s'installèrent au milieu du XXe siècle seulement dans le nouveau **village** qui avait vu le jour sur le versant.

Visite du Krak des Chevaliers

La forteresse occupe une superficie de 3 ha. Ses murs extérieurs comme intérieurs épousent la configuration du terrain. L'**enceinte extérieure** est renforcée par des tours semi-circulaires et carrées.

La **porte est** 1 actuelle, qui se compose d'une ogive et d'un encadrement où alternent pierres claires et foncées, fut construite par le sultan Baybars après 1271 comme l'indique une inscription au-dessus de la porte. Passé le portail, on emprunte une **rampe** couverte et semée d'obstacles – herses et portes intermédiaires – qui mène à la **tour pentagonale** 2, par laquelle on rejoint la **citadelle inférieure**. C'est à l'intérieur de ses murs cyclopéens de grès gris clair que les habitants des environs trouvaient refuge lors d'une attaque.

Le **bain mamelouk** 3 enfoncé dans le sol laisse à penser que les musulmans accordaient plus d'importance à l'hygiène que les chevaliers chrétiens.

Derrière, accolées au mur extérieur, se trouvent les immenses **écuries** 4 et l'**entrepôt**. Cette partie de la forteresse précisément souligne le caractère offensif de la citadelle dont la garnison comptait à son époque glorieuse 2000 hommes.

À l'extrémité ouest des écuries se dresse une **tour circulaire** 5 construite par Baybars, dont le pilier central octogonal arbore une inscription en arabe où apparaît le nom d'*az Zahir*. L'imposante **tour du Sultan** 6 sur le côté sud des écuries fut édifiée par Malik al Mansour (le "roi victorieux") connu aussi sous le nom de sultan Qalaoun (1279-1290). Outre un gigantesque *glacis (base in-

clinée), un grand **fossé** 7 défend également le flanc sud de la citadelle supérieure.

Au nord de la citadelle inférieure, on arrive après la **porte nord** 8 murée, l'ancienne entrée principale, à la **tour du Moulin** 9 où était moulu le blé engrangé pour un siège.

Revenu à la tour pentagonale (cf. ci-avant), la rampe décrit un coude et continue vers la **porte intérieure** 10 qui permet d'accéder à la **citadelle supérieure**. Dans la **cour intérieure**, admirez le splendide **portique** 11 gothique (avec péristyle) agrémenté de fenêtres à remplage et d'élégantes colonnes qui précède la ***salle des Chevaliers** 12. Ses six travées à croisées d'ogives lui confèrent une rigueur toute monacale. Avec des meubles massifs en cèdre et des drapeaux ou des tapis muraux, elle devait faire autrefois forte impression.

Sur le toit de la salle des chevaliers, les Mamelouks aménagèrent après la conquête un **palais** dont le réfectoire (cf. ci-après) avait même un petit bassin en son milieu. Une petite porte mène à la ***grande salle** 13 qui occupe tout le

Ci-dessus : un portique gothique agrémenté de fenêtres à remplage occupe toute la largeur de la salle des Chevaliers adjacente.

Alep et le nord de la Syrie　3

flanc ouest de la citadelle supérieure. Les machicoulis à l'extrémité nord permettaient de déverser de la poix sur les assaillants mais ils servaient également de **toilettes**. Ces toilettes et le **puits** au milieu montrent qu'il s'agissait plutôt des pièces où vivait et dormait la garnison.

Les troupes se restauraient dans le **réfectoire** à six travées. Cette salle est sans doute la dernière construction entreprise par les chevaliers de l'ordre. Elle semble avoir été construite à titre provisoire et explique l'évidente étroitesse de la cour au nord de laquelle se trouve la **chapelle** . L'entrée de cette dernière est en partie obstruée par un escalier et l'intérieur fut transformé après la conquête des lieux par les musulmans en mosquée avec **mihrab** (niche de prière) et **minbar** (chaire). Vous découvrirez les **fragments de fresques**

chrétiennes de l'église dans le **restaurant** de la **tour de la Fille du Roi** et au musée de Tartous (cf. p. 161).

Au-dessus de la porte principale, un escalier mène au ***chemin de ronde** fortifié au sud par trois **tours** massives. Dans le **donjon**, les fenêtres de la **chambre du roi** , une belle pièce néanmoins exposée à tous les vents l'hiver, sont équipées de bancs d'où l'on peut apprécier le paysage.

Dans la grande **tour circulaire**, la chambre ornée d'une jolie frise avec des rosaces en relief et une croisée d'ogives passe pour avoir été le **logis du Maître** des chevaliers de Saint-Jean. La ****vue** est merveilleuse et porte par beau temps jusqu'au nord-ouest et Safita, la forteresse suivante, qui servait de station de relais pour les signaux lumineux en direction de la côte.

Ci-dessus : jadis la forteresse la plus imposante de l'Orient – le Krak, fierté des croisés. Ci-contre : les moutons constituent le capital du petit éleveur de bétail (près d'Apamée).

HOSN AS SULAIMAN

À **Hosn as Sulaiman** ❸, on a célébré le culte de Baal et d'Astarté avant que de vénérer à l'époque séleucide (IIe s. av. J.-C.) Zeus Baetocécien. Le mur

d'enceinte et le **temple à podium** furent construits sous les Romains (vers 200) avec d'immenses pierres de taille provenant sans doute tout comme le mur intérieur du sanctuaire d'une construction antérieure. Les entrées de l'aire sacrée (temenos) sont ornées de **reliefs** représentant des lions, des aigles, des Victoires et des génies ; on peut y voir des restes d'inscriptions ainsi que des emplacements pour ex-voto. Dans le podium du temple, une pièce a été aménagée pour les victimes et les instruments de cérémonie ; devant les colonnes ioniques du temple, il y avait un autel réservé aux immolations. Les empereurs romains Valérien (253-260) et Gallien (260-268) confirmèrent l'ancien droit d'asile du temple et le transfert de propriété du village qui en faisait partie.

Dans le second temenos septentrional, vous découvrirez les vestiges d'un petit temple, d'une église chrétienne (Vᵉ s.) et d'un nymphée (fontaine). Cela vaut la peine de visiter ces ruines assez peu connues mais inhabituelles et merveilleusement situées.

*★QALA'AT MASYAF

Masyaf ④ (ou **Misyaf**) trône majestueusement sur un pic rocheux. La petite cité est entourée d'un mur percé de plusieurs portes. Au nord-est de la localité, **★Qala'at Masyaf**, la forteresse ovale occupe avec ses trois enceintes concentriques toute la surface d'une crête rocheuse. Dans les murs, on trouve une grande quantité de tambours de colonne et de pierres de précédentes constructions romaines ou byzantines. Le **passage couvert de l'entrée** fut construit en grande partie en 1210.

L'intérieur avec son imbrication de pièces et de couloirs fait plutôt penser à la tanière d'un renard qu'à un château de l'époque des croisades. Masyaf correspond sans doute à l'antique *Marsuo* (Iᵉʳ s.). Selon des sources historiques, le site faisait partie en 1099 de la zone d'influence d'Alep. La forteresse changea plusieurs fois de propriétaire avant de revenir en 1127 à la dynastie des Murqidhites de Sheizar (cf. p. 78) qui l'utilisèrent comme palais d'été. En 1140, les Assassins déjouèrent la surveillance des gardes et tuèrent le gouverneur.

Le chef syrien des Assassins, Rachid ad Din Sinan ibn Salam, transféra en 1162 le siège principal de la secte à Masyaf. Sinan, qui était né en Irak, réussit à faire de la branche syrienne de la secte un important facteur de pouvoir dans le pays et à la rendre même indépendante de son siège principal, Alamout (Perse). Sinan fut parfois appelé à l'instar du grand maître à Alamout *cheikh al Jebel*, le "Vieux de la Montagne". En 1176, Saladin assiégea Sinan à Masyaf car celui-ci avait tenté par deux fois de le faire assassiner. Après une intervention de son oncle, Saladin se retira et les Assassins "travaillèrent" alors selon ses directives.

Une vingtaine d'années après la mort de Sinan, Masyaf revint sous l'autorité d'Alamout (1211). En 1262, le sultan Baybars nomma son gendre Sarim ed Din Muburuk maître de la secte mais lui retira peu après Masyaf. Sarim revint sans son autorisation ce qui lui valut d'être emprisonné au Caire.

Au début du XIXe siècle, Masyaf fut encore une fois le théâtre de sombres événements lorsque l'émir de Masyaf accorda le droit d'habitation aux Alaouites. En guise de remerciement, ceux-ci assassinèrent l'émir avec sa famille et 300 Ismaéliens. Youssuf Pacha, le gouverneur de Damas, s'empara alors de Masyaf et les Ismaéliens qui s'étaient enfuis revinrent dans la ville en 1810.

La doctrine des **Assassins** et son étrange justification des attentats sanglants est redevenue d'actualité ces derniers temps car les commandos terroristes d'aujourd'hui pourraient s'en prévaloir pour donner un fondement religieux à leurs objectifs. C'est le Perse Hassan i Sabbah, châtelain d'Alamout – centre du mouvement en Perse – de 1090 à 1124 , qui passe pour être le fondateur de cette secte ismaélienne. Lui et ses successeurs seraient l'incarnation du petit-fils disparu du septième imam. Ils commencèrent par faire exécuter les chefs des sunnites. Avant de commettre des attentats, les membres de la secte auraient eu pour habitude de consommer des drogues ce qui valut aux auteurs d'attentats (en arabe : *fidai*) le surnom d'*haschischiyya* qui donna plus tard en français "assassins". Leur doctrine les autorise expressément à recourir à la violence pour améliorer la situation politique et religieuse. Les attentats qu'ils commettaient visaient les adversaires de leur religion, sunnites et chrétiens essentiellement, mais aussi les chiites. La secte a complètement disparu aujourd'hui.

QALA'AT ABU QUBEIS

À quelques kilomètres au nord de Masyaf, on découvrire non loin de Deir ash Shemil **Qala'at abu Qubeis** ❺, le château de Bokebeis. Après les Byzantins en 999 et les musulmans, les croisés s'emparèrent de la forteresse au XIIe siècle mais ne purent la garder faute de soldats. L'émir ibn Amrum, célèbre pour sa force redoutable, vendit le château en 1133 aux Assassins qui devaient payer un tribut de 800 dinars or aux croisés. La citadelle supérieure qui comporte des pièces d'habitation, de réception et des entrepôts est protégée par une enceinte avec cinq tours fortifiées.

*SHEIZAR

Sur la route d'Apamée à Hama (cf. ci-après), le château de ***Sheizar** ❻ planté sur un éperon rocheux dominant l'Oronte compose avec son pont et sa noria entre les arbres des rives un tableau on ne peut plus pittoresque. L'histoire du château en ruine, où vivent encore des paysans, n'est pas banale.

Le nom arabe de Sheizar ne vient pas, comme c'est souvent le cas en Syrie, de la colonie grecque de Larissa, que Séleucos Ier Nicator fit ériger à cet endroit (IIIe siècle av. J.-C.), mais de *Si-*

Ci-contre : le souk de Hama.

zare, une colonie beaucoup plus ancienne (XXᵉ siècle av. J.-C.). L'histoire du site est plus connue à partir de l'époque où Byzantins et musulmans s'y succédèrent jusqu'à ce que l'empereur Basile y établît une garnison en 999 ap. J.-C.

En 1081, l'émir Ali ibn Muqallad de la tribu des Banu Munqidh, réussit à s'emparer de la ville et de la forteresse byzantines. Ses descendants, les Munqidhites, fortifièrent si bien la citadelle que ni les Assassins (1109) ni les croisés (1110) ne parvinrent à la conquérir. L'empereur byzantin Jean II Commène tenta de prendre Sheizar en 1138 qu'il aurait pu, en vertu d'un accord, échanger avec Alep et Hama contre Antioche auprès des croisés, mais son projet échoua car les Francs se défilèrent lors du siège.

Un tremblement de terre eut lieu en 1157 qui endommagea considérablement le château et au cours duquel pratiquement toute la famille des Munqidhites trouva la mort. Oussama ibn Munqidh, un chevalier errant qui était né à cet endroit en 1095, échappa à la catastrophe car il séjournait alors à Damas où il était au service de Nour ed-Din. Oussama relata l'histoire de sa vie et donna comme titre à l'ouvrage *Apprendre par l'exemple*. Ce dernier, dont il existe une version anglaise et une version allemande, fourmille d'anecdotes qui permettent de se faire une excellente idée des conditions de vie à l'époque de l'auteur.

À partir de 1160, Nour ed-Din utilisa le château comme camp de base lors de ses attaques contre le Krak des Chevaliers. Après la destruction par les Mongols en 1260, qui épargna le **donjon** (1233), la citadelle fut reconstruite – tour de la porte en particulier – et renforcée par Baybars en 1261 et par son successeur Qalaoun en 1290.

*HAMA

Les fouilles entreprises sur la colline de la citadelle attestent que ★**Hama** ❼ existait déjà il y a 7000 ans. Après une période de prospérité vers 1800 avant J.-C. – un contrat avait été conclu entre Hama d'une part, Ebla et Qatna d'autre

part –, survint le déclin sous la domination hourrite avant un nouvel essor sous les Araméens (XIe siècle avant J.-C.).

En 980 av. J.-C., le roi Thoi de Hama dépêcha son fils Zoram avec des cadeaux auprès du roi des Juifs David afin de le dissuader de prendre *Hamath* ainsi que la ville est appelée dans la Bible (II Samuel VIII, 9-11). En 853 av. J.-C., le roi Irchuleni lutta sans succès aux côtés du barhadad de Damas contre les Assyriens. Après les Assyriens, les Égyptiens et les Babyloniens furent les maîtres de Hama.

Le roi séleucide Antioche IV (175-164 av. J.-C.) fonda à nouveau la ville et la rebaptisa de son propre surnom *Epiphania*. En 64 av. J.-C., Hama tomba sans opposer de résistance aux mains des Romains et en 636, elle fut conquise par les armées musulmanes.

Les croisés ne purent jamais s'emparer de *La Chamelle* ainsi qu'ils appelaient Hama. De 1178 à 1342, la ville

Ci-dessus : norias (roues à eau) près de la mosquée Nour ed-Din de Hama.

fut soumise à la domination de la dynastie persane des Muzaffarides. Sous les Ottomans, elle fut pendant un temps siège d'un pacha. Lors d'un soulèvement de fondamentalistes musulmans en 1982, le président Assad fit bombarder la ville provoquant la mort de milliers de personnes. Les attaques aériennes détruisirent également un grand nombre des anciennes norias.

Aujourd'hui, Hama compte environ 280 000 habitants. Avec ses ruelles étroites et tortueuses, ses pierres foncées en basalte et son imposante **citadelle**, la ***vieille ville** a gardé son caractère médiéval. Par respect pour la ferveur religieuse des sympathiques habitants, on s'abstiendra de visiter la **Grande Mosquée**. En revanche, on ne manquera pas de se rendre, non loin des ruines de la **mosquée Nour ed-Din** du XIIe siècle, au beau ***Qasr al Azem**, achevé en 1743 et auquel furent ajoutés en 1780 un hammam et une aile avec des salles de réception (*salamlik*). Le palais Azem doit son nom au gouverneur de Hama qui, quelques années plus tard, fit construire à Damas (cf. p. 39) un ensemble de bâtiments éponyme mais nettement plus somptueux.

Les immenses **norias** sont uniques. Ces emblèmes de Hama sont utilisés depuis le IVe siècle pour amener l'eau (aujourd'hui polluée) du fleuve dans les canaux d'irrigation situés plus haut. Il existe encore une bonne douzaine de norias à travers la ville. Certaines ont jusqu'à 500 ans. Si vous arrivez à faire abstraction de l'odeur nauséabonde – en été notamment –, accordez-vous une pause dans le **restaurant-jardin** des norias dans le petit **parc** à l'est de la vieille ville.

SALAMIYEH

Salamiyeh ❽ se trouve à quelque 30 km à l'est de Hama. Vers l'an 550, cette ancienne ville de garnison byzantine fut élevé au rang de siège épiscopal et dotée d'une **citadelle** carrée. Au VIIIe siècle, une branche des califes abbassides (750-1258) y vivait et depuis le Xe siècle de nombreux habitants sont ismaéliens – Salamiyeh est d'ailleurs le principal centre de la secte. Dans la **mosquée**, achevée en 1088, on découvre des vestiges d'une basilique à colonnes byzantine. L'ancien **hamman** est par ailleurs bien conservé.

QALA'AT ASH SHMAMIS

Une route caillouteuse mène de Salamiyeh à **Qala'at ash Shmamis ❾**, le "château du soleil". Cette **forteresse** du XIIe siècle plutôt mal en point se dresse sur le cône d'un volcan éteint. On la repère de loin et de ses murs, on a une *vue magnifique sur les environs.

En continuant vers le nord, vous rejoindrez, après **Sheikh Ali Kasoun**, la route de Qasr ibn Wardan (cf. p. 86). Dans l'Antiquité, la région située à l'est de la route Hama-Alep s'appelait *Chalcis*. Elle a été peuplée par intermittences il y a 6500 ans, ce qu'attestent aujourd'hui encore de nombreuses **tombes mégalithiques** et la stèle aramébes de Sfire du IXe siècle avant J.-C. (Musée national d'Alep). À partir du IIe siècle après J.-C. environ, les Palmyréniens ont pris le contrôle de la région de Salamiyeh où passait une de leurs routes commerciales importantes.

Depuis le Ve siècle, à l'initiative des empereurs byzantins, cette région de steppes a été davantage peuplée car elle devait servir de rempart frontalier contre les ennemis de l'Est. La culture céréalière et l'élevage de chevaux constituaient la base économique de l'appropriation des terres. Hormis de petites fermes se succédaient le long de la frontière orientale de nombreux domaines et forteresses dont Salamiyeh et Qasr ibn Wardan. On avait recours au basalte noir de la région comme matériau de construction pour la partie inférieure des édifices et aux briques en argile pour la partie supérieure, ce qui explique pourquoi aujourd'hui de nombreuses ruines sont recouvertes en totalité ou en partie de collines d'argile.

Après la conquête musulmane, la région fut encore peuplée pendant un siècle environ puis les paysans la quittèrent peu à peu et les Bédouins utilisèrent les steppes pour faire paître en été leurs troupeaux.

QATNA (MISHRFEH)

Une excursion à 20 km en direction du nord-est doit absolument figurer au programme des archéologues : **Mishrfeh ❿**. L'ancienne *Qatna* (2100-1600 av. J.-C.) fut mise au jour en partie dans les années 1930. Les vestiges de murs dans la zone des fouilles sont de ce fait à peine visibles. La taille de la vieille ville dont les murs dissimulés par une couronne de collines est toutefois impressionnante. Le village moderne paraît presque perdu dans cette cuvette artificielle. Dans le village se trouve la colline de l'église, l'**acropole** de Qatna avec le temple de la déesse *Nin Egal*, ("maîtresse de la grande maison"), là où se dressait l'*achera*, l'arbre sacré.

VILLES EN RUINE ENTRE APAMÉE ET ALEP

**APAMÉE

Les ruines d'**Apamée ⓫ (à environ 50 km au nord-ouest de Hama) font partie avec celles de Bosra, de Doura Europos et de Palmyre des sites gréco-romains antiques les plus importants de Syrie.

L'acropole où se trouve aujourd'hui le petit village de **Qala'at Mudiq** était vraisemblablement identique à la *Niya* mentionnée au XVIIIe siècle avant J.-C. par des sources égyptiennes. Une stèle d'Apamée (visible au musée d'Alep) mentionne au IXe siècle avant J.-C. un roi Urhilina comme étant le souverain de la ville.

Alexandre le Grand donna ensuite à la ville le nom de sa résidence macédonienne *Pella*. Vers 300 av. J.-C. Séleucos Ier Nicator agrandit l'ancienne colonie, en fit l'une de ses trois résidences et l'appela *Apameia* du nom de son épouse, une princesse perse. L'importance d'Apamée à l'époque se mesure au fait que les 500 éléphants de guerre du souverain s'y trouvaient, qu'il y entretenait en outre un haras de 30 000 juments et 300 étalons et que le trésor de l'État était déposé à l'acropole qui permettait de surveiller la ville et l'importante route menant à Antioche.

De cette époque ne subsiste pratiquement aucun édifice. Les ruines que l'on découvre aujourd'hui datent de l'époque romaine qui débuta en 64 av. J.-C. par la conquête de Pompée. Au début de notre ère, 17 000 "hommes libres" vivaient déjà à Apamée et dans ses environs, ce qui devait faire une population totale d'environ 500 000 personnes. Après le grave tremblement de terre de 115 qui détruisit presque entièrement la ville, l'empereur romain Trajan (98-117), qui avait vécu lui-même le séisme à Antioche, fit niveler tout le terrain et ordonna la construction d'une nouvelle cité. Pendant le règne chaotique des empereurs-soldats à Rome, un légat du nom de Saturnius proclama l'indépendance d'Apamée. Mais il ne se maintint pas longtemps au pouvoir, il fut assassiné en l'an 282.

Dès le IVe siècle, Apamée est le siège d'un archevêché et prendra par la suite la direction de la lutte théologique contre Byzance. De nombreuses églises sont édifiées à cette époque et le djebel Riha au nord fait l'objet d'une colonisation intensive. De riches propriétaires terriens vivaient dans leurs villas en ville et alimentaient des revenus de leurs terres, l'économie de la cité. Apamée s'agrandit et devint plus riche et plus belle.

Les graves catastrophes que connut la Syrie au VIe siècle – épidémies, tremblements de terre et guerres – n'épargnèrent pas Apamée. Le coup le plus terrible fut la conquête et la destruction par le souverain sassanide Khosrow Ier (573) qui fit prisonniers et emmena en Perse 292 000 habitants. Le déclin ainsi entamé se poursuivit au VIIe siècle lorsque les Sassanides occupèrent la ville (612-628), relayés ensuite par les armées islamiques en 636. Apamée continua certes d'être habitée mais elle perdit son importance économique puisque les échanges commerciaux avec l'Occident avaient été suspendus.

De 975 à 993, Apamée fit à nouveau partie de l'Empire romain d'Orient, un évêque fut réinstallé mais Fatimides et Assassins prirent le pouvoir jusqu'à ce que Tancrède le Croisé les déloge en 1106. Les Francs gardèrent l'**acropole** (**Qala'at al Mudiq**) jusqu'à ce que Nour ed-Din s'en empare en 1149. Il faut attendre le XVIIe siècle et l'époque ottomane pour que le modeste village de la forteresse se développe de nouveau : un nouveau khan et une mosquée furent édifiés au pied de l'acropole.

Visite d'Apamée

Il est recommandé de commencer par se faire une idée de l'étendue des ruines

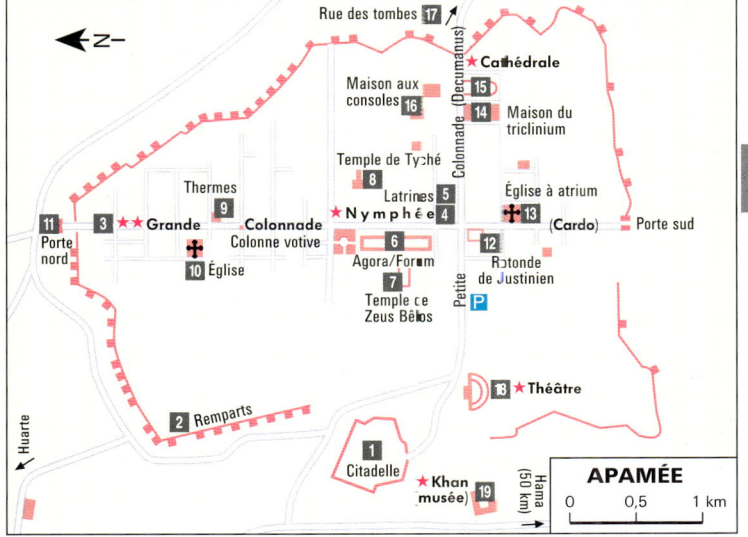

du haut de la **citadelle** 1 et pour ce faire, de se garer au croisement sud.

Les **remparts** 2 de la ville renforcés de tours suivent le bord d'un plateau naturel. Le réseau de rues fait ressembler la ville à un échiquier dont les cases (*insulae*) mesureraient 50 x 100 m.

La ★★**Grande Colonnade** 3, qui va du nord au sud, est avec ses 36 m de large et ses 2 km de long l'une des plus grandes de ce genre et constitue l'artère principale de la ville.

Non loin du croisement sud se trouve le ★**nymphée** 4. Son eau était acheminée à l'est, vers les **latrines** 5 publiques qui étaient donc équipées en quelque sorte d'une chasse d'eau. Plus au nord, le côté ouest de la rue est occupé par l'**agora** 6 (forum) qui accueillait les réunions publiques.

Sous une petite colline à l'ouest se trouvent les ruines du **temple de Zeus Bêlos** 7 qu'un évêque répondant au nom de Marcellus aurait détruit en 385 rien qu'en l'aspergeant d'eau bénite – l'oracle de Zeus avait attiré jusque-là des foules de pèlerins et même les empereurs romains venaient le consulter.

Le **temple de Tyché** 8 (déesse de la ville) constitue l'accès nord au forum. Le conseil de la ville se réunissait dans des pièces annexes et sur une console à colonnes, Julia Maesa (217) est mentionnée comme fondatrice. Il s'agit de la grand-mère d'Héliogabale, originaire de Homs, qui devint empereur romain sous le nom de Marc-Aurèle Antoine 218-222).

Dans la **partie médiane de la rue à colonnade**, les fûts des colonnes présentent des cannelures orientées différemment afin de ne pas donner un air penché aux colonnes érigées en 166 ap. J.-C. La **partie nord de la rue à colonnade** date quant à elle de 116 ap. J.-C. Des chapiteaux et des couvrements différents ainsi que des colonnes votives au milieu de la chaussée viennent rompre la monotonie de cette forêt de colonnes.

Les ruines, qui se trouvent dans la partie septentrionale de la ville – **thermes** 9, **église** 10 du début de l'ère chrétienne et **porte d'Antioche** 11 (**porte nord**) –, ne présentant guère d'intérêt, il est préférable de revenir au carrefour.

Au coin sud-ouest se trouve le socle d'une curieuse **rotonde** 🔢 que fit ériger l'empereur Justinien Ier (527-565) peut-être afin de présenter de façon adéquate un morceau de la croix du Christ, une des nombreuses reliques de la ville. L'empereur fit par ailleurs recouvrir de dalles les anciennes mosaïques sous les colonnades à cause du trafic des véhicules.

Pratiquement en face, on remarque un dédale de murs. Ils appartenaient à une **synagogue** (IVe s.) qui fut remaniée à plusieurs reprises et utilisée comme **église** 🔢. Les nombreuses petites **chapelles** abritent les reliques de saint Côme, de saint Damien et de saint Théodore. Sur la face nord, on construisit de petites **boutiques** au cours du VIIe siècle. De l'autre côté de la rue, les murs des maisons conservent des traces de **fresques** antiques.

Plus à l'est se trouve la **maison du triclinium** 🔢 également appelée **villa**

Ci-dessus : la rue à colonnade d'Apamée est longue de plus de 2 km ! Ci-contre : le palais et l'église de Qasr ibn Wardan.

aux trois salles à manger (triclinia) qui date du IVe-Ve siècle et arbore une superstructure musulmane du VIIe siècle. On reconnaîtra facilement les salles à manger parmi les 80 pièces que compte la maison car elles présentent sur le petit côté une abside où se trouve une table en marbre. Les merveilleuses **mosaïques de pavement** de ces pièces se trouvent aujourd'hui au khan (cf. p. 85).

À côté de la villa, on aperçoit la ★**cathédrale** 🔢 avec le palais épiscopal. Le narthex à trois arches est encore précédé de quelques colonnes de la colonnade, la grande cour à colonnes qui se trouve derrière étant délimitée à l'ouest par les anciens **thermes** et le **palais**. Sur le côté sud se dressent les puissants piliers de la cathédrale. Édifice à plan central construit en 530, elle a subi des transformations par la suite. On mura à l'est l'abside à colonnes de la croix centrale et installa des bancs pour le conseil de fabrique. Les **mosaïques** plus ordinaires sont restées sur place, protégées par une couche de sable alors que les plus précieuses ont été transportées au khan ou bien encore à Bruxelles (mu-

sées royaux d'Art et d'Histoire). Sur le côté est du complexe, on trouve plusieurs pièces à abside. Celle qui est située le plus au sud servait de **chapelle** avec salle d'étude adjacente pour les candidats au baptême. La pièce aux trois absides, à côté de l'autel de la cathédrale, renfermait des reliques et la dernière pièce à abside servait de **baptistère**.

De l'autre côté de la rue furent édifiées au VIᵉ siècle deux demeures privées. Celle qui est située sur l'arrière est appelée la **maison aux consoles** 16 en raison de la présence de consoles sur les colonnes de la cour intérieure. Sur le côté nord, des toilettes ont été installées à côté de l'escalier qui mène à l'étage supérieur.

Si vous mettez le cap à l'est, vous laisserez derrière vous l'escarpement du plateau et la **route des tombes** 17 pour rejoindre finalement près de **Khan Scheikun** la voie rapide Hama-Alep.

En tournant le dos aux ruines en direction de la citadelle (cf. p. 83), vous découvrirez sur votre gauche l'immense **★théâtre** 18 romain (IIᵉ s.). Son diamètre de 139 m en faisait le plus grand théâtre de Syrie. Nour ed-Din avait fait ajouter deux tours au bâtiment de scène qu'il utilisa comme forteresse (1149).

Après avoir décrit une boucle, vous arrivez au pied de la citadelle et au **★khan** 19 du XVIIIᵉ siècle, qui a été reconverti en **musée**.

Des fragments de statues et des pierres tombales sont exposés dans la **cour** (avec citerne centrale). Les salles équipées de cheminées où l'on hébergeait autrefois les caravaniers abritent aujourd'hui les **★mosaïques** les plus importantes du site d'Apamée. Les thèmes illustrés sont (en commençant par la gauche) : 1. Socrate parmi les sages (mosaïque du palais épiscopal, 363 ap. J.-C.) ; 2. Motif géographique, 3. Les Néréides, filles de Nérée, le "Vieillard de la mer" grec (IVᵉ siècle), 4. Cerf d'une villa, 5. Être fabuleux et combats d'animaux (cathédrale, VIᵉ siècle), 6. Chasse d'amazones (IVᵉ siècle) de la maison aux trois salles à manger. Les pièces du côté droit abritent des mosaïques provenant d'églises et de maisons (VIᵉ siècle).

★QASR IBN WARDAN

Il a fallu attendre le XXᵉ siècle pour que des paysans se réinstallent à l'est de la route qui relie Hama à Alep. Pratiquement tous les villages de la région possèdent des ruines byzantines, mais seuls le palais et l'église de **★Qasr ibn Wardan ⑫** sont vraiment dignes d'intérêt.

L'**★église** à plan rectangulaire frappe surtout par la hauteur de ses murs et la diversité de ses matériaux de construction. De puissants blocs de basalte noir sont assemblés par plusieurs couches de briques rouges tandis que des colonnes de calcaire clair constituent souvent les structures portantes de l'édifice. Une coupole en briques recouvrait autrefois le centre de l'église. En raison de la dureté du basalte, l'encadrement sculpté de la **porte sud** est relativement plat et simple. Une **tour** a été construite à l'angle nord-ouest.

Une vieille **citerne** fait face au palais carré adjacent et quelque peu en retrait, on a découvert les structures d'un **camp militaire**.

On pénètre dans le **★palais** par la porte qui se trouve sur le côté sud. Une frise de pampres, un symbole cruciforme et une inscription (564-567) en décorent l'encadrement. La porte donne sur trois absides disposées en forme de croix qui servaient sans doute de **salles d'audience**. À droite, un escalier conduit au premier étage dont le plan est identique à celui du rez-de-chaussée. Il devait s'agir des **salles d'apparat** des maîtres des lieux. Sur le côté ouest de la cour, vous apercevrez une **fontaine** et un **bain** musulman (VIIᵉ siècle). Le côté est de la cour est occupé quant à lui par les **pièces de service** comme le laisse à penser la présence de conduites d'eau. Sur le côté nord de la cour se trouve la deuxième entrée, qui était à l'origine la **porte principale**.

Ci-contre : tous les vendredis, la foule afflue au marché de Ma'aret an Nu'man.

MA'ARET AN NU'MAN

Ma'aret an Nu'man ⑬ tiendrait son nom d'un compagnon du prophète, No'man ibn Bechir, ou du poète aveugle Maari. L'empereur byzantin Nicéphore II Phocas put reconquérir l'antique *Arra* en 968 mais les musulmans devaient la lui reprendre. Le 21 décembre 1098, les croisés conduits par Raimond de Saint-Gilles prirent d'assaut la ville et le château *Marre*, un bain de sang qui marqua durablement les mémoires : 20 000 habitants furent massacrés, les croisés affamés allant même jusqu'à manger les cadavres.

De là, l'année suivante, Raimond marcha pieds nus devant son armée jusqu'à Jérusalem pour exhorter les chrétiens au combat. Ce n'est qu'en 1157 que l'atabeg Zengi d'Alep put rétablir le pouvoir musulman à Ma'aret. Par la suite, la ville fit partie du territoire de Hama et au XVIIᵉ siècle, un prince de la région parvint même à se libérer un temps de la tutelle ottomane.

La **mosquée du vendredi** se trouve sur le site d'un ancien temple qui fut transformé par la suite en église. Outre les nombreux éléments byzantins qui ont été réutilisés pour sa construction, il convient de mentionner le **bassin d'ablutions** décagonal de la cour et le **★minaret** que construisit au XIIIᵉ siècle l'architecte Ali ibn Kanit de Sarmani, une ville située à 40 km au nord de Ma'aret près d'Idlib. Sarmani semble avoir été à l'époque un centre d'architectes car l'architecte du minaret d'Alep en est également originaire. Ali dirigea en outre à Ma'aret la construction de l'école juridique des chafiites, la **madrasa Abu al Fawaris** (1199).

Un **khan** ottoman du XVIᵉ siècle abrite aujourd'hui le **★musée archéologique** où sont surtout exposées des **sculptures en basalte** et de très intéressantes **mosaïques** (Vᵉ-VIᵉ siècle) en provenance des Villes Mortes (cf. ci-après et p. 109 et suiv.). Si vous vous arrêtez dans cette ville, faites-le un ven-

Alep et le nord de la Syrie

3

dredi lorsque les Bédouins des environs viennent au ★**marché**.

Au sud de Ma'aret une route mène en direction de l'ouest au djebel Riha et à El Bara en passant par Kefr Nebil.

LE ★MASSIF CALCAIRE DE LA SYRIE DU NORD

À l'est de l'**Oronte** (**Nahr al Asi**), entre Hama et la frontière turque au nord, les roches claires, le sol foncé et, au printemps, les plantes et les arbres fruitiers en fleurs sans oublier les boules vert sombre des oliviers forment un paysage magnifique. Avec ses centaines de sites en ruine, les célèbres ★★**Villes Mortes**, le ★**Massif calcaire de la Syrie du Nord** est une région archéologique unique au monde et l'une des contrées les plus intéressantes de Syrie sur le plan de l'histoire de la civilisation. Mais pourquoi cette région a-t-elle connu dans l'Antiquité et ce, en l'espace de 500 ans seulement, un tel essor ?

Avant le début de l'ère chétienne, des hommes vivaient déjà dans les fertiles vallées qui séparent des montagnes pouvant atteindre jusqu'à 800 m d'altitude. Mais ce n'est qu'au Ier siècle ap. J.-C. que commença l'exploitation agricole intensive de toute la région qui connut son apogée 400 ans plus tard. Le besoin croissant en huile d'olive de l'Empire romain puis du jeune Empire byzantin ainsi que des avantages fiscaux amenèrent d'innombrables habitants d'Apamée, d'Antioche et d'Alep à aménager des plantations d'oliviers dans les régions montagneuses. On assiste aujourd'hui à un phénomène similaire parmi les riches habitants d'Alep. Les arbres ne donnant des olives que dix à douze ans après leur plantation mais devant être surveillés et entretenus pendant tout ce temps, on construisit de petites maisons de campagne qui servaient de résidences d'été aux propriétaires fonciers. Les bâtiments adjacents étaient habités par les ouvriers agricoles qui étaient en majorité des hommes libres. Pour les besoins personnels, on planta entre les innombrables croupes rocheuses ces céréales, des légumes et même de la vigne dans les endroits les mieux situés. L'exportation de l'huile d'olive n'était toutefois rentable que lorsque la production, le stockage et le transport se déroulaient sans problème, c'est-à-dire de façon ordonnée et contrôlée. Il fallait donc du personnel et une administration efficaces que mentionnent d'anciennes inscriptions trouvées dans la région. Les propriétaires de domaines firent construire à côté de leurs résidences d'été des tombeaux monumentaux portant en partie des inscriptions. Les villages les plus importants disposaient généralement d'un temple et d'une maison de réunion.

À partir du IVe siècle, la situation change brusquement. On assiste à une explosion démographique, les anciens dieux sont abandonnés et la religion chrétienne s'implante dans la région. L'accroissement démographique est lié aux changements intervenus dans les rapports de propriété. Par suite d'une nouvelle législation, les gros propriétaires terriens se virent accablés d'impôts et contraints de vendre des parcelles de leurs plantations. D'autre part, le salaire des ouvriers agricoles pouvait être payé par un transfert de propriété. Par ailleurs de nombreux monastères se créèrent parce qu'en entrant dans les ordres, on n'était pas assujetti à l'impôt puisqu'on remettait ses biens au couvent. Les nouveaux petits paysans n'ayant pas leur propre moulin à huile, il y eut de plus en plus de moulins publics ou appartenant à l'église.

La quantité impressionnante dans la région de demeures en pierre, églises, monastères, thermes et autres édifices laisse à penser que des architectes et des tailleurs de pierres venaient sur place pour exécuter leurs commandes, qu'ils y éaient également hébergés et payés. Les habitants se chargeaient des gros travaux, la culture des olives laissant beaucoup de loisirs. Le calcaire était un

Ci-contre : aujourd'hui comme hier, les oliviers font la richesse du Massif calcaire de la Syrie du Nord.

matériau idéal qui pouvait être extrait du sol à proximité du chantier. Les carrières étaient utilisées ensuite comme citernes.

Au VIIe siècle, des guerres et des catastrophes naturelles décimèrent la population ; par ailleurs, de nombreux paysans quittèrent la région après la conquête par les musulmans en 636-637 lorsque les régions d'exportation traditionnelles de l'Empire romain d'Occident disparurent. Le Massif était pourtant encore bien peuplé au Moyen Âge. Le facteur responsable du dépeuplement qui aboutit à la dénomination Villes Mortes fut la politique fiscale ottomane des XVIIe et XVIIIe siècles.

Depuis une centaine d'années, on assiste à un repeuplement qui n'est toutefois pas sans danger pour les ruines, les pierres de taille des constructions antiques étant volontiers utilisées aujourd'hui pour de nouvelles constructions.

★SHENSHARA

À l'est de **Kefr Nabil** (env. 11 km à l'ouest de Ma'aret an Nu'man), prenez la direction du nord puis, la première route à droite vers ★**Shenshara** ⑭, l'une des plus belles villes en ruine du **djebel Riha** et l'une des mieux conservées. Comme il n'existe pas d'implantation moderne à cet endroit – seuls des Bédouins campent avec leurs tentes en été en bordure des ruines –, ce site antique n'a été que quelque peu endommagé par des tremblements de terre. Si l'on remettait en place quelques pierres de taille, relevait des poutres et couvrait de tuiles les vieilles maisons, on pourrait s'y réinstaller.

Les murs d'un **monastère** du VIe siècle se dressent au sud du site. De grandes **villas** et des **églises** constituent le cœur de la localité qu'entoure une ceinture de **tombes** dont certaines ont été taillées dans la roche. L'imposante **église nord** (IVe s.) a été édifiée à l'emplacement d'un ancien temple dont on réu-

tilisa les ornements. Creusées dans la roche, les caves de nombreuses maisons servaient d'entrepôts et d'étables.

(VIe s.), des **thermes** (du IVe s. sans doute), des **tombes** et au nord du site une **forteresse** croisée (XIIe s.).

RH'BEIA

De Shenshara, on distingue à l'est les ruines de **Rh'beia** ⑮ où se trouvent des maisons, une **église-halle** – au sud de l'agora (place du marché) –, des presses à huile et des **tombes** (en forme de temple notamment) du IVe siècle. Les croisés ont fortifié l'endroit au XIIe siècle et l'ont appelé *Rubeia* (*Ruweiha*).

De Shenshara ou de Ba'udeh, il faut marcher pendant 2 km pour atteindre ces ruines.

MUJLEYA

En continuant vers le nord, on voit à droite les ruines de **Btirsa** (Ve s.) et 2 kilomètres avant **El Bara**, on traverse **Mujleya** ⑯ qui était déjà peuplée aux IIIe et IVe siècles. À côté de vastes **villas** dotées en partie de communs et de cours d'apparat, on trouve une **basilique à colonnes** (Ve s.), une **église** octogonale

AL BARA

Al Bara ⑰, l'antique *Kapropera*, est une petite colonie fondée au IVe siècle sur la rive ouest d'un wadi. Outre les olives et les céréales, on y cultivait aussi la vigne. Elle crût rapidement de sorte que dès le Ve siècle trois églises furent érigées et que les quartiers d'*al Mu'allaq* et de *Charabat Ankur* se développèrent à l'est du lit du fleuve. Kapropera était désormais le siège d'un évêché de l'archevêché d'Apamée. Le village était le centre de production et de commerce de toute la région. Ses vins étaient même vantés dans la lointaine Rome. Une inscription en latin dans les ruines dit ceci : "Où que portent tes regards, tu ne vois que nectars, dons de Bacchus et rafraîchissements produits par les rayons du soleil".

Après la conquête islamique en 637, la situation des habitants semble n'avoir guère changé. Au IXe siècle, un évêque résidait encore dans la grande église al Hosn. À la chute d'Alep en 969, les Byzantins occupèrent Al Bara jusqu'à ce que la dynastie des Munqidhites de Sheizar leur succédât vers 1080.

Dès 1098, Raimond de Saint-Gilles entra dans la localité avec ses croisés et nomma un nouvel évêque, Pierre de Narbonne. Lorsqu'en 1099, les croisés partirent pour conquérir Jérusalem, Guilhem Peyre de Conilhac resta à Kapropera avec sept chevaliers et 30 fantassins. Avant la bataille du Balikh (1102), les Francs évacuèrent la population chrétienne qui revint trois ans plus tard. Mais à la fin du XIIᵉ siècle, Al Bara tomba définitivement aux mains des Mamelouks.

L'immense terrain de ruines étant aujourd'hui morcelé en jardins privés et autres champs, il vous faudra vous mettre en quête d'un **guide** dans le village moderne.

Tout à fait au nord, à la lisière occidentale de la vallée, les croisés transformèrent en **forteresse** au XIᵉ siècle la **basilique à colonnes** al Hosn, siège de l'évêché (450). L'édifice est malheureusement très endommagé. Tout à fait à l'ouest se trouve le **petit tombeau** à toit pyramidal. Il y a quelques années, on a mis au jour d'autres tombes sous les sarcophages monolithiques.

Par un chemin étroit qui longe les murets et les rangées de poteaux qui servaient à délimiter les terrains, on arrive à la **mosquée** reconnaissable uniquement au *mirhab* (niche de prière) du mur sud. Au sud de la mosquée se trouvent deux des autres églises qui ont été construites au Vᵉ siècle et le **grand pressoir à huile** avec les cuves pour le filtrage de l'huile et les fixations en pierre pour les leviers. Les plaques en pierre des plafonds des églises et des maisons sont particulièrement impressionnantes.

Ci-contre : les thermes et l'auberge qui accueillaient au VIᵉ siècle les grands propriétaires fonciers de Serjillah.

Au sud de la localité, on découvre le **★grand tombeau** avec son toit pyramidal et ses immenses sarcophages à la très belle ornementation. Au sud des ruines, sur le versant abrupt du lit de la rivière, des **tombes** ont été taillées à même le roc, l'une d'entre elle présente une niche voûtée. Au sud de l'antique cité, le **★monastère Deir Sabat** (VIᵉ s.) avec ses péristyles, son réfectoire central et sa salle de prières est remarquablement bien conservé.

Au nord du village moderne qui s'est développé en lieu et place de l'antique quartier *Deir*, les musulmans ont érigé vers 1200 la citadelle **Abu Safyan**.

BA'UDEH

Une route asphaltée relie Al Bara et Serjillah à l'est (6 km). À droite de la route apparaissent les ruines de **Ba'udeh ⑱**. Outre quelques villas, on peut y voir une grande **tombe** à toit pyramidal et d'immenses **sarcophages en pierre** disséminés à travers la localité. Le couvercle était déposé sur les piliers latéraux à côté des caveaux en pierre lorsqu'on inhumait d'autres corps dans les tombeaux collectifs.

★SERJILLAH

La route se termine au-dessus de la vallée de **★Serjillah ⑲**. On descend à travers un **champ de tombes** jusqu'aux thermes. À côté de simples niches funéraires creusées dans le sol et fermées par de grands couvercles en pierre, on trouve des sarcophages monolithiques et des fosses où des niches funéraires ont été aménagées dans les parois latérales. Les femmes des Bédouins utilisent aujourd'hui ces fosses en guise de parcs pour leurs bébés.

Les imposantes dalles devant les **thermes** recouvrent l'ancienne **citerne**. Derrière l'entrée des thermes se trouve le vestiaire, viennent ensuite les bains qui recevaient l'eau par des conduites extérieures courant le long des murs. La

grande salle avec la **galerie** au fond é-
tait sans doute une salle de gymnas-
tique. Le sol en mosaïque aujourd'hui
disparu mentionnait comme donateurs
Julianus et son épouse (473). Le bâtiment annexe avec véranda et galerie –
même les balustrades en pierre sont
toujours là –, servait de **salle de réunion ou d'auberge**. Sur le versant est
du site, on a trouvé des ruines d'une
église et plus haut on peut voir quelques
grandes **villas** et des **presses à huile**.

FIRKAYA ET MEGHARA

De Serjillah, un étroit sentier, qui
décrit une boucle de 15 km de long en
direction du nord-ouest, mène aux ruines de Dallouzeh avec Deir Sambil,
Kaukaba, Firkaya et Meghara. Seules
celles de **Firkaya ❷⓪** et **Meghara ❷①** va-
lent le détour pour leurs **tombes rupestres** ornées de reliefs. Près de Mera-
yan, au nord d'Al Bara, on arrive à la
route d'Ariba. De là, on peut se diriger
vers le nord et Idlib, vers le nord-est,
Saraqeb et la voie rapide pour Alep ou
vers le sud-est et Ma'aret an Nu'man.

DANA, RUWEIHA ET JERADEH

À quelque 10 km au nord de Ma'aret
an Numan (cf. p. 86), d'autres sites
antiques jalonnent le côté gauche de la
voie rapide   à **Dana ❷❷** se dresse un
monument funéraire rehaussé de quatre colonnes et d'un toit pyramidal du
IIe siècle.

Outre deux **mausolées** bien conservés, **Ruweiha ❷❸** s'enorgueillit d'une
grande **basilique à arcades** du VIe siècle.

À **Jeradeh ❷❹**, une ville du Ve-VIe
siècle, la façade ouest de la **basilique** et
surtout les édifices en forme de **tours** et
les **villas** retiendront votre attention.

★EBLA (TELL MARDIKH)

À 5 km au sud de **Saraqeb** seulement
se trouvent à l'est de la voie rapide les
fouilles d'★**Ebla ❷❺** (**Tell Mardikh**).
C'est en 1975 que le nom de ces fouilles
entreprises par des Italiens a fait les
gros titres de la presse. Des archéologues avaient mis au jour dans un palais
des **archives** composées de 17 000 ta-

blettes d'argile recouvertes d'une écriture cunéiforme (2500-2250 av. J.-C.). L'écriture mésopotamienne était connue mais les textes étaient rédigés en éblaïte, une langue sémitique inconnue jusque-là. Giovanni Pettinato, le seul expert en écriture cunéiforme à avoir un accès illimité aux tablettes, commença par l'apprendre. Certains milieux interprétèrent de façon erronée l'inscription *ia* comme la désignation de *Yahveh*, le Dieu des Israélites. Ils croyaient pouvoir attester par ces textes l'existence des villes bibliques de Sodome, Gomorrhe, Admah, Zébouin et Zoar (Genèse XIV, 2) et l'on parla d'une *Abraham Connection*. Aucune de ces théories ne résista à un examen plus approfondi mais les services officiels syriens n'en furent pas moins irrités qui craignaient de nouvelles revendications territoriales israéliennes.

Avant les ruines, on traverse tout d'abord une colonie assez importante où

Ci-dessus : fondations restaurées à Ebla.
Ci-contre : les tatouages sont censés protéger les femmes nomades du "mauvais œil".

l'on découvrira quelques ****trullis** (cf. photo p. 10) traditionnels. Ces maisons à toiture conique se rencontrent fréquemment à l'est et au sud d'Alep ainsi qu'à Hama, dans la zone qui précède le désert syrien. Elles sont généralement regroupées autour d'une cour et coupées du monde extérieur par des murs. Grâce à ces coupoles en pains de sucre faites de tuiles en torchis, les pièces blanchies à la chaux des maisons sont agréablement fraîches. Même les étables ont ce type de toit. Les enfants du village, encouragés par des touristes trop généreux, ont malheureusement trop souvent tendance à mendier.

La route traverse dans le nord-ouest une chaîne de collines, les vestiges d'un **mur en torchis** qui protégeait autrefois l'antique Ebla. Dans la **zone de fouilles P** à l'est de la route, on a mis au jour le **palais nord** (syrie ancienne, 1800 av. J.-C.) et datant de la même époque, mais plus à l'est, le **temple du dieu du soleil Shamash**. Le sentier qui longe la maisonnette du gardien et l'acropole mène au sud-ouest et à la **porte de la ville** que protégeait le dieu Baal. Trois

portes analogues au sud-est, nord-ouest et nord-est étaient consacrées à Reshep, le dieu amorrite de la guerre et de la peste, au dieu du soleil Shamash et à Dagan, un dieu mésopotamien de la fécondité. Le socle de la porte sud-ouest (vers 1800 av. J.-C.) qui, de par sa construction, permettait une défense optimale, était revêtu de grandes plaques en pierre.

Dans la **ville basse** située au sud-ouest et en contrebas de l'acropole, on a mis au jour des maisons et des temples (1800 av. J.-C.). Le **temple B 1**, reconnaissable à ses imposants socles en forme de U, était consacré au dieu amorrite Reshep qui régnait également sur les enfers. Plus à l'est se groupent autour d'une cour rectangulaire les salles du **temple des ancêtres B2** avec son sanctuaire, une cella typiquement mésopotamienne.

Au nord, sur le versant ouest de l'acropole, se trouvent les vestiges des murs du **palais G** (2300 av. J.-C.) avec son perron, la plate-forme du trône sous le portique de la cour et la petite **salle des archives** adjacente où les tablettes

se trouvaient encore en partie dans les décombres des cadres en bois que les conquérants akkadiens avaient arrachés (2250 av. J.-C.). L'auvent moderne indique le chemin. Les textes déchiffrés nous apprennent que la ville était gouvernée par le roi Malikum assisté d'un collège d'Anciens *Abbu*, que la laine en était la principale source de revenu et qu'avec son agglomération, elle comptait 260 000 habitants dont 11 700 fonctionnaires. Les femmes avaient le droit de signer des contrats, pouvaient porter plainte contre leur époux et exercer la profession de médecin ou de scribe.

Sur la terrasse de l'acropole, au nord du palais G, se trouve le **temple d'Ishtar**, la déesse de la guerre et de l'amour. Avec son pronaos, son antichambre, sa cella rectangulaire et sa niche de culte sur le petit côté septentrional, il pourrait avoir servi de modèle au célèbre temple de Salomon à Jérusalem.

À l'ouest s'étendent à ses pieds les soubassements du **palais du prince héritier** sous lequel on a trouvé trois tombes royales dont les objets funéraires sont pour la plupart exposés au musée d'Idlib (cf. ci-après). En haut sur l'acropole le **palais E** (Syrie ancienne) a sans doute été détruit vers 1600 avant J.-C. par les Hittites et on a construit à la place, au IVᵉ ou au IIIᵉ siècle, une maison de campagne.

IDLIB

La ville moderne d'**Idlib** ㉖ possède un ***Musée archéologique** fort intéressant : vous y découvrirez en effet une collection d'objets trouvés dans les environs, en particulier sur le site d'Ebla (cf. p. 91 et suiv.), et un département d'ethnologie. Des **restaurants** simples sont tout à fait recommandés pour une petite halte dans cette localité qui peut servir de point de départ pour prospecter la région septentrionale du Massif.

**ALEP

Son surnom d'*Ash Shebba* ("la grise") lui vient du matériau de construction prédominant de ses édifices, un grès argilo-calcaire gris, ou peut-être de la monotonie de ses environs. Avec près de 4 millions d'habitants, ****Alep** ㉗ (patrimoine culturel mondial de l'Unesco), l'**Halap** arabe est la plus grande ville de Syrie et la rivale de Damas.

Située au carrefour de grandes routes, Alep, qui dans l'Antiquité s'appelait *Jamchad*, contrôlait déjà à une époque reculée une partie importante du commerce de transit à travers la Syrie. Étant donné que les routes et les voies de chemin de fer modernes suivent les anciennes routes caravanières, cette situation n'a guère changé. Que l'on aille à Lattaquié ou Raqqa, à Istanbul où à La Mecque, le chemin passe toujours par Alep. Cette ville commerçante riche de traditions possède un artisanat florissant et une industrie textile en expansion. C'est le centre administratif des projets d'implantation et d'irrigation du cours supérieur de l'Euphrate qui ont été mis en place après la construction du lac de retenue d'Assad. Le coton de la vallée du fleuve est soit exporté brut soit transformé dans les filatures de la ville.

Du fait du climat assez rude de la Syrie du Nord qui accuse des écarts de température de 25° C, Alep bénéficie d'un air frais et vivifiant. Malheureusement, en raison des gaz d'échappement, la ville n'échappe pas au smog. Les mesures de repeuplement de la steppe au sud et à l'est d'Alep, entreprises à partir de 1850, assurent l'approvisionnement en céréales d'hiver. Légumes, céréales d'été, arbres fruitiers et oliviers poussent sur les terres vallonnées au nord et à l'ouest de la ville. Les pistaches et les figues de la région sont particulièrement savoureuses.

Capitale de la région administrative du même nom, les personnes qui vivent à Halap sont d'origines diverses. Dans les rues on croise tout aussi bien des habitants de longue date que des paysans turcs d'Anatolie, des Tcherkesses du sud de la Russie, des Arméniens chrétiens d'Anatolie de l'Est, des Bédouins des steppes du Sud-Est et des Juifs.

Histoire d'Alep

Au cours de ses plus de 5000 ans d'histoire mouvementée, Alep fut toujours convoitée par les puissances régionales. Qu'il s'agît des Assyriens, des Hittites, des Babyloniens ou des Égyptiens, la ville dut s'incliner devant les plus forts tout en essayant de s'affirmer. Quand en 1760 av. J.-C., Hammourabi de Babylone détruisit Mari, la puissante rivale, les rois de Jamchad (Alep) mirent à profit la vacance du pouvoir pour étendre leur influence au nord de la Syrie. Plus d'une vingtaine de petits princes dépendaient alors de Jamchad et la ville jumelle d'Alalach (Alalakh ; auj. Tell Açana, Turquie) fut fondée par

Ci-contre : éléments architecturaux extrêmement rares – balcons ottomans en bois, à Alep.

une autre branche dynastique dans la plaine d'Antioche.

Mais les souverains de Jamchad entrèrent bientôt en conflit avec les Hittites qui avaient fondé au milieu du IIe millénaire av. J.-C. un grand empire en Anatolie centrale. Après l'assassinat du roi hittite, qui avait détruit la ville en 1650 av. J.-C., Halap put préserver un temps son statut de principauté indépendante mais son roi Ilimiliuma fut tué lors d'une révolution de palais (1480 av. J.-C.). Son fils Idrimi s'enfuit à Alalach où il put conserver une grande partie du royaume. Halap tomba toutefois aux mains des Hourrites (royaume de Mitanni) qui pendant les 100 ans suivants allaient se disputer la Syrie avec les Égyptiens. En 1370 av. J.-C., le roi hittite Shuppiluliuma Ier s'empara finalement d'Halap jusqu'à ce que la ville, après sa destruction (vers 1200 av. J.-C.) par les "Peuples de la Mer" fût incorporée à l'État araméen de Bit Agusi dont la capitale était Arpad (aujourd'hui Tell Rifa'at, au nord d'Alep).

En 611 av. J.-C., la ville devint possession babylonienne et en 539 av. J.-C. passa aux mains de Cyrus II et des Achéménides. Aux Perses succédèrent à l'issue de la campagne d'Alexandre le Grand, les souverains grecs. Après les guerres des Diadoques, Alep revint à Séleucos Ier Nicator (312-281) qui refonda la ville sous le nom de *Beroea*. C'est de cette époque que date le plan hippodamien (à angle droit) de la vieille ville, notamment dans le quartier situé à l'ouest de la Grande Mosquée. À partir de ce moment-là, Beroea connut une certaine prospérité, obtenant même des Romains le droit de battre monnaie (Ier s.) et à l'ère byzantine (IVe s.) une cathédrale, mais c'était Quinnesrine, un centre administratif à 35 km au sud-ouest d'Alep, qui avait politiquement la haute main. Vers 540, dans leur marche sur Antioche, les Sassanides perses prirent au passage Alep qui des mains sassarides passa, après un brève intermède byzantin, sans coup férir à celles des armées musulmanes.

Deux siècles durant la ville sommeilla jusqu'à ce que l'émir Saif ad Daula (945-967) y fonde une petite principauté indépendante. Sa forte personnalité

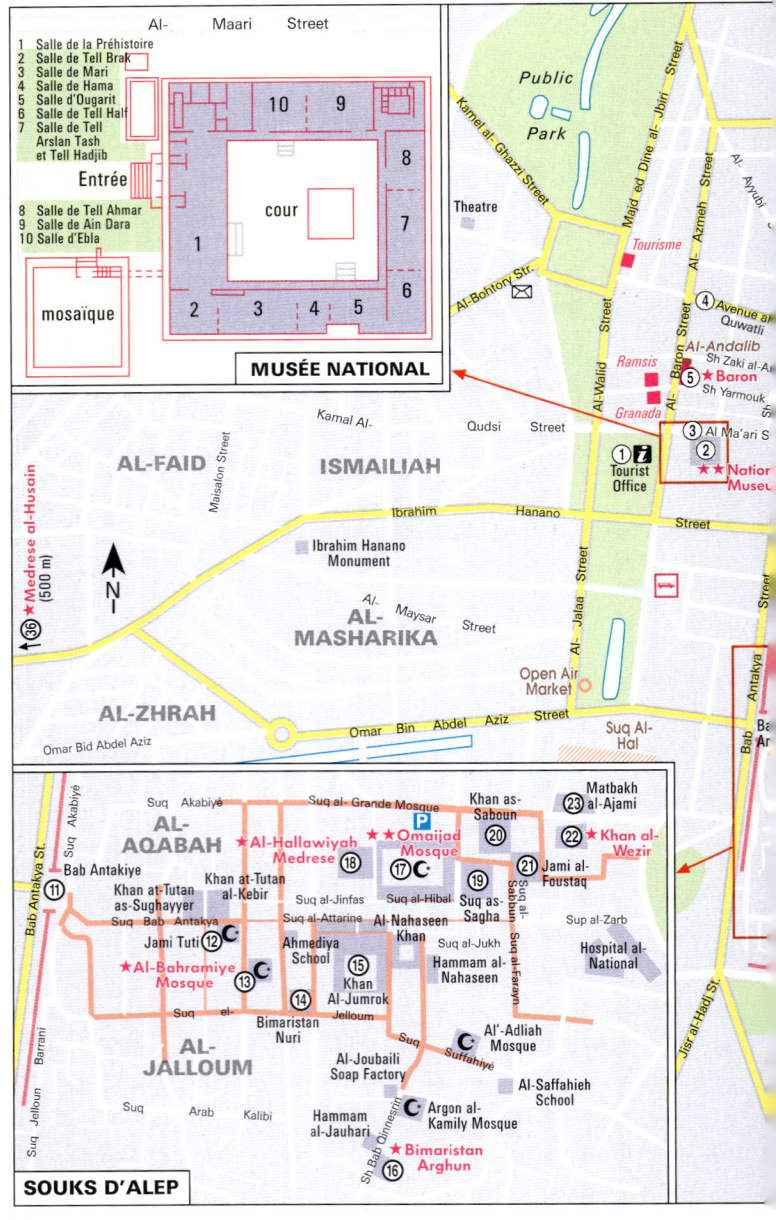

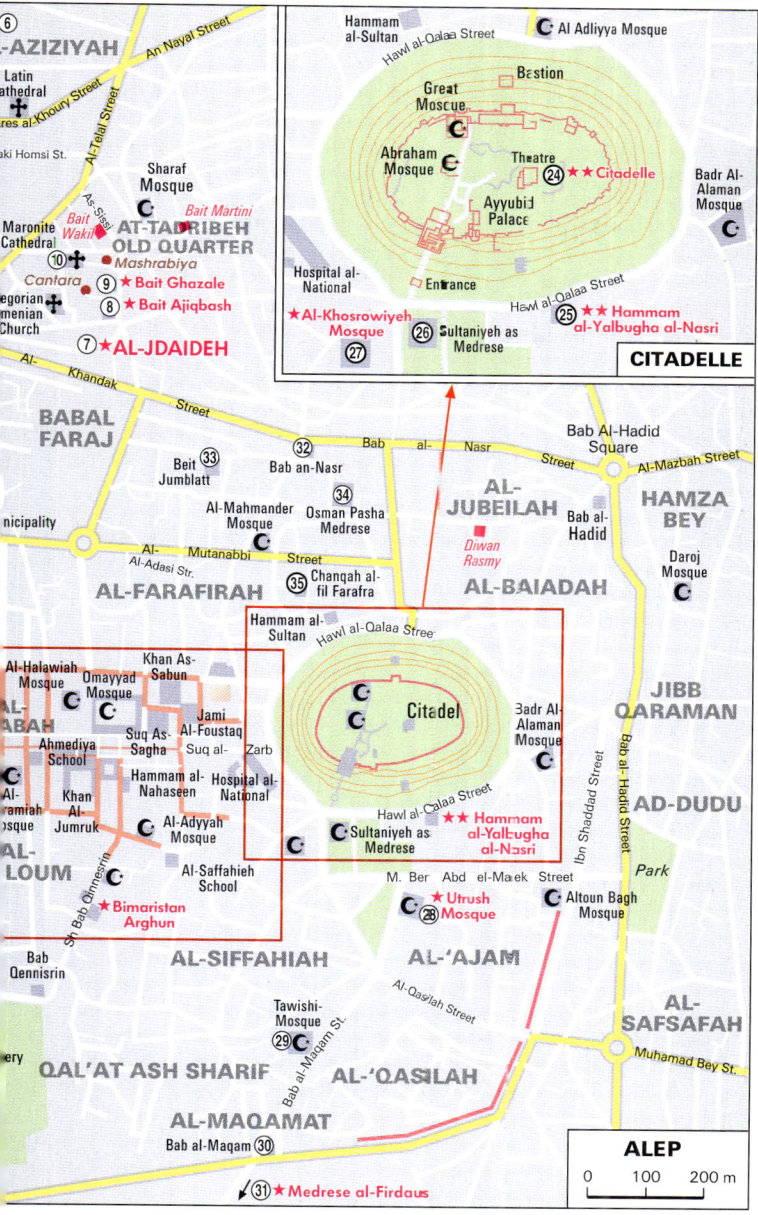

⑥ -AZIZIYAH

An Naval Street

Latin Cathedral

ares al-Khoury Street

aki Homsi St.

Al-Telal Street

Sharaf Mosque

As-Seel

Bait Martini

Maronite Cathedral

Bait Wakil

Mashrabiya

AT-TABRIBEH OLD QUARTER

⑩ *Cantara*

egorian menian Church

⑨ ★ **Bait Ghazale**

⑧ ★ **Bait Ajiqbash**

⑦ ★ **AL-JDAIDEH**

Al-Khandak Street

BABAL FARAJ

Beit Jumblatt ㉝

nicipality

㉜ Bab an-Nasr

Al-Mahmander Mosque

Osman Pasha Medrese ㉞

Al-Mutanabbi Street

Al-Adasi Str.

AL-FARAFIRAH

Changah al-fil Farafra ㉟

Hammam al-Sultan

Hawl al-Qalaa Street

Hammam al-Sultan

⦿ Al Adliyya Mosque

Hawl al-Qalaa Street

Bastion

Great Mosque ⦿

Abraham Mosque ⦿

Theatre

Citadelle ㉔ ★ ★

Ayyubid Palace

Hospital al-National

⦿ Entrance

Hawl al-Qalaa Street

★ **Al-Khosrowiyeh Mosque** ㉗

㉖ Sultaniyeh as Medrese ★

Badr Al-Alaman Mosque ⦿

Hawl al-Qalaa Street

㉕ ★ ★ **Hammam al-Yalbugha al-Nasri**

CITADELLE

Bab al- Nasr Street

Bab Al-Hadid Square

Al-Mazbah Street

AL-JUBEILAH

Bab al-Hadid

Diwan Rasmy

AL-BAIADAH

HAMZA BEY

Daroj Mosque ⦿

JIBB QARAMAN

Khan As-Sabun

Al-Halawiah Mosque ⦿

Omayyad Mosque ⦿

Jami Al-Foustaq ⦿

AL- ABAH

Ahmediya School

Suq As-Sagha

Suq al-Zarb

⦿ ⦿

Citadel

Badr Al-Alaman Mosque ⦿

Al-amiah osque ⦿

Khan Al Jumruk

Hammam al-Nahaseen

Hospital al-National

Al-Adyyah Mosque ⦿

AL-LOUM

Sh Bab Qinnesrin

★ **Bimaristan Arghun** ⦿

Al-Saffahieh School

⦿ ⦿ Sultaniyeh as Medrese

Hawl al-Qalaa Street

★ ★ **Hammam al-Yalbugha al-Nasri**

Ibn Shaddad Street

Bab al-Hadid Street

AD-DUDU

Park

Bab Qennisrin

AL-SIFFAHIAH

M. Ber Abd el-Maek Street

★ **Utrush Mosque** ㉘ ⦿

⦿ Altoun Bagh Mosque

AL-'AJAM

Al-Qaslah Street

AL-SAFSAFAH

Tawishi-Mosque ㉙ ⦿

Bab al-Maqam St.

ery

QAL'AT ASH SHARIF

AL-'QASILAH

Muhamad Bey St.

AL-MAQAMAT

Bab al-Maqam ㉚

㉛ ★ **Medrese al-Firdaus**

ALEP

0   100   200 m

lui permit de rassembler autour de lui les combattants de Syrie du Nord et, par sa tactique de guérilla, d'invasions et de coups de main, il réussit à stopper la progression des armées byzantines. L'émir se fit également une réputation en tant que poète et mécène au point qu'Abu al Faraj al Isfahani lui dédia son célèbre "Livre des chants" (*Kitab al Agani*).

Sous le fils et successeur de Saif, en 968, l'empereur byzantin Nicéphore II Phocas s'empara d'Alep dont le célèbre palais de Saif fut détruit. Puis, la ville passa aux mains des Fatimides du Caire, relayés en 1023 par la dynastie autochtone des Mirdasides. Le sultan seldjoukide Alp Arslan mit fin en 1070 à la brève phase d'indépendance qu'avait connue la ville sous les Mirdasides. Avec la défaite des Byzantins et la fondation du royaume seldjoukide en Anatolie, Alep obtint un vaste arrière-pays,

Ci-dessus : au souk d'Alep, on a un peu l'impression de remonter le temps. Ci-contre : petite pause dans la vieille ville d'Alep, histoire de souffler un peu.

un avantage pour le commerce et l'économie.

Des querelles de succession entre les Seldjoukides permirent en 1127 à l'atabeg Zengi de Mossul d'occuper Alep. Cet homme ambitieux, qui fut déclaré par la suite fondateur de la contre-croisade islamique, tenait sans doute avant tout à étendre son pouvoir personnel. Il essaya en vain de s'emparer de Homs et de Damas, parvenant néanmoins à conquérir la principauté chrétienne d'Edessa dans le nord-est d'Alep.

Le fils de Zengi, Nour ed-Din, poursuivit la politique de son père mais il avait surtout à cœur de chasser les croisés et de ranimer la foi sunnite qui, au cours des 200 dernières années, avait de plus en plus été supplantée par la doctrine chiite. Six grandes madrasas furent fondées sous son règne à Alep et Nour ed-Din parvint enfin en 1154 à s'emparer de Damas, ce qui aboutit à la constitution d'un front commun contre les croisés. Cette unité persista sous son successeur, l'Ayyoubide Saladin, dont le fils, al Ghazi, resta le gouverneur d'Alep, même après l'effondrement du

pouvoir ayyoubide au Caire. Un grand nombre de somptueux édifices furent construits à cette époque, ils résistèrent au sac des hordes mongoles en 1260 et furent utilisés par les Mamelouks qui firent d'Alep une de leurs capitales de province.

Le deuxième assaut mongol (1400) annonçait déjà la fin de l'époque des Mamelouks (XIVᵉ-XVᵉ siècle).

À l'issue de trente années de fortunes diverses, les Ottomans conduits par le sultan Sélim Iᵉʳ finirent par entrer à Alep en 1516. Jusqu'au XVIIIᵉ siècle, de somptueux khans et mosquées furent construits dans la capitale provinciale ottomane qu'était devenue Alep. Les États européens avaient des représentations consulaires et des maisons de commerce dans cette ville qui s'agrandit et prospéra à cette époque. Mais la mauvaise gestion des pachas (gouverneurs) allait entraîner un dépeuplement croissant et un appauvrissement de la région. C'est Ibrahim Pacha (1831-1840) qui tenta le premier d'enrayer cette dangereuse évolution en créant des domaines nationaux ; il commença

ainsi à reconquérir d'anciens territoires d'implantation, un processus qui se poursuit jusqu'à maintenant.

Les Français ayant renoncé au mandat (1918-1945) que leur avait confié la Société des Nations – en 1939, ils avaient déjà cédé aux Turcs Alexandretta, le port d'Alep sur la Méditerranée –, Alep et sa région furent un temps indépendants. On commença la construction d'un palais gouvernemental qui s'avéra superflu lors de la victoire du parti baath (1954) à Damas.

VILLE MODERNE ET MUSÉE NATIONAL

L'**office du tourisme** ①, qui fait face au Musée national (voir ci-après) dans la rue Baron, est sans aucun doute le meilleur point de départ pour une promenade à travers la ville la plus originale de Syrie. Et c'est au mois de septembre, lorsque la ville vit à l'heure du ★**festival du Coton** avec ses cortèges dans les rues, son élection d'une reine du coton et son bal, que la visite d'Alep est la plus fascinante.

L'imposante **façade** du ****Musée national** ②, réplique de l'entrée du temple araméen de Tell Halaf (VIIIᵉ s. av. J.-C.) dissimule l'un des musées les plus remarquables du Proche-Orient. Le musée est en cours de restauration si bien que nous ne pouvons vous proposer de circuit de visite et vous donnerons uniquement un aperçu des différentes collections. Vous découvrirez de merveilleuses pièces de **Tell Brak** et du nord-est de la Syrie (Vᵉ-IIIᵉ mill. av. J.-C.) ainsi que de **Mari** avec les statues des rois Lamgi Mari (2500 av. J.-C.), Ishtup Ilum et de la déesse au vase jaillissant (1800 av. J.-C.). Suivent de précieux objets découverts à **Hama** et **Ougarit**. Des reliefs en pierre et des statues de **Tell Halaf** (en partie des copies des originaux du musée Pergamon à Berlin) constituent, avec les reliefs d'un palais assyrien, les peintures murales et les sculptures en ivoire, un

Ci-dessus : le portail d'entrée du Musée national est une réplique du palais de Tell Halaf. Ci-dessus : cour et iwan au palais du marchand arménien, Bait Ajiqbash.

autre temps fort (Iᵉʳ mill. av. J.-C.). Sans oublier les pièces mises au jour à **Ebla** et toutes celles qui remontent aux **époques romaine**, **byzantine et musulmane**.

Entre l'**Al Ma'ari Street** ③ et l'**avenue al Quwatly** ④ se succèdent boutiques modernes, magasins de tapis et d'antiquités, restaurants, agences de voyages, hôtels et autres bars.

Il faut jeter un coup d'œil à l'***Hôtel Baron** ⑤ qui vit encore à l'heure de sa splendeur passée, de cette époque du mandat où dirigé par la famille arménienne des Mazloumian, il accueillait des rois, des princes, des archéologues et des écrivains (Agatha Christie entre autres), mais aussi des gloires militaires comme Laurence d'Arabie, des espions et bien des personnages douteux. Sans oublier, plus tard, les magnats comme David Rockfeller, les présidents (de Gaulle ou Roosevelt) ou encore le cosmonaute Youri Gagarine ; Kemal Ataturk vint même goûter au confort douillet de son bar.

Dans le bâtiment voisin, on trouve au premier étage un restaurant très apprécié des habitants d'Alep, *Al Andib* dont la carte propose entre autres des truffes syriennes du désert (*kamay*). Les touristes préfèrent généralement se rendre dans les restaurants des quartiers d'**Al Azizija** ⑥ ou de ***Djdeidé** (voir ci-après).

***DJEIDÉ, LE QUARTIER CHRÉTIEN**

Comment résister au charme d'une promenade à travers le quartier chrétien de ***Djeidé** ⑦ (**Al Jdaideh**, "nouveau quartier"), au nord de la vieille ville ? Dans les étroites ruelles se dissimulent d'anciennes maisons privées, des boutiques d'orfèvres et des églises. D'aimables habitants vous autoriseront parfois à jeter un coup d'œil dans la cour de l'une de ces maisons. Certaines d'entre elles sont devenues de petits **hôtels** ou **restaurants** chic si bien que l'on peut

en admirer l'intérieur voire – pourquoi pas ? – y déjeuner ou dîner. Par ailleurs, deux maisons sont ouvertes au public : la Bait Ajiqbash et la Bait Ghazale.

La ***Bait Ajiqbash** ⑧, aux allures de palais, a été construite par un riche négociant du nom de Balil au XVIIIe siècle. Les cuisines et les entrepôts se trouvent au rez-de-chaussée. Les pièces de l'étage supérieur étaient le cadre idéal pour accueilli le **musée des Arts et Traditions populaires**.

À voir la ***Bait Ghazale** ⑨ (XVIIe s.) remarquable par l'encadrement de ses portes et fenêtres, le paravent en bois peint devant l'**iwan principal**, une salle de réception. Le petit iwan du second étage servait en été de salle de séjour (*salamlik*) aux hommes et la grande salle chauffée (*qaa*) en face avait la même fonction en hiver. Les pièces réservées aux femmes (*haramlik*) se trouvaient dans une aile latérale. La maison est en cours de restauration, un projet supervisé par le ministère syrien du tourisme.

Les amateurs d'art ne manqueront pas de visiter la **cathédrale** ⑩ moderne des maronites célèbre pour ses splendides ***icônes**. Vous y entendrez peut-être des chants rituels qui ne vous laisseront certainement pas indifférent. Le petit **musée** adjacent abrite une bonne collection de précieux objets sacrés, vêtements sacerdotaux et tableaux.

LE ****SOUK**, À L'OUEST DE LA CITADELLE ET LA ****MOSQUÉE DES OMEYYADES**

La **Bab al Faraj Street** longe le **mur d'enceinte** (XIVe s.) avec ses boutiques construites en saillie et mène à l'imposante **Bab Antakiyé** ⑪, la **porte d'Antioche**. Après le passage coudé de la porte, on entre dans le ****souk** (bazar) avec, en direction de l'est, la rue des marchands de légumes et d'ustensiles ménagers. Les siècles passent, mais l'ambiance de ce pittoresque souk de la vieille ville d'Alep ne change quasiment pas. Ânes et mulets continuent de se frayer un chemin parmi les passants pendant que les commerçants assis devant leurs échoppes fument et attendent le client. Les artisans sont toujours ré-

partis dans les ruelles selon leurs activités. Pas facile d'y dénicher les habituelles boutiques de souvenirs. L'offre des commerçants est calquée sur les besoins quotidiens des Aleppins. Le calme ne règne guère que le vendredi dans le quartier du bazar.

La petite **Jami Tuti** ⑫ ("mosquée du Mûrier", également appelée aujourd'hui mosquée Jouaibija) fut la première mosquée d'Alep. C'est ici qu'après être entrés dans la ville en 637, les combattants musulmans auraient jeté leurs boucliers et se seraient prosternés pour prier. L'édifice actuel fut construit en 1150 par l'architecte de Jérusalem Mukaddasi avec l'argent de Nour ed-Din pour le juriste, fakir et ascète, Jouaib al Andalusi. La décoration de la **façade** avec la frise végétale et l'"entrée du temple" reprend des motifs protomusulmans et devait sans doute symboliser la victoire de l'islam.

Ci-dessus : au souk – pause déjeuner chez le marchand de noix. Ci-contre : le minaret de la Grande Mosquée est décoré d'arcs aveugles.

L'un des plus impressionnants édifices que l'époque ottomane ait offert à Alep n'est autre que la ★**mosquée Al Bahramiyé** ⑬, qui fut construite à l'initiative du gouverneur Bakram Pacha en 1583. On remarquera notamment le **minaret** reconstruit en 1698 à la suite d'un tremblement de terre ou encore le somptueux **mihrab** de la salle de prière.

En continuant vers le sud, on atteint au bout de quelques mètres les ruines d'un hôpital, le **Bimaristan Nuri** ⑭, l'une des nombreuses fondations (1150) de Nour ed-Din qui, contrairement à son épouse connue pour son avarice, était également très généreux et mourut d'ailleurs ruiné. Aux abords de l'hôpital, les ruelles du souk sont surmontées de voûtes en berceau et de coupoles qui ont toutes plus de 100 ans.

Dans la huitième ruelle latérale à droite, on peut voir le **khan Gumruk** ⑮ (1570), la plus grande maison de commerce d'Alep. Outre 300 magasins, le souk abritait les comptoirs commerciaux et les consulats français, anglais et hollandais. Son constructeur, Mehmet Pacha, pouvait ainsi surveiller facilement et taxer tous les étrangers. Seuls les Vénitiens, exemptés d'impôts, avaient leur propre établissement.

Par d'étroites rues et ruelles qui vous feront remonter le temps jusqu'au XIXᵉ siècle, on arrive, en direction du nordest, au ★**Bimaristan Arghun** ⑯. Cet hôpital, qui a été mis en service en 1354, a été financé par Arghun al Kamili, et peut être considéré comme le plus ancien hôpital psychiatrique du monde. Arghun fut deux fois gouverneur d'Alep et mourut en 1358 à Jérusalem. L'inscription au-dessus du portail est attribuée à son eunuque et administrateur Taifa ; l'hôpital était sans doute à l'origine un palais dont Arghun fit don aux Aleppins pour en faire un hôpital public à l'occasion de sa mutation. Après l'entrée, une petite porte latérale mène par d'étroits couloirs aux **salles de soins**, à l'aile réservée à l'**économat** et au **service fermé**. Ce dernier se compose de dix cellules disposées autour d'une pièce octogonale surmontée d'une coupole. Au premier étage se trouvaient les musiciens dont le jeu était censé calmer les malades. Aujourd'hui, un **groupe folklorique** se produit (danses avec sabres notamment à la manière des derviches tourneurs de la Mevleviyyé) plusieurs fois par semaine dans la cour intérieure.

Au nord de l'axe principal où sont vendus cuirs, tissus, objets en métal et autres produits alimentaires se dresse la ★★**mosquée des Omeyyades** ⑰ (**Grande Mosquée**). Son haut ★★**minaret** (1095), que l'on doit à l'architecte Hasan al Sarmani, indique le chemin de l'entrée principale. Cette imposante tour en pierre est ornée de sculptures de plus en plus riches vers le haut qui, à l'instar des frises syriennes (Vᵉ-VIᵉ siècle), empiètent sur les angles pour réunir ainsi les quatre côtés. D'une sévérité toute spartiate, la **cour intérieure** ne correspond pas à l'image de la mosquée répandue par les éloges dithyrambiques arabes. Après la des-

truction par un incendie du somptueux édifice omeyyade de Sulaiman abd al Malik, Nour ed-Din fit construire au même endroit, en 1169, un nouvel édifice. Des fanatiques chiites avaient incendié la nouvelle mosquée parce que les souverains encourageaient particulièrement l'islam sunnite.

C'est de l'époque des Mamelouks (XIVᵉ- XVᵉ siècle) que datent les **revêtements multicolores en marbre** et la **toiture**. À l'intérieur, on remarquera outre le *minbar* (chaire) en bois sculpté du XVᵉ siècle, un ★**reliquaire** qui renferme la tête de Zacharie, le père de saint Jean-Baptiste. La relique passe pour être authentique car elle a miraculeusement survécu à l'incendie. Depuis l'été 2005 et la fin des travaux de restauration, la mosquée des Omeyyades brille de nouveau de tous ses feux.

En face de l'entrée latérale ouest, on trouve la ★**madrasa Hallawiya** ⑱. Nour ed-Din fit ériger, en 1150, cette école coranique sur les décombres de la cathédrale chrétienne tout en conservant dans la salle de prière les colonnes

et les chapiteaux corinthiens de l'antique édifice à plan central (V[e]-VIe siècle) qu'Hélène, la mère de l'empereur Constantin le Grand, aurait fait construire (324 ou 327). À côté, dans l'**iwan** (porche voûté) sur le côté sud de la cour, le splendide *mirhab* date de 1245. La riche ornementation est faite d'incrustations en bois d'ébène, en ivoire et en os. Malheureusement, les transformations de l'époque moderne n'ont, pour le reste, pas laissé grand-chose des édifices originaux. La fondation (*waaf*), qui finança la construction et l'entretien de l'école, distribuait chaque année, sur ordre du souverain, une sorte de gâteau à laquelle on a donné par la suite le nom de l'école.

À l'est de la Grande Mosquée se succèdent le **souk as Sagha** ⑲ (**souk des orfèvres**) et le **khan as Saboun** ⑳ (**khan du savon**) qu'un gouverneur (*wali*) fit aménager au XVIe siècle.

Ci-dessus : une précieuse grille protège la tête de Zacharie dans la mosquée des Omeyyades. Ci-contre : petite marchande dans la vieille ville d'Alep.

Suit à l'est, la **Jami al Foustaq** ㉑ du *★khan al Wezir* ㉒, le plus bel établissement commercial ottoman d'Alep. Alors que la **façade** n'a pour seule ornementation que d'étroites frises et de petits médaillons, la **cour intérieure** est rehaussée d'une décoration exubérante (1682). Avec leurs houppes, leurs motifs de cordelière, tressages et stalactictes en pierre, les larges encadrements des fenêtres et des niches font penser à des tapis. Difficile de résister à la tentation dans les **magasins de souvenirs** des anciens entrepôts, au rez-de-chaussée. Le premier étage avec sa **galerie** et ses anciens **comptoirs** a été partiellement reconstruit. (L'une des plus belles pièces d'une maison de commerce, la **chambre d'Alep** d'un marchand chrétien, ornée de scènes de l'Ancien et du Nouveau Testament (1600-1603), est depuis 1912 l'un des points d'orgue du musée de l'Islam (musée Pergamon) de Berlin.

Dans la rue moderne qui longe le khan au nord, le palais turc **Matbakh al Ajami** ㉓ (XVIIIe s.) abrite un **musée des Arts et Traditions populaires** qui n'est malheureusement pas souvent ouvert.

En se dirigeant vers l'est tout en restant dans le souk couvert, on arrive au bout de quelques mètres à la rue moderne qui fait le tour de la citadelle. Les modestes **cafés** et **restaurants** de la petite place vous donneront peut-être envie de faire une pause.

LA **★★CITADELLE**

C'est au sultan Malik, un fils de Saladin, que l'on doit également la porte principale de la **★★citadelle** ㉔ ou **Qa-la'at Halab**. Pendant plus de 2000 ans, des hommes ont travaillé à l'édification et à la transformation de cette citadelle. Le fossé, l'imposant **★glacis** (base inclinée) maçonné de dalles de pierre et la couronne de murs ont été érigés sous leur forme actuelle au XVe siècle. Le glacis, le fossé et les petites tours de la base, qu'un tunnel reliait avec l'intérieur de la forteresse, devaient empêcher que l'imposant édifice fortifié ne soit miné. Le **★pont**, les conduites d'eau et l'accès furent édifiés en 1507 sur ordre du sultan mamelouk Qansuh al Ghuri.

Le passage en zigzag de la **★porte principale** avec ses trois portes en fer et ses traquenards passe pour être un chef-d'œuvre de l'architecture militaire. Les **dragons** et les **lions sculptés** des porches devaient effrayer les assaillants et des escaliers étroits, des couloirs et des archères permettaient de repousser d'éventuels envahisseurs. Dans la cour intérieure, une porte à droite mène à une **citerne** et aux **oubliettes** où des croisés ont peut-être croupi en attendant le versement de leur rançon.

À gauche du chemin pavé de la citadelle, la **Makam Nuredin**, une petite mosquée (1167) marque l'emplacement où Abraham se serait assis. C'est ici qu'était conservée à l'origine la tête de Zacharie qui a désormais trouvé sa place définitive dans la mosquée des Omeyyades (cf. page 103).

Au bout du chemin, la **Grande Ma-kam** (1213) du sultan az Zahir al Ghazi indique l'endroit où Abraham aurait trait ses chèvres et ses brebis. À côté, il y a un petit **café** dans la **caserne ottomane** (1834). Le **★★panorama** est fantastique que l'on regarde vers le nord ou vers le sud. Dans la citadelle, le **théâtre de plein air**, où se déroulent des spectacles de danse et de chant, se trouve à l'emplacement occupé autrefois par le célèbre **temple** (du IIIe au début du Ier millénaire av. J.-C.) consacré au dieu du temps Hadad et dans lequel des sacrifices furent pratiqués jusqu'au IVe siècle après J.-C. Mis au jour depuis 1996 par une équipe d'archéologues germano-syrienne, les 24 **★bas-reliefs** remarquables (jusqu'à 2 m de long), qui représentent des dieux et des êtres mi-dieux, mi-hommes, impressionnent autant les visiteurs que les dimensions de la **cella** (26,75 x 17,10 m).

Au sud se trouvent les vestiges d'une **citerne** byzantine et tout à côté du chemin de la citadelle, le **★palais** (1230) du sultan Malik al Aziz Mohammed. Les constructions antérieures que ce soit le

palais du fils de Saif ad Daula ou la résidence de Nour ed-Din ont été détruits en 1157 par un tremblement de terre et en 1212 par un incendie. Derrière l'entrée flanquée de fenêtres et dont le portail est doté d'une niche, on a mis au jour plusieurs **cours d'audience** avec des **iwans** ouverts et un grand **hamman** fort imposant. C'est peut-être là – qui sait ? – que furent célébrées les somptueuses noces de Malik az Zahir et de sa cousine Dhaifa Chatun, une des plus célèbres souveraines musulmanes.

Un étroit sentier, qui passe à côté de l'**arsenal ottoman** (cf. page 105), mène à la cour qui précède la ⋆**salle du trône** érigée par le sultan Qait Bey en 1472. Le **plafond en bois** peint restauré, aux riches ornements ainsi que deux colonnes antiques sont impressionnants sans parler de la ⋆**vue** sur Alep. Cette salle sert aujourd'hui de cadre à des concerts et des réceptions.

Ci-dessus : les bastions de la citadelle d'Alep en imposent encore. Ci-contre : art oriental dans toute sa splendeur – le plafond de la salle du trône.

AU SUD DE LA CITADELLE

De la citadelle, vous distinguerez le ⋆⋆**hammam al Yalbugha al Nasri** ㉕ (également appelé **hammam al Labadiyé**) de l'époque mamelouke (seconde moitié du XIVe siècle). Détruit quelques années plus tard par les soldats de Tamerlan, les bains ont été restaurés et ont repris du service. Il s'agirait du plus beau hammam de Syrie, une visite s'impose donc. On remarquera notamment les fresques et les ornementations en stuc du vestiaire que surmonte une coupole.

La **madrasa as Sultaniyé** ㉖, précède immédiatement la porte de la citadelle et se reconnaît aisément au petit **minaret** octogonal qui en surplombe l'entrée principale. Cette école fut érigée en 1223 sous le sultan Malik al Aziz Mohammed qui y fit enseigner le droit chafiite et hanafite. Le joyau de la **salle de prière** n'est autre que son **mihrab** en marbre polychrome, absolument unique en son genre. Le sultan az Zahir al Ghazi et trois membres de sa famille sont inhumés dans le **mausolée**.

Sinan (1489-1588), le célèbre architecte ottoman, est l'auteur des plans (1536) de la ★**mosquée al Khosrowiyeh** ㉗ dont la construction fut financée avec l'argent du gouverneur turc de l'époque, Khosrow Pacha. Une partie des bâtiments annexes, dont un **bain public**, une **madrasa** et des **pièces d'habitation**, étant utilisée comme hôpital psychiatrique, on ne peut généralement accéder qu'à la cour de la mosquée.

À l'est, vous repérerez le minaret octogonal, typique du style mamelouk avec ses deux balcons, de la ★**mosquée Utrush** ㉘ (1510) dont la salle à coupole – identifiable sans peine de l'extérieur – abrite le tombeau de son fondateur, Aq Bogha al Utrush. La famille Bogha a grandement contribué à l'ascension des Tcherkesses du Caucase au sein de la dynastie des Mamelouks (XIVᵉ-XVᵉ siècle). Le style Qait Bey, qui s'exprime ici par la présence d'une **niche** donnant au **portail** des allures d'iwan et par les ornements des cadres en forme de bordure, a sans doute servi de modèle aux khans ottomans d'Alep construits ultérieurement tout comme, un peu plus au sud, la **mosquée Tawachi** ㉙ de 1347.

QUARTIER D'AL MAQAMAT

Pour poursuivre votre découverte de la ville, il vous faudra un taxi ou une voiture. Au sud de la citadelle, derrière la **Bab al Maqam** ㉚, dans le quartier d'**al Maqamat**, commence une sorte de rue des morts jalonnée de tombeaux datant des cinq derniers siècles. On s'intéressera tout particulièrement à la ★**madrasa Zahiriya** avec le **mausolée de Malik az Zahir al Ghazi** (1186-1216) qui ne fut toutefois jamais inhumé à cet endroit. Le bâtisseur a doté la cour d'intéressants chapiteaux et a eu recours comme dans le tétrapyle antique de Lattaquié à des surfaces triangulaires en guise de transition entre le carré et la coupole.

Dhaifa Chatun, la belle-fille de Saladin, qui à un âge avancé gouvernait encore à la place de son petit-fils trop jeune, fonda en 1237 dans ce quartier la ★**madrasa al Firdaus** ㉛ (ou **Faradis** ; "école coranique du Paradis"), la plus grande et la plus belle école d'Alep.

Un vaste **iwan** fut accolé au mur extérieur sud où se tenaient des consultations juridiques publiques. Derrière, un iwan plus petit s'ouvre sur la cour intérieure avec une fontaine octogonale. Les colonnes sont couronnées de chapiteaux anciens et de *muqarnas*. Sur le côté sud, le plus beau ★**mirhab** de la ville aux parois revêtues de marbre orne la salle de prière. Les salles disposées dans le sens de la longueur de la cour servirent par la suite de **mausolées**, les ailes des angles du côté nord abritant des **pièces d'habitation**. À l'origine, les **communs** étaient groupés autour d'une cour annexe à l'est.

AU NORD DE LA CITADELLE

Du quartier de Djeidé (cf. page 100), on arrive par l'**Al Khandaq Street** à la

3

Alep et le nord de la Syrie

porte **Bab an Nasr** ㉜ au nord de la citadelle d'où part la rue des chaudronniers où l'on fond encore parfois d'anciennes pièces de monnaie afin de réparer des casseroles. Au sud-ouest se trouve l'élégante **Beit Jumblatt** ㉝ (*beit* signifie maison en arabe) que firent construire Hasan Kavakibi et Jan Balat, un Kurde gouverneur d'Alep au XVIIe siècle. Aujourd'hui, les faïences bleues des murs de l'iwan et de la cour n'agrémentent plus de somptueuses réceptions mais font les beaux jours des récréations des enfants en uniforme d'une école primaire.

Dans le même quartier, en face d'une cuisine populaire, vous découvrirez la **madrasa Osman Pacha** ㉞ du XIXe siècle avec salle de prière, salles d'études et chambres pour les étudiants.

À ne pas manquer non plus dans ce quartier : le **Chanqah al fil Farafra** ㉟, un monastère musulman attribué traditionnellement à la célèbre Dhaifa Chatun, mais qui fut fondé en réalité par Malik al Aziz (1238). Des frères musulmans venaient y suivre l'enseignement de Mahomet. La **salle de prière** est rehaussée d'un linteau de porte richement sculpté, d'un ravissant plafond et d'une niche de prière avec mosaïque en marbre. Outre l'**iwan**, qui tient lieu ici de salle d'études, vous y verrez des pièces d'habitation et des cuisines bien conservées.

Sont également à voir les **maisons particulières** et les **banques** de style ottoman (XXe siècle) et ce, dans les rues **Al Sijn** et **Al Mutanabbi** situées plus au sud.

*MESHED AL HUSAIN

À l'ouest de la vieille ville (à environ 2 km du croisement de l'Al Mutanabbi Street et de la Bab Antakiye Street) se trouve un petit bijou de l'architecture

Ci-contre : les pavés de la voie romaine d'Aqibrin sont en place depuis presque 2000 ans.

musulmane : **★Meshed al Husain** ㊱, un sanctuaire chiite à la mémoire du martyre d'Hussein, le fils d'Ali, le gendre de Mahomet, qui fut tué avec ses compagnons en 680 par des partisans des Omeyyades près de Kerbala. Salih Ismael (1173-1182) fit sans doute construire l'édifice afin d'apaiser les fanatiques chiites qui avaient posé de sérieux problèmes à son père Nour ed-Din. Le sultan Saladin fit don par la suite d'une somme de 10 000 dirham et celle-ci Zahir al Ghazi alloua chaque année une somme de 6000 dirham destinée à l'entretien du sanctuaire.

La **niche de prière**, accolée au mur extérieur septentrional, indique que des milliers de pèlerins ont dû affluer ici autrefois, qui, ne trouvant pas de place à l'intérieur, s'agenouillaient à cet endroit pour prier. Aujourd'hui, les pèlerins de La Mecque y font étape.

Dans la petite **avant-cour** du côté sud, en face de la salle à portique, on a également aménagé une niche de prière.

Sur le côté est, un petit escalier mène au **sanctuaire** proprement dit.

Le portail principal, érigé sous Zahir al Ghazi, possède un splendide plafond en pierre et s'inspire de modèles antérieurs en bois.

L'**iwan**, qui lui fait face, avec ses arcs brisés surmontés de nœuds magiques, a été construit en 1173 par un négociant désireux de s'attirer les faveurs divines.

Dans la **salle de prière** sur le côté gauche de la cour, le petit chef d'œuvre qu'est le mirhab arbore une inscription avec le nom des artistes Abdallah et Ridja, tous deux fils de Yahya al Chatarani. La famille de ce dernier dirigeait l'une des deux écoles d'artisanat les plus célèbres d'Alep, dont l'influence se répandit jusqu'à Konya (Turquie) et jusqu'au Caire.

Les pièces qui se succèdent sur le côté nord de la cour abritent une **cuisine**, des **bains**, des **toilettes** et une **salle de consultation**. Cette aile a été érigée en 1213 et 1236 sous le règne du sultan Malik al Aziz Mohammed.

AU NORD DU *MASSIF CALCAIRE DE LA SYRIE DU NORD

Quitter Alep par la voie rapide en direction de Damas et prendre, au bout d'une dizaine de km, la sortie qui permet de rejoindre la route menant via Urum es Shugur au passage frontalier syro-turc près de Qasr il Banat, à Harim dans le *Massif calcaire de la Syrie du Nord** et aux sites dits des **Villes Mortes**.

TAREB

Une trentaine de km plus loin, les ruines du château des croisés de **Cerep** dominent le village moderne de **Tareb** ㉘ construit sur le *tell* (colline) de l'antique *Tirabu* (1400 av. J.C.). C'est là qu'est né Jean, l'écrivain et ascète du VIIe siècle qui aspirait à devenir un nouveau saint Siméon, à qui le célèbre monastère de Saint-Siméon (cf. p. 113) doit son nom.

Peu après Tareb, la route décrit de larges courbes vers le nord autour du célèbre **champ du Sang** où Roger de Salerne, prince d'Antioche, périt en 1119 avec toute son armée dans la bataille contre le seigneur d'Alep il Ghazi.

TELL AQIBRIN

Dans le Massif calcaire de la Syrie du Nord, la route asphaltée croise ensuite, sur la croupe d'une colline, l'ancienne **route romaine** (IIe s.) pavée de gros blocs de pierre, qui relie Antioche à Qinnesrine. De ce beau *point de vue**, on descend dans la plaine où, près de **Tell Aqibrin** ㉙, la route bifurque à droite vers le monastère de Saint-Siméon (cf. p. 113). Au sud de la route, les Francs bâtirent au sommet de la montagne à partir de l'ancien temple de **Srir** une forteresse qui surplombait les palais et les églises de l'antique Tilokabrin (VIe s.).

*DANA, DEIR TARMANIN ET TAL'AADEH

Toujours en direction du Nord, vous traverserez *Dana** ㉚ dont le **mausolée** du IIe/IIIe siècle, précédé de colonnes et doté d'un toit pyramidal, retiendra votre attention.

Plus à l'est, vous apercevrez les ruines de **Deir Tarmanin ㉛**, le **monastère** byzantin de Deir Manin. L'église, célèbre en son temps pour sa beauté, a disparu, mais les murs d'une immense **auberge** de pèlerins permettent de se faire une idée de la splendeur de jadis.

Au nord de cet endroit, sur le versant sud du **djebel el Barakat** se trouvent les ruines de **Tal'aadeh ㉜**. C'est là, dans la *Teleda* romaine, qui d'après des inscriptions était encore habitée au Xe siècle, que vécut saint Siméon avant de monter sur sa colonne ce qui, sans oublier les ossements d'autres saints, a rendu célèbre le **monastère d'Héliodore** (Ve s.).

BAB AL HAWA ET QASR AL BANAT

À Aqibrin, rester sur la route principale puis, prendre à gauche avant d'arriver à **Bab al Hawa ㉝** ("porte du Vent") la route de Sermada. Vestiges d'un **arc de triomphe** à Bab el Hawa et ruines d'un grand **monastère** ou d'un **palais** qui auraient été édifiés par le ministre byzantin Magnus le Syrien (VIe s.).

Plus au nord-ouest, des sites antiques en ruine bordent la route de **Qasr al Banat** et celle qui mène à la frontière, tous aisément accessibles à pied : à l'est, **Serdjibleh** et **Nundaqli** et à l'ouest, **Dar Qita**, **Ba'ude**, **Babisqa** et **Ksedjibleh**.

À **Qasr il Banat ㉞** ("château des Filles"), la *Durbanit* d'avant J.-C., on découvrira les restes d'un **monastère** dont l'église (Ve s.) fut construite par le célèbre architecte Markianos Kyros en accomplissement d'un vœu.

SERMADA, BREDJ ET MA'EZ

Sur la route de **Sermada ㉟**, déjà mentionné sous le nom de *Sarmata* au XVe siècle avant J.-C. par le pharaon Thoutmès, on aperçoit à la périphérie

est de la localité un **monument funéraire** avec deux colonnes corinthiennes et les traditionnels tombeaux souterrains (141 ap. J.-C.).

À l'ouest du village et au nord de la route, après Harem près de **Bredj ㊱**, le **monastère de St-Daniel** (VIe s.) se blottit contre une paroi rocheuse avec ses imposants piliers monolithiques et sa tour fortifiée.

Peu après la route bifurque à gauche en direction de **Ma'ez ㊲** (djebel Barisha) où se trouvent les vestiges d'un **temple** (157), d'une **salle de conseil** (129), de plusieurs **villas**, d'un **monastère** et de son **église** (baptistère), datant tous du Ve siècle. Des constructions ultérieures témoignent d'un peuplement jusqu'au XVe siècle.

*BASHMISHLI ET BAMOUQQA

Un peu plus à l'ouest, la route sinueuse menant à **Harem** traverse le village de **Bashmishli ㊳**. Dans une cour de ferme, des enfants et des animaux s'ébattent devant un **baptistère** (536) à la riche ornementation.

Pour visiter *****Bamouqqa ㊴**, le village voisin, et dénicher les ruines parmi les nouvelles constructions, il faut avoir un guide de la région. Le temps semble s'être arrêté il y a 1500 ans sur le chemin que l'on emprunte pour se rendre à Bamouqqa et qui serpente entre les oliveraies, les champs et les jardins potagers.

À Bamouqqa se trouvent la **stèle funéraire** et le **bois sacré** du cheik Chalil Sadeq (XIIe s.). Un pressoir à olives fait face à la **villa principale** de Bamouqqa, ceinte d'un mur en pierres polygonales (IIe s.). Une maison avec escalier extérieur, balcon et niches murales, étables avec auges en pierre monolithiques et communs donnent sur un jardin idyllique.

Au nord, une petite **mosquée** et une **église** (VIe s.) se cachent entre des ruines et des bosquets d'olivers. Au sud, une **tombe**, taillée dans la roche, est

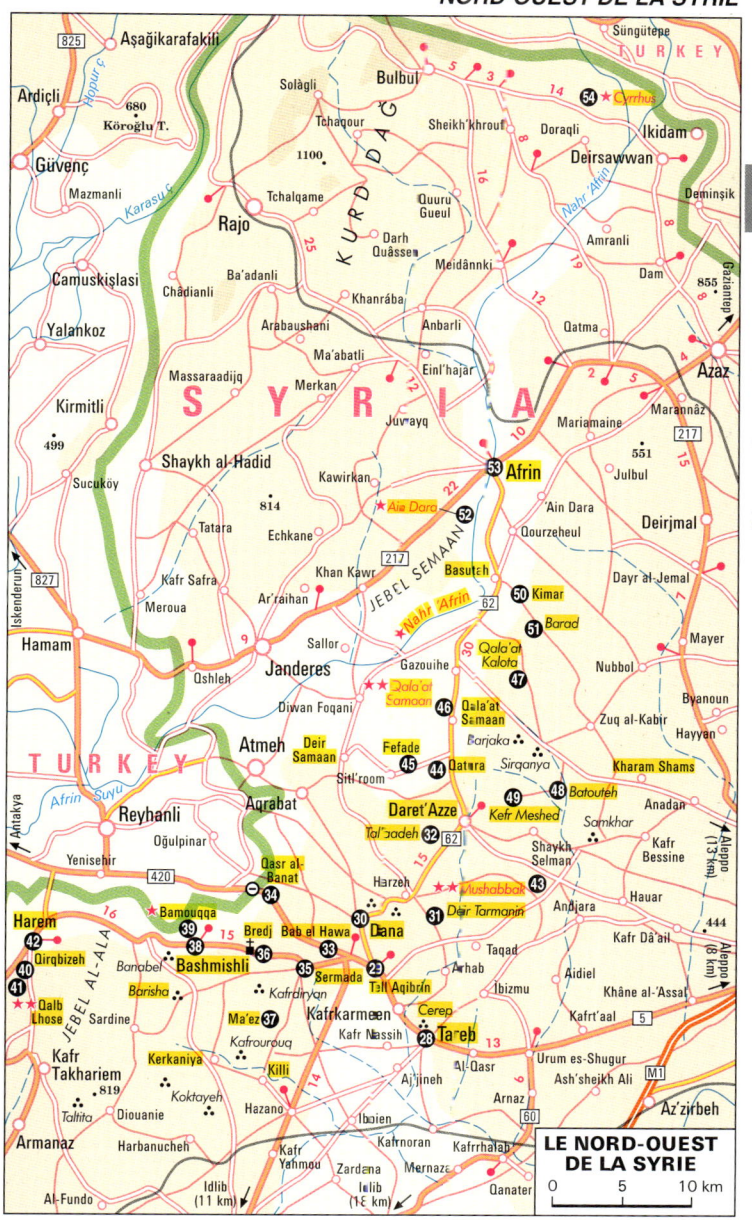

**LE NORD-OUEST
DE LA SYRIE**

0   5   10 km

rehaussée d'une façade de temple (IIe s.) et semble avoir fait partie de la villa.

QIRQBIZEH

Une "route des ruines" bifurque vers le sud, près de Bashmishli. Les sites antiques (IVe-VIe s.) de **Bashuka**, **Déhès**, **Ed Deir**, **Barisha**, **Rabaita** et **Kerkaniya** la jalonnent. À Kerkaniya, la route mène à l'est et à Sermada en passant par **Killi** et à l'ouest, à **Hattan** que l'on peut aussi atteindre directement de Bashmishli. Au sud de Hattan, une route latérale serpente vers l'ouest et se lance à l'assaut du **djebel al Ala**.

Peu avant la crête, des murs et des piliers à droite indiquent le chemin de l'**église** de **Qirqbizeh** ⓿ qui se trouve à gauche du sentier. Dans la pièce principale d'une villa (IIIe s.), on a élevé une voûte (IVe s.) et délimité à l'est, au moyen d'une balustrade en pierre l'espace réservé à l'**autel** (*presbyterium*). On y a ajouté par la suite des reliquaires, qui ressemblent à des sarcophages en miniature, et une estrade avec un siège surélevé et ornementé. Sous les arcades de la **cour** (**citerne**) se trouvent un sarcophage et une tombe à puits.

★★QALB LHOSÉ

À environ 1 km au sud de Qirqbizeh, la route asphaltée aboutit au village druze de ★★**Qalb Lhosé** ⓿ dont les habitants cultivent du tabac pour l'industrie cigarettière locale. Les vestiges de l'une des plus belles églises de pèlerinage de Syrie dominent les petites maisons paysannes. L'imposante ★★**basilique** à trois nefs (450) se caractérise par de larges arcades et des piliers rectangulaires qui supportent le **clair-étage**. Les grandes fenêtres des **tribunes** au-dessus des bas-côtés permettaient de voir à l'intérieur de l'église. Au sommet de l'**arc de l'abside**, richement décoré, une ins-

Ci-contre : la basilique à trois nefs de Qalb Lhosé est un ancien lieu de pèlerinage.

cription en grec ("Le Christ est saint") voisine avec un relief en forme de croix. Sur les pierres de l'arc situé au-dessous, il y avait une représentation de Jésus entre deux anges qui a sans doute été détruite à l'époque de la querelle des iconoclastes (VIIIe s.) tout comme les représentations des archanges saint Michel et saint Gabriel du **portail des hommes** au milieu de la face sud. À gauche se trouve le **portail des femmes** plus sobre et tout à fait à droite, la salle des reliques.

Au premier étage au-dessus de la salle des reliques, une petite **chaire**, décorée à sa base de taureaux sculptés, s'avance dans la nef centrale. Sur la **façade de l'église**, deux imposantes tours flanquent le **narthex** (arcs amples et collatéraux) d'où les candidats au baptême et les pénitents pouvaient assister aux offices. L'église semble avoir servi de modèle aux édifices romans construits ultérieurement en Europe centrale.

À pied, en longeant toujours la crête, on atteint en trois heures environ les ruines de sites antiques situés plus au sud : **Behyo**, **Kefr Kile**, **Ed Deir** et **Beshindleya**. Comme on n'y accède que par des pistes battues, mieux vaut s'y rendre en compagnie d'un guide de la région.

HAREM

Harem ⓿ se trouve sur la route des caravanes, l'axe jadis si important qui reliait Antioche à Alep. Érigé par Al Malik Zahir Ghazi d'Alep au XIIe siècle en guise de rempart contre les croisés, le **château** en demi-cercle est en grande partie détruit. De Harem, une route permet de se rendre à Lattaquié.

★★MUSHABBAK

En venant d'Alep, vous pouvez visiter la **basilique** de ★★**Mushabbak** ⓿ (Ve s.). Encore mieux conservée que celle de Qalb Lhosé, elle compte parmi les plus importantes et les plus belles é-

glises de l'ère byzantine. Cet édifice à trois nefs était jadis un lieu de pèlerinage. À l'exception du toit, en bois, la basilique a résisté au temps. De magnifiques **colonnes**, ornées de ★**chapiteaux** de huit styles différents en tout, en rehaussent l'intérieur.

QATURA ET RÉFADÉ

Continuer jusqu'à **Daret'azzeh** d'où la route, longeant le versant ouest du **djebel el Barakat**, rejoint, en direction du nord, la plaine de **Qatura** ❹❹. La localité du même nom est située sur le versant septentrional d'une montagne au sommet de laquelle les vestiges d'un **temple** de Zeus Madbachos (Ier s.) jouxtent le **tombeau** du cheik Barakat.

En bordure sud de Qatura, deux hautes colonnes surplombent l'entrée de la **chambre funéraire** cruciforme de T. Aemilius Reginus (195).

À l'ouest du village, des **reliefs funéraires** (Ier-IIIe s.), où figurent des noms tels que Augaios, Baaios et Barathes, ornent une paroi rocheuse au pied de laquelle se trouvent des **tombes**.

Le plafond du portique (240) de la première tombe, utilisée aujourd'hui comme étable, est décoré de reliefs en mauvais état représentant deux divinités. La dernière tombe arbore un relief d'aigle au-dessus d'une scène de **repas funéraire** et est fermée par une dalle circulaire. C'est celle de T. Flavius Julianus, un vétéran de l'armée romaine (IIe s.).

Plus au nord, marqué par deux immenses piliers, le **caveau familial** d'Isidore Ptolémée (152) avec 13 sarcophages juste à côté du petit monastère (Ve s.) de **Sitt er Rum** ("Dame des Grecs").

Tout comme Qatura, **Réfadé** ❹❺, la localité voisine au nord-ouest avec de fastueuses **villas** (IIe-VIe s.) en partie à nouveau habitées n'est accessible qu'à pied.

★★QALA'AT SAMAAN (MONASTÈRE DE SAINT-SIMÉON)

En bordure nord de la plaine, en contrehaut de Deir Samaan, se trouvent les ruines de ★★**Qala'at Samaan** ❹❻ ("château de Siméon"), le **monastère de**

Ci-dessus : de Qala'at Samaan, la vue porte jusqu'au Massif calcaire de Syrie du Nord.

Saint-Siméon. Le plus beau et le plus grand lieu de pèlerinage du début de la chrétienté de tout le Proche-Orient est sans doute parmi tous les sites antiques de la Syrie du Nord le plus incontournable. Sans oublier, depuis l'église du monastère, un ★**panorama** à couper le souffle révélant des espaces illimités qui s'étendent jusqu'à Antalya en Turquie.

L'église est dédiée à Siméon le Stylite, né dans une famille de paysans à Sisk, près d'Antioche. À seize ans, inspiré par le Sermon sur la montagne, il entra au monastère de Téléda qu'il quitta dix ans plus tard, en 412, pour celui de Télanissos. Lorsqu'au bout de trois ans, il en fut chassé à cause de son ascétisme extrême, il se retira dans une grotte à proximité du futur monastère. En 417, importuné par la foule de ses admirateurs, il se réfugia sur une colonne. À trois reprises, il suréleva cette colonne et passa finalement 42 ans, jusqu'à sa mort en 459, sur une petite plate-forme à 18 mètres de hauteur, protégé des in-

tempéries uniquement par une bande de cuir autour des reins, un bonnet de cuir et une peau de mouton. N'abandonnant jamais sa colonne, il prêchait deux fois par jour pour la foule rassemblée au pied de la colonne et donnait des conseils. Célèbre de son vivant jusqu'en Europe, on l'enterra d'abord dans un cercueil en plomb au pied de la colonne. La foule de pèlerins devenant de plus en plus nombreuse, le patriarche d'Antioche fit enlever par la force armée de dépouille qui fut inhumée dans sa cathédrale où elle se perdit dans les bouleversements des siècles suivants. Mais le flux des pèlerins se rendant à la colonne ne se tarit pas.

Le saint fit de nombreux émules, cinq rien qu'en Syrie, un près de Cologne et c'est vraisemblablement son disciple Daniel, le stylite de Byzance, qui incita les empereurs Léon et Zénon (474-490) à construire l'immense complexe du **martyrion** qui, même en ruines, n'a rien perdu de sa grandeur. Autour de la **colonne** **1**, dont il ne reste plus que la base, on érigea sur la crête de la colline et une terrasse artificielle quatre basiliques qui, disposées en forme de croix, donnent toutes sur l'**octogone** central. C'est dans la **basilique sud** **2** que se trouve l'entrée principale du monastère, un ★**arc de triomphe** à trois arches. À l'intérieur, on remarquera les nombreux **ornements en relief**, les pierres de taille imbriquées et les ★**chapiteaux** corinthiens dont les feuilles d'acanthe semblent se mouvoir au gré du vent. La question de savoir si l'octogone était recouvert d'une coupole en pierre ou d'un toit en bois n'a toujours pas été tranchée par les archéologues, le fait est que plus rien ne protégea la colonne du saint des intempéries à la suite du tremblement de terre de 590.

Dans la **cour** **3**, à côté de la basilique sud entourée par les **bâtiments monastiques** **4** disposés en L, se dressait une **seconde colonne** au pied de laquelle priaient les femmes qui n'avaient pas accès au sanctuaire principal.

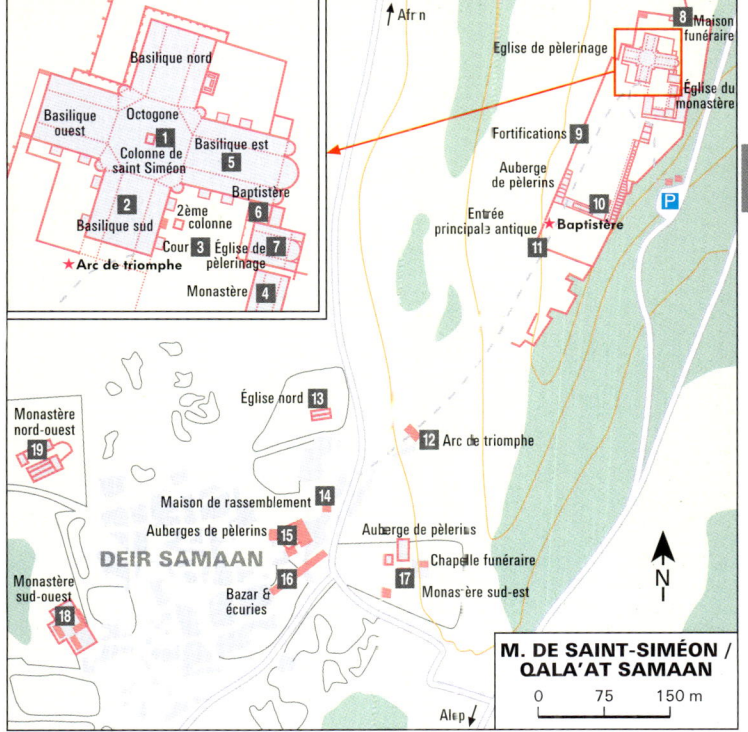

Une cour jouxte la **basilique est** 5 dans laquelle se trouve un **baptistère** 6 avec une petite **église** 7. Une minuscule salle annexe de la basilique nord abrite quelques **sarcophages**. D'autres inhumations avaient lieu dans le petit **édifice funéraire** 8 accolé au mur nord.

Les musulmans ne purent s'emparer du **complexe fortifié** 9 du VIIe siècle qu'en 986. Par la suite, les croisés utilisèrent la forteresse de *Semaan* pour combattre les souverains musulmans d'Alep.

Au sud du *martyrion* fut édifié un second ★**baptistère** 10 surmonté d'une coupole centrale. Pour faire face aux innombrables demandes, la **cuve baptismale** fut construite dans une niche latérale dotée de deux accès : on pouvait

en quelque sorte se faire baptiser "en passant". Longer le mur extérieur du complexe jusqu'au **café** d'où la ★**vue** est splendide. Emprunter l'**entrée principale** 11 antique pour retrouver l'ancien **chemin de pèlerinage**, la *via sacra*, qui mène à un **arc de triomphe** 12 et plus loin, à Deir Samaan.

Dans le pittoresque village de **Deir Samaan**, la *Télanissos* antique, seules les ruines de l'**église nord** 13, de la **maison de rassemblement** 14, de deux **auberges de pèlerins** 15, du **bazar** 16 et celles des **monastères sud-est** 17, **sud-ouest** 18 et **nord-ouest** 19 qui possédaient des logis réservés aux moines et aux pèlerins rappellent l'affluence de pèlerins venus de toute la chrétienté (Ve-VIe s.).

QALA'AT KALOTA, BATOUTEH ET KEFR MESHED

En direction de l'est, une route asphaltée mène à **Kharab Shems**. Le parcours est jalonné d'une douzaine de sites antiques où l'on peut se rendre aisément en parcourant quelques kilomètres à pied. Le plus intéressant du point de vue archéologique est **Qala'at Kalota** **47**, un **temple** qui fut successivement transformé en église (Ve s.) puis en forteresse (XIIe s.), **Batouteh** **48** et **Kefr Meshed** **49** étant quant à eux des endroits idylliques.

LA *VALLÉE DE L'AFRIN

KIMAR ET BARAD

En se dirigeant de **Qala'at Samaan** ou plutôt de **Deir Semaan** vers le nord,

Ci-dessus : la façade du monastère de Saint-Siméon symbolise le triomphe de la foi. Ci-contre : les reliefs en basalte ornés de lions d'Aïn Dara – chef-d'œuvre des tailleurs de pierre du VIIIe siècle avant J.-C.

on entre au paradis qu'est la *★vallée de l'Afrin. Arbres fruitiers et oliviers ont poussé entre les champs et des rangs de peupliers bordent la route d'où près de **Basuta**, une piste gravit, en direction de l'est, la montagne délaissant **Kimar** **50** et ses ruines (IVe-VIe s.) pour aboutir à **Bara** **51**, le plus grand site antique (IIe-VIe s.) de cette région qui ne passionnera que les férus d'archéologie.

AÏN DARA

Un peu après **Basuta**, on aperçoit à gauche dans la plaine le *tell* d'*★Aïn Dara **52**. La piste d'accès traverse l'antique site de la ville jusqu'à la maison des fouilles. Le sommet du tell, l'ancienne **acropole**, fut protégé à partir du Xe siècle avant J.-C. par une enceinte en pierre où des fouilles archéologiques ont mis au jour des **fondations** de maisons de diverses époques (VIIIe-XIe s.).

Les fouilles ont commencé à la suite de la découverte en 1954 par un berger dans une renardière d'imposants **reliefs** de lions en basalte sur le côté ouest du complexe. Les lions flanquaient à l'ori-

gine la porte d'un palais ou d'un temple (VIIIe s. av. J.-C.). Des paysans ont occupé l'acropole 600 ans durant (à partir du VIIe s. av. J.-C.), le palais sur le côté nord ayant été détruit antérieurement. Des tresses syriennes et des empreintes de pieds sculptées ornent les marches et indiquent le chemin de l'**antichambre** et de la **cella** (cœur du sanctuaire). Des sculptures en basalte avec motifs de treillis imitent des revêtements muraux. Les murs en torchis ont disparu depuis longtemps. Un **relief de la déesse Ishtar**, aujourd'hui au musée d'Alep, laisse à penser que la déesse de l'amour et de la guerre y aurait été vénérée.

*CYRRHUS

Au nord-est de la localité d'**Afrin** 53, la route mène au fleuve éponyme désormais endigué – le plus récent projet de lac de barrage syrien. Alors qu'avant, de petits chemins sillonnaient de splendides paysages, aujourd'hui inondés, on est maintenant obligé de faire un grand détour pour rejoindre un site qui mérite d'être vu : *Cyrrhus 54, au-

quel des Juifs auraient donné ce nom à leur retour de captivité pour remercier le roi des Perses, Cyrus II de les avoir libérés (539 av. J.-C.).

Peu avant le **mur d'enceinte** qui, comme le **château**, fut construit sous l'empereur Justinien (527-550), on peut voir dans un **cimetière** musulman la **tombe** hexagonale au toit pyramidal (IIIe s.) où fut enterré, au XVe siècle, le saint local cheikh Abu Nuri, qui est encore vénéré aujourd'hui. Une **route à colonnade** coupe le site triangulaire de la ville sise sur les berges du Sabun (*pont romain bien conservé) et traverse au nord une zone sacrée avec une **basilique à colonnes** (Ve s.). Les martyrs chrétiens, les frères jumeaux Côme et Damien, y ont sans doute été enterrés après avoir été décapités en 303 puisqu'ils résistaient au feu et à l'eau. Pendant les croisades (XIIe s.), leurs ossements ont sans doute été transférés en Europe et en 1649, de Brême à Munich.

Sur le versant en contrebas de la citadelle se trouve le grand *théâtre (IIe s.) avec les **latrines** publiques.

ALEP (☎ 021)

En face de l'entrée principale du **Musée national**.

Vous trouverez les meilleurs restaurants d'Alep dans le quartier arménien de Djeidé. On s'y délecte dans d'anciens palais de plats syrio-arméniens surtout, dont la principale caractéristique est d'être fort épicés. Parmi les meilleurs (ils servent des boissons alcoolisées et pratiquent des prix plutôt élevés), citons : **Bait Wakil**, Sissi Street, tél. 2117083, www.beitwakil.com. Hors-d'œuvre et atmosphère incomparables ! Il faut absolument goûter la salade au halloumi parfumée au thym citronné...

Cantara, Haret al-Kilisa, près du Dar al-Yasmin, tél. 2253355. Très belle demeure, excellente cuisine italienne, les pâtes y sont un régal.

Beit Martini, Djeidé, tél. 3636100, www.darzamaria.com. Restaurant stylé de l'hôtel de luxe qu'est le Dar Zamaria où il ne faut pas être client de l'hôtel pour déguster dans une ambiance agréable des plats goûteux.

La cuisine de l'hôtel **Diwan Rasmy** est délicieuse aussi et là encore, pas seulement réservée aux clients de l'hôtel.

Plus simple, mais pas mal du tout même si les environs ne sont pas aussi chic, le restaurant (pub) **Mashrabiya** se trouve lui aussi dans le quartier de Djeidé (tél. 2240249) : on y mange bien, peut y boire de l'alcool et les cocktails ne sont pas à des prix exorbitants.

Distinction et prix à l'avenant dans la ville moderne, notamment dans les restaurants qui entourent la place Azizije. Découvrez la cuisine arménienne au **Cordoba**.

Complètement différent, mais on y mange fort bien : **Al-Andalib**, restaurant très modeste de la Baron Street, près de l'hôtel Baron, tél. 2124030. Sur la terrasse du toit, on vous sert le kébab avec du pain juste sorti du four. La bière n'étant pas très chère, l'ambiance s'en ressent parfois, mais on y trouverait la meilleure viande de toute la ville. Autres restaurants simples dans la partie nord de la Baron Street et aux abords de la tour-horloge.

Si vous prévoyez une excursion aux Villes Mortes, pensez au pique-nique et allez faire vos courses au marché. Il y a certes des restaurants (simples) dans les petites villes que vous traverserez, mais aucun ne mérite d'être retenu à l'exception de ceux de la vallée de l'Afrin, entre Qala'at Samaan et Aïn Dara au nord.

Bait Ajiqbash et le **musée des Arts et Traditions populaires** : t.l.j. sauf mar. de 8h-14h. **Hammam al Yalbugha al Nasri** (**Hammam al Labadiyé**) : lun., jeu. et sam. de 9h-18h pour les femmes ; le reste du temps pour les hommes.

DISTRACTIONS : les nombreux cinémas, notamment dans le quartier de la rue Baron, ne passent que des films à l'eau de rose indiens ou des films de karaté chinois. Pour vivre un moment privilégié, optez pour le bain turc.

La meilleure chose à faire le soir est encore de se rendre dans un bar sympa – celui du restaurant **Martini** (cf. plus haut), du **Bait Wakil** (idem) ou du restaurant **Kan Zaman** par exemple, tous trois situés dans le quartier de Djeidé, pour y déguster un cocktail sur fond de musique arabe ou de jazz.

En matière d'ambiance, impossible de rivaliser avec le mythique **bar de l'hôtel Baron** dans la Baron Street, dans lequel Roosevelt, Agatha Christie et Lawrence d'Arabie passèrent des heures à siroter des cocktails... Tout est d'origine – pas toujours confortable, mais c'est justement ce qui en fait le charme.

Peu banales et néanmoins typiques, les créations des orfèvres du quartier chrétien. À Alep, vous pourrez en outre acheter des tapis ; hormis les tapis persans, on trouve surtout des kélims turcs et depuis ces dernières années de beaux tapis en provenance du sud de la Russie. Que ce soit dans les magasins situés aux abords de l'hôtel Baron ou dans le souk, la qualité est à peu près la même.

CHANGE : pour changer du liquide, rendez-vous au premier étage de la Commercial Bank of Syria, dans la rue Baron au nord de la rue Quwatly. Pour le reste, vous trouverez des distributeurs automatiques ATM dans tout le centre-ville d'Alep.

La **poste principale** se trouve dans la Shukry al Quwatly, en face du parc de la ville.

IMMIGRATION OFFICE : les prolongations de visas se font au nord de la citadelle, à l'angle de la rue Kawakibi et ce, au deuxième étage. Pensez à vous munir de cinq photos d'identité.

BUS : la gare routière centrale se trouve un peu à l'écart du centre-ville, dans l'Ibrahim Hanano Street. Destinations les plus diverses, y compris la Turquie. Dans les bus qui circulent dans le centre, tout est écrit en arabe. Les tarifs pratiqués par les taxis étant très bon marché, inutile de chercher à comprendre comment fonctionne le réseau de bus de la ville.

TRAIN : la gare est située au nord du parc de la ville. Trains pour Deir az Zur, Damas, Lattaquié et Qamishliyé.

TAXI : on trouve des taxis partout. Ils sont généralement équipés d'un compteur, supplément pour les courses des taxis.

AVION : vols internationaux à destination de la Turquie, de l'Europe et du Proche-Orient ; vols domestiques pour Qamishliyé et Damas.

KRAK DES CHEVALIERS (☎ 031)

Le meilleur restaurant et le plus proche du château n'est autre que le modeste **El Kelaa**, juste derrière le château sur lequel on a une vue splendide. Tél. 7340493. Restaurant remarquable dont les propriétaires sont très sympathiques. Au printemps 2001, Sean Connery lui-même y a mangé des *chicken and chips* et était, à en croire le livre d'or, on ne peut plus satisfait de son repas. Assurément les meilleurs hors-d'œuvre de Syrie, service excellent et prix très bas (10 hors-d'œuvre et un plat : env. 5 € par personne). Bien aussi : **La Table Ronde** (tél. 740280), *mansaf* excellent (commander à l'avance).

HOMS (☎ 031)

Très bonne adresse : **Dik al-Djinn**, sur la rive de l'Oronte et la route de Masyaf. Mais on trouve aussi de modestes restaurants à Homs même, surtout au sud de la Shukry al Quwatly Street.

BUS : l'arrêt des bus "Grandes Lignes" et des petits bus se trouve à 500 m au nord de la mosquée Ibn al Walid, dans la rue qui permet de sortir d'Homs en direction d'Alep. Bus plusieurs fois par jour pour Damas ou Alep, deux bus le matin en direction du Krak des Chevaliers. Sans oublier les liaisons pour Palmyre, Tartous, Hama et Qana (petit bus).

TRAIN : trains quatre fois par jour pour Damas et Alep.

HAMA (☎ 033)

Les meilleurs restaurants de la ville sont le **Family Club** et le **Dream House**, situés tous deux en bordure de l'Oronte, au nord-ouest de la citadelle. Ils servent tous deux des plats internationaux et des spécialités syriennes (hamburgers, pizzas, mais aussi kébabs et mezzés) à des prix très bas et sont très fréquentés par les jeunes. On y sert de l'alcool et il y a souvent de la musique live le soir.

Or dîne très bien (poisson d'eau douce frais !) sur la véranda vitrée du **Sultan**, derrière la mosquée Nur. Le café est bon et les pâtisseries excellentes à l'**Afamia**. Il faut absolument goûter le *Halawat al Jibn*, un dessert à base de fromage.

BUS : les bus partent du sud de la rive gauche de l'Oronte, là où l'avenue Sadik franchit le fleuve. Liaisons pour Damas et Alep, on peut se rendre en petit bus à Apamée, Masyaf et Qasr ibn Wardan.

TRAIN : la gare se trouve en dehors de la ville, très loin du centre.

MA'ARET AN NU'MAN (☎ 023)

Vous trouverez restaurants simples et autres pâtisseries aux abords de la Shukry al Quwatly Street. Mention spéciale parmi eux au petit restaurant **Express** qui jouxte l'hôtel Noria, tél. 518761, et ne vous sert pas du poulet cuisiné à l'avance. De charmantes maisons de thé se succèdent sur les rives de l'Oronte.

BUS : les bus s'arrêtent à la demande dans la rue qui traverse Ma'aret an Nu'man. En empruntant le petit bus, vous pourrez en outre rejoindre Al Bara et Idlib.

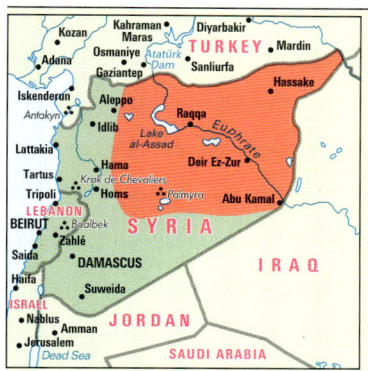

PALMYRE ET L'EST DE LA SYRIE

QASR AL HAYR ASH SHARQI
PALMYRE
DOURA EUROPOS
MARI (TELL HARIRI)
JEZIRAH / BALIKH
ZENOBIA (HALABIYEH)
RAQQA / LAC ASSAD
SERGIOPOLIS (RESAFA)

4

Palmyre et l'est de la Syrie

L'EST DE LA SYRIE

La route d'Alep vers l'est traverse une plaine sans arbres, avec d'immenses champs de céréales où, après la moisson, les Bédouins font paître leurs moutons. Des canaux d'irrigation, des conduites d'eau, des habitations qui ressemblent à des ruches, des tells (collines) isolés et des marchés de Bédouins hauts en couleur interrompent le paysage monotone puis, au sud du gigantesque barrage d'Assad, c'est un monde tout à fait différent qui surgit : la ***vallée de l'Euphrate** où l'on cultive essentiellement du coton. Les turbines de la **centrale** commencée en 1968 alimentent toute la Syrie en électricité et l'eau accumulée remplit d'innombrables installations d'irrigation, mais uniquement en hiver quand il a suffisamment plu et à condition que les Turcs ne ferment pas la vanne de leur nouveau barrage sur le cours supérieur de l'Euphrate.

Les bonnes expériences faites dans la vallée de l'Euphrate, malgré des problèmes liés au sel, ont suscité de nouveaux **projets de barrages**, notamment sur les affluents septentrionaux, le **Balikh** et le **Chabur**. Une nouvelle route le long de la frontière turque donne accès à toute la **Jezirah** ("île"), une très ancienne région de peuplement entre l'Euphrate et le **Tigre** que l'irrigation artificielle doit permettre d'exploiter de façon intensive et de repeupler.

QALA'AT NAJM, TELL AKHMAR, TELL ABYAD, TELL CHUERA ET TELL HALAF

Quitter **Manbej** par la route du nord (M4) pour visiter la pittoresque citadelle de **Qala'at Najm** ❶ (XIIe-XIIIe s.) sur la rive occidentale de l'Euphrate ainsi que l'enclave turque où des soldats montent la garde devant le **tombeau** du sultan ottoman Sélim Ier.

Sur la rive orientale de l'Euphrate, on arrive via Sirrin Shamali au **Tell Akhmar** ❷ avec ses soubassements de palais néoassyriens (Xe-VIIe s. av. J.-C.). Plus à l'est, près de la frontière turque, se trouvent **Tell Abyad** ❸ et les **temples** de **Tell Chuera** ❹ (IIIe mill. av. J.-C.).

Les impressionnants ***reliefs et sculptures en basalte** de son **palais** des Xe/IXe siècles ont fait la renommée de **Tell Halaf** ❺. Le baron Max von Oppenheim dirigea des fouilles de 1911 à 1913 dans l'antique cité de *Guzana* et transféra la majeure partie des sculptures mises au jour au musée Tell Halaf de Berlin. Ce dernier fut presque entièrement détruit pendant la Deuxième

Pages précédentes : le soir tombe sur Palmyre. Ci-contre : un peu de couleur dans le désert – jeune Bédouine.

Guerre mondiale ce qui a accru d'autant la valeur des sculptures du Musée national d'Alep (cf. p. 100).

Pour visiter ces ruines, il faut absolument être accompagné d'un guide local car sur les pistes du désert, on perd rapidement le sens de l'orientation. En outre, la région n'est pas encore dotée d'infrastructures touristiques et si **auberges** (*funduqs*) il y a, elles sont on ne peut plus modestes.

QASR AL HAYR AL GHARBI

En prenant à Homs la M 3, directe mais inintéressante, on arrive certes rapidement à Palmyre, mais si l'on emprunte la variante sud de la route qui relie Homs à Palmyre, on peut au bout de 90 km environ bifurquer vers le nord et suivre une courte piste qui mène au château omeyyade du désert **Qasr al Hayr al Gharbi** ❻ ("château de la réserve de gibier occidentale"). Lorsqu'il pleut, la piste n'est toutefois pas praticable, la terre glaise se transformant alors en patinoire.

Du **château** du calife Hicham, achevé en 730 après J.-C., il ne reste plus que les soubassements. On s'y adonnait autrefois à la chasse, le sport favori des princes et aux plaisirs de la table. Aujourd'hui, les fennecs s'ébattent au milieu des murs en ruine. Une grande **tour** en pierre, vestige d'un monastère antérieur (V^e-VIe s.), se dresse encore dans un angle du carré du palais. Les fresques représentant des divinités et des scènes de chasse, les ornements en stuc et les sculptures sont visibles au Musée national de Damas (cf. p. 32). En définitive, ce site ne présente d'intérêt que si l'on n'a pas d'autre occasion de voir un château du désert syrien.

KHNEIFIS, SABKHAT AL MUH ET KHAN AL HALLABAT

En continuant d'**Al Basiri** vers le sud-est et Palmyre, on longe les montagnes de grès et la voie de chemin de fer

menant vers le nord-est et l'on passe non loin des **mines** de **Khneifis** ❼ où l'on extrait le phosphate que le train achemine ensuite vers Palmyre.

Peu avant l'oasis de palmiers, on a l'impression au printemps d'être victime d'un mirage en voyant miroiter, à droite de la route, la surface du grand lac extrêmement plat de **Sabkhat al Muh** ❽. En été, le lac est complètement à sec.

À gauche, la silhouette du **khan ottoman d'al Hallabat** ❾ se profile à l'horizon.

PALMYRE

Palmyre ❿ (patrimoine de l'Unesco) est absolument incontournable ! Cette oasis, située au milieu du désert syrien, est sans exagération l'un des sites de ruines les plus intéressants sans pour autant être envahie de touristes. Voir le matin les premiers rayons du soleil baigner les ruines d'une lumière dorée est un spectacle inoubliable. Palmyre est pratiquement à mi-chemin entre l'Euphrate et la Méditerranée.

Histoire de Palmyre

Le nom arabe de Palmyre, **Tadmor**, viendrait du mot *tamr* (datte). Dans des grottes près de l'oasis, on a retrouvé des traces d'existence humaine vieilles de 75 000 ans. Différents tells des environs étaient déjà peuplés au néolithique (V^e millénaire av. J.-C). Des sources en écriture cunéiforme évoquent sporadiquement Tadmor à partir du XIXe siècle av. J.-C. À l'époque déjà, l'oasis était une étape importante pour les caravanes de mulets et de chameaux entre la Mésopotamie et la Méditerranée et elle devint une ville à l'époque hellénistique (IIIe s.-50 av. J.-C.).

Après l'extension (Ier s. av. J.-C.) en Orient de l'Empire romain, Palmyre devint une étape commerciale de plus en plus importante sur la route de la Soie où transitaient entre l'Orient, l'A-

sie centrale et Rome d'importants biens de consommation (morceaux d'étoffe chinoise mis au jour dans des tumulus). Lorsque le futur empereur Titus (79-81) fit intervenir, lors de la première révolte juive, des archers de Palmyre devant les murs de Jérusalem (70 ap. J.-C.) et que l'empereur Trajan (98-117) incorpora dans son armée des méharistes (le *méhari* désigne aujourd'hui un dromadaire dressé pour la course), Tadmor faisait déjà partie de l'Empire romain. À l'occasion de sa visite (129 env.), l'empereur Hadrien lui donna le nom d'*Hadriana Palmyra*, la "ville des palmiers". Elle devint une ville libre ce qui l'autorisait à fixer elle-même ses dépenses.

La paix conclue entre les Romains et les Parthes de Perse en l'an 123 amena

une période de prospérité pour Palmyre, l'importune concurrence de Petra, la métropole florissante des Nabatéens de la Jordanie actuelle, ayant pratiquement été éliminée par son intégration dans l'Empire romain.

En 212, l'empereur Caracalla éleva la ville au rang de *colonia* exempte d'impôts qu'un certain prince Hairan gouverna en 250. La voie était ainsi toute tracée qui allait faire de Palmyre une puissante métropole. Entre-temps, les Sassanides qui avaient hérité des Parthes le titre d'ennemis de Rome à l'est (224) allaient bouleverser les structures du pouvoir et de l'économie. Leur souverain Shapur Ier infligea en 260 une défaite cuisante à l'empereur Valérien et occupa l'accès de la ville marchande aux routes empruntées par les caravanes se rendant en Orient. Mais le prince O-dénat (Odaenathus) de Palmyre, fils d'Hairan, prit le parti de Rome, les Sassanides ayant méprisé l'offre d'alliance qu'il leur avait faite. Nommé, après de premiers succès, commandant en chef de toutes les troupes romaines (*dux Romanorum*) en Syrie, Odénat pénétra même en Mésopotamie en 262.

Mais en allant guerroyer contre les Goths, Odénat qui s'était donné le titre de *Roi des rois* fut assassiné avec son fils aîné, Hérodien (à Émèse ?). C'est son épouse, la légendaire Zénobie, qui exerça la régence pour son jeune fils mineur Wahballat. Cette princesse séduisante et lettrée manifesta soudain une énorme ambition et saisit le moment opportun. Des changements constants d'empereurs à Rome et les attaques des Goths avaient affaibli l'Empire romain. Zénobie, qui prétendait descendre de Cléopâtre VII, fomenta une révolte en Égypte qu'elle occupa (270) tout comme une grande partie de l'Anatolie. Dans un accès de mégalomanie, Zénobie se proclama *Augusta* et proclama son fils déjà chargé de titres *Augustus* (empereur romain). Mais au faîte de sa gloire, sa fin s'annonçait déjà.

Après sa victoire sur les Germains, le nouvel empereur Aurélien (270-275) débarque en Syrie et bat les Palmyréniens devant Antioche en 272. La même année, Palmyre capitule devant Aurélien, Zénobie prend la fuite mais est rattrapée par une patrouille romaine. Différentes versions circulent à propos de sa mort. Selon certaines sources, après avoir faite prisonnière, Zénobie serait morte pendant sont transfert à Rome. D'autres sources prétendent toutefois qu'elle ne serait morte que bien des années plus tard, après être devenue l'épouse d'un consul romain.

Lorsque les Palmyréniens, conduits par des parents de Zénobie, massacrent les légionnaires romains stationnés dans la ville, Aurélien revient et fait dévaster et piller Palmyre (273). C'est le

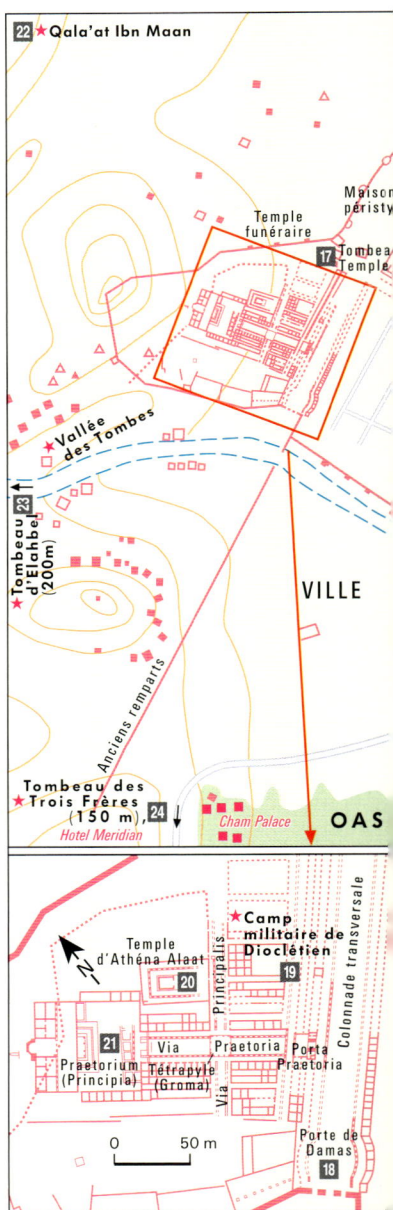

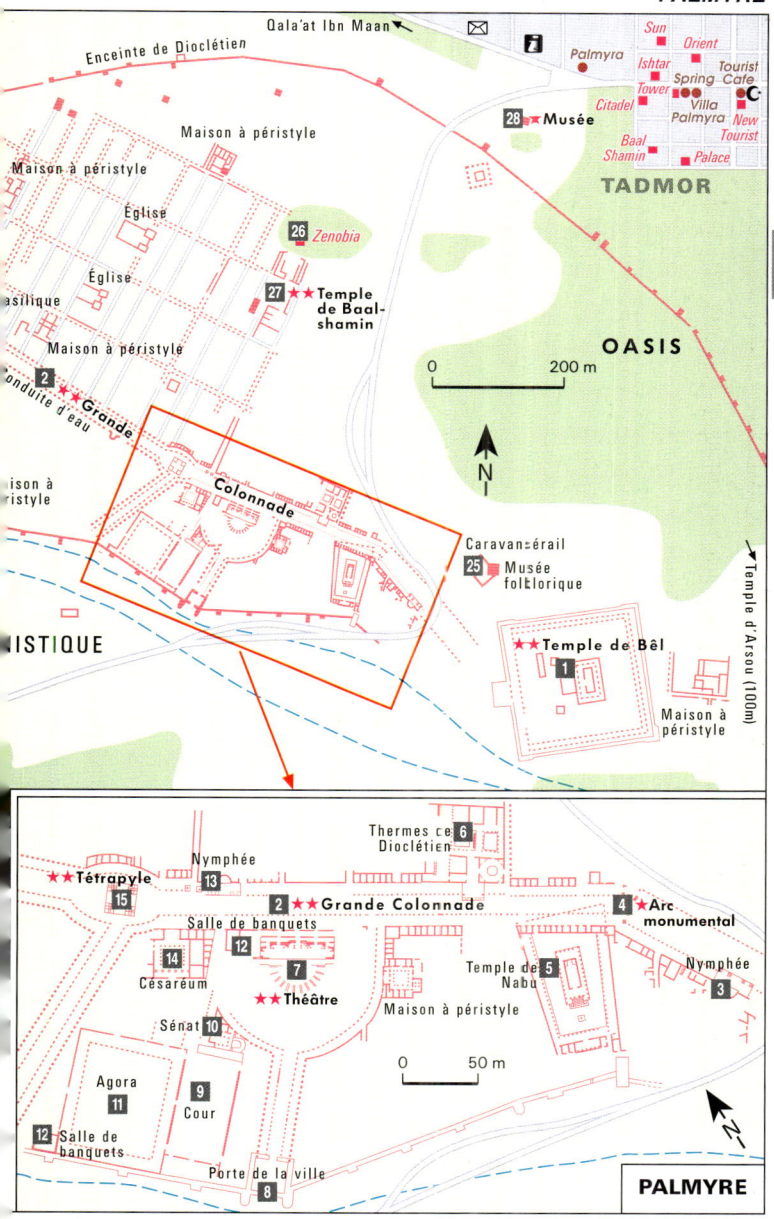

Qala'at Ibn Maan

Enceinte de Dioclétien

Sun
Orient
Palmyra
Ishtar
Tourist
Spring
Café
Ishtar
Tower
Villa
Citadel
Palmyra
New
Tourist
Baal
Shamin
Palace

28 ★ Musée

TADMOR

Maison à péristyle

Maison à péristyle

Église

26 *Zenobia*

Église

OASIS

asilique

27 ★★ Temple de Baal-shamin

Maison à péristyle

0   200 m

onduite d'eau

2 ★★ Grande

ison à ristyle

N

Colonnade

Caravansérail

25 Musée folklorique

ISTIQUE

★★ Temple de Bêl

1

Maison à péristyle

Temple d'Arsou (100m)

Thermes de Dioclétien **6**

Nymphée

★★ Tétrapyle **13**

15

2 ★★ Grande Colonnade

4 ★ Arc monumental

Salle de banquets

12

Nymphée

14

7

Temple de Nabû **5**

3

Césaréum

★★ Théâtre

Maison à péristyle

Sénat **10**

Agora **11**

9

Cour

0   50 m

12 Salle de banquets

Porte de la ville

8

N

PALMYRE

commencement de la fin car à la paix de Nisibis (298), Palmyre est coupée de ses partenaires commerciaux orientaux. Au cours des années qui suivirent, l'importance de la "ville des palmiers" se résuma en tout et pour tout à servir de ville de garnison aux troupes romaines (303).

Les deux siècles suivants virent encore diminuer ses activités commerciales et ce, en raison des combats dans les pays voisins à l'est. De nombreux habitants se convertissent au christianisme mais il y a encore de nombreux Juifs.

Les murs d'enceinte fortifiés sous l'empereur byzantin Justinien Ier (527-565) n'empêchèrent pas les musulmans de s'emparer de Palmyre en 634 pratiquement sans coup férir. La ville gardera son importance stratégique jusqu'au XVIe siècle, mais elle va disparaître ensuite pendant 400 ans du cours de l'histoire.

Ci-dessus : monumental, le temple de Bêl à Palmyre. Ci-contre : les chameaux n'en font parfois qu'à leur tête.

Visite de Palmyre

Les imposants murs qui entourent l'espace sacré (*temenos*) du ★★**temple de Bêl** 1 constituent un point de départ idéal. Le dieu palmyrénien réunit à lui seul les caractéristiques du dieu cananéen Baal, du dieu babylonien Marduk, souvent appelé simplement *Bêl* (seigneur), et de Zeus, le maître des dieux grecs. Les habitants d'origines diverses que comptait la ville vénéraient Bêl sous les formes et les noms les plus divers. Un sanctuaire plus ancien situé au même endroit fut remplacé au Ier siècle par un nouveau temple et un **mur extérieur** de 11 m de haut avec **tours d'angle**. En 1133, les musulmans obstruèrent le **vestibule** (propylées, IIe s.) lorsqu'ils transformèrent l'espace sacré en forteresse. Les trois portes en bronze doré ont disparu, mais on a aujourd'hui encore le souffle coupé en laissant planer ses regards derrière le mur, entre les immenses colonnes.

Dans la **cour du temple**, les soubassements d'un **autel** massif, d'une **salle de banquets** et d'un **bassin** sont encore

identifiables. Les bêtes destinées à être sacrifiées étaient amenées par un passage souterrain. Aux personnes qu'ils devaient particulièrement honorer, les prêtres remettaient des tessères en argile en guise de cartons d'invitation aux banquets sacrés. C'est en général dans le bassin que l'on procédait aux ablutions rituelles.

Aujourd'hui, chaque année au printemps se déroule dans l'espace sacré le ★**festival du Désert** – les courses de chevaux ou de chameaux font battre le cœur des Bédouins ; le soir, des spectacles fokloriques et des concerts ont lieu dans le théâtre antique (cf. p. 131).

Le temple de Bêl entouré d'un gigantesque ★★**péristyle** de style gréco-romain et consacré en 32 après J.-C. a, selon la coutume orientale, son entrée principale sur l'un des grands côtés de l'édifice afin que les fidèles en quittant le temple ne tournent pas irrespectueusement le dos aux **niches de culte** ménagées sur les petits côtés.

La niche de droite abritait les statues de Bêl, du dieu du soleil Yarhibol et du dieu de la lune Aglibol, celle de gauche des images de culte plus petites qui étaient portées lors des processions. Les deux niches arborent des ★**plafonds monolithiques** en pierre très décorés mais noircis par le feu qu'y ont fait par la suite des habitants du site. Au centre du plafond de droite, on peut voir Bêl (Zeus, Jupiter) entouré de sept divinités (planètes) et ce signes du zodiaque, ce qui témoigne du caractère cosmique du dieu principal tout comme le relief d'un aigle dans un champ étoilé sur le **linteau de la porte**.

Des **peintures** sur les murs de la cella prouvent que le temple a été utilisé comme église chrétienne du IVe au VIe siècle avant de devenir mosquée au XIIe siècle. Les affreux trous dans les murs sont le fait de conquérants ultérieurs de Palmyre : le métal des fixations des pierres a été arraché pour être fondu et réutilisé. Les poutres en pierre du plafond du péristyle, à droite à côté de la porte, sont décorés de fins ★**reliefs**, peints à l'origine :

1. Le dieu de la lune, Aglibol, porte sur ses épaules un symbole de la lune ; son frère, Malakbel, le dieu de la fécon-

dité est flanqué de deux autels chargés de grenades, de fruits de l'arbre de vie et d'un chevreau. Deux adorateurs armés de lances et portant le costume de Parthe complètent le tableau.

2. Un cavalier attaque un être humain aux jambes de serpent qui doit représenter soit Tiamât, la déesse sumérienne, soit Nirach, la divinité mésopotamienne. Derrière, des dieux ou des hommes en armure romaine. La figure nue au bout est sans doute Héraclès assimilé à Nergal, le dieu mésopotamien des enfers.

3. Des femmes voilées suivent un chameau qui porte un bétyle (*baitylos*), une pierre sacrée. La procession est conduite par un chamelier et un animal destiné au sacrifice au-dessus duquel sont représentés des curieux.

Dans la partie sud de la **★★Grande Colonnade** **2** (IIIe s.), on longe à gauche les vestiges d'un **nymphée** **3** (fontaine). Zénobie a sans doute fait venir

Ci-dessus et ci-contre : le théâtre et le té-trapyle de Palmyre – deux chefs-d'œuvre de l'architecture romaine.

d'Égypte à Palmyre le granit rose destiné aux colonnes (vers 270) qui furent réutilisées par la suite lors de la construction des thermes de Dioclétien (cf. ci-après).

De remarquables reliefs représentant des motifs géométriques ou végétaux (branches de chêne, par exemple) ornent l'**★arc monumental** **4**, achevé vers 200, dont le plan triangulaire masque l'un des coudes de la rue principale.

Le **temple de Nabu** **5** lui succède à l'ouest. Le dieu mésopotamien de la sagesse et de l'écriture était également, à Palmyre, le gardien du destin. L'espace sacré est en mauvais état et renferme en plus du temple, consacré en 146, un **autel** carré dont le baldaquin repose sur douze colonnes.

Quatre **colonnes de granit** de hauteur différente que le gouverneur romain Sossianus Hiéroclès fit dresser aux environ de l'an 300, font partie de l'entrée des **thermes de Dioclétien** **6**. La différence de hauteur des colonnes réutilisées a été compensée par des socles. Derrière, des pans de murs permettent de se rendre compte que les

thermes possédaient un péristyle et un chauffage par le sol (hypocaustes).

Si l'on continue vers l'ouest, on découvre que le mur du fond du **bâtiment de scène** (*skênê, scenae frons*) du ★★**théâtre** 7 (130 environ) donne sur la rue à colonnade. Au niveau des colonnes, derrière les tribunes, une console supportait une statue du prince Hairan (258). De là, une petite colonnade mène à une **porte de la ville** 8. Elle est délimitée au nord par un mur de cour qui a été détruit par un tremblement de terre. Dans cette **cour** 9, annexe de l'agora, on a mis au jour la **stèle** sur laquelle figurent les taxes de Palmyre et qui est désormais exposée au musée de l'Ermitage à Saint-Pétersbourg.

Le **sénat** 10 siégeait dans le petit édifice qui se trouve devant.

Des portes ménagées dans le mur de cour ouest mènent à l'**agora** 11 (IIe s.) qui servait de lieu de rassemblement et de place du marché. Sur les consoles des colonnes qui en font le tour, des statues de sénateurs palmyréniens, de caravaniers, de fonctionnaires ou de généraux côtoyaient celles des membres de la famille de l'empereur Septime Sévère (193-211). Une petite pièce annexe servait de **salle de banquets** 12. Avant l'assaut d'Aurélien, Zénobie fit murer les ouvertures du mur d'enceinte avec des pierres de taille provenant de bâtiments démolis en toute hâte.

Presque en face d'un second **nymphée** 13, les inscriptions sur les colonnes de la façade du **Césaréum** 14 font l'éloge du prince Odénat et de la reine Zénobie. Ce temple (IIIe s.) où l'on révérait les empereurs romains à grand renfort de statues et de bustes fut utilisé comme mosquée à partir du XIIe siècle.

Du ★★**tétrapyle** 15 aujourd'hui restauré, l'emblème jadis orné de statues de Palmyre (IIIe s.), seule une colonne et son chapiteau corinthien sont d'origine. Ce monument à quatre piliers dissimule un autre coude de la route principale dont la partie ouest (IIe s.) était envahie par des **boutiques** à l'ère byzantine (VIe s.). L'ancienne **conduite d'eau** 16 romaine qui partait d'une source se trouvant à 12 km de là et longeait la Grande Colonnade fut remplacée par des tuyaux aériens en argile.

La rue principale se termine devant les imposantes colonnes du **temple funéraire** 17 (IIe s.) dont le podium renferme une **crypte**.

La rue latérale, qui bifurque vers le sud et la **porte de Damas** 18, longe le mur ouest jusqu'au **★camp militaire de Dioclétien** 19 (284-305). Cette caserne de légionnaires romains est située dans l'ancien quartier de Palmyre où se trouve le **temple d'Athéna Alaat** 20 du Ier siècle. L'une des colonnes qui donnent sur la rue arbore un **cadran solaire**. La **statue de lion** et la **statue en marbre** du temple de la déesse – sans doute réalisée à Antioche d'après des modèles grecs – sont toutes deux exposées au musée (cf. p. 134).

Sur la haute terrasse qui a été construite sur le flanc de la montagne, fut érigé – sur les soubassements du palais de Zénobie ? – le **praetorium** 21 (**principia**), le quartier général du commandant de la place. Il est précédé d'immenses colonnes et son **iwan** servait de sanctuaire des enseignes. On y jouit d'une **★vue** magnifique qui embrasse tout le site et qui n'est surpassée que par le **★★panorama** que l'on découvre depuis le **château** médiéval de **★Qala'at Ibn Maan** 22 sur la montagne au nord du camp. On dit qu'il aurait été construit par l'émir druze Fakhr ed-Din (XVIIe s.), mais ses murs sont bien plus anciens (XIIe-XIIIe s.).

Parmi les nombreuses **★★tombes** à l'extérieur des murs, deux retiendront surtout votre attention. Dans la **★vallée des Tombeaux**, la **★tour funéraire d'Elahbel** 23 (106) est ouverte au public le matin. La statue en marbre du maître d'ouvrage se trouvait dans une niche au-dessus de l'entrée. Sur deux étages, les tombes se présentent telle une succession de casiers creusés dans la paroi et fermés par des **reliefs** arborant les traits du défunt. Les défunts particulièrement vénérés étaient inhumés dans des sarcophages individuels. Des traces de décoration peinte sur les plafonds à caissons permettent d'imaginer la beauté qui dut être la leur. Ces

Ci-dessus : de la vallée des Tombeaux au château médiéval de Palmyre. Ci-contre : les dattes – un don du ciel dans le désert.

tours étaient fréquemment complétées d'une chambre funéraire souterraine (*hypogée*), située à proximité.

Le tombeau souterrain dit **★tombe des Trois Frères** 24, près de l'*Hôtel Cham Palace*, a été mis au jour par hasard lors de travaux de construction puis, restauré par des archéologues japonais. Il est enfin ouvert au public (pour les horaires, s'adresser au musée). L'intérêt de ce tombeau réside dans les **peintures** : des animaux, des imitations de marbre, des Victoires rehaussés de portraits des défunts et de riches Palmyréniennes ornent les murs. Une représentation de l'enlèvement du beau prince Ganymède par Zeus, qui avait pris la forme d'un aigle, décore plafonds et murs. Une autre scène de la mythologie grecque décore le tympan de la chambre principale : Ulysse découvrant Achille parmi les filles du roi Lycomédès. Le grand héros, qui n'avait au début guère envie de participer au siège de Troie, s'était en effet déguisé en femme et se cachait donc parmi les filles du roi ; mais le rusé Ulysse réussit à le démasquer.

En face de l'actuel *Hôtel Méridien* se trouvait autrefois la **source Efqa**, une **source thermale** aux eaux chaudes et sulfureuses qui s'est malheureusement tarie à la suite de nouveaux forages pétroliers entrepris à l'est de l'oasis.

Le **caravansérail** 25 situé à côté du temple de Bêl (cf. p. 128) abrite un petit **musée du Folklore** qui permet de se faire une idée de la vie des Palmyréniens et des Bédouins.

En bordure de la route asphaltée se trouve l'**hôtel Zenobia** 26 désormais rénové. Appartenant à la chaîne des palaces Cham, c'est un endroit agréable pour souffler un peu.

Au sud de l'hôtel, le **★★temple de Baalshamin** 27 se dresse devant vous. Le bâtiment principal avec son abside semi-circulaire et ses **★reliefs** presque baroques, qui en font l'un des plus beaux temples de Syrie, date de 130 après J.-C. La **cella** (cœur du sanctuaire) a été transformée au Ve siècle en église certainement parce que Baalshamir, le dieu du ciel et de la pluie, "le miséricordieux, le seigneur du monde, dont le nom est béni", possède des caractéris-

tiques du dieu des chrétiens. Un linteau du temple orné d'un **aigle sculpté** (Baalshamin) flanqué du dieu du Soleil et de celui de la Lune est exposé au musée de Palmyre (cf. ci-après).

Le **★musée 28** se trouve au centre de la localité et expose des pièces en provenance de Palmyre et de ses environs. Outre celles que nous avons déjà mentionnées, on admirera les innombrables **★reliefs funéraires** (qualité variable).

★QASR AL HAYR ASH SHARQI

Au printemps, la route de Palmyre vers l'est traverse une mer de coquelicots. Près de **Sukhne** (**Sukne**), une très mauvaise piste bifurque vers **Taibe** d'où une route mène au célèbre **★Qasr al Hayr al Sharqi ⓫** ("château de la réserve de gibier orientale"). Cet édifice somptueux surgit tel un mirage au milieu du désert. Les tentes de Bédouins, les troupeaux de moutons et de chèvres et

Ci-dessus : minaret et khan près de Qasr al Hayr ash Sharqi. Ci-contre : marché dans la vallée de l'Euphrate.

depuis peu, des champs et des maisons de torchis éparses – preuves tangibles de la politique officielle d'implantation qui vise à sédentariser les derniers nomades – sont les seules tâches de couleur dans cette immense étendue de sable brun. Le "château du désert" disposait d'une immense **réserve de gibier** (1,5 x 3,7 km) entourée d'un mur. Un **tunnel** souterrain acheminait l'eau de la source *al Quawm* située à 30 km de là. Les Omeyyades avaient aménagé ces réserves sur le modèle sassanide pour pouvoir s'adonner en toute tranquillité à la chasse.

À quelque 3 km à l'est du mur de la réserve, on peut voir un **minaret** rectangulaire flanqué des hauts murs d'un **★caravansérail** (67 m x 72 m) et d'un palais en ruine (cf. ci-après). Les **★reliefs en brique et en stuc** des tours et de la porte comme les colonnes antiques de la cour permettent de dater cette auberge, encore utilisée au XVIe siècle, du VIIIe siècle. Les **bains** qui se trouvaient à côté étaient chauffés par le sol sur le modèle romain (hypocaustes). Les califes tenaient volontiers audience aux

bains, les assassins potentiels pouvant difficilement y dissimuler des armes.

Chaque côté (150 m) du carré de ce grand **palais** possède une porte en son milieu. Quatre chemins menaient à la **cour centrale à colonnade**. Derrière la porte est se trouvent à gauche les profondes caves d'un **entrepôt** et à droite un complexe d'**appartements** ouvrant sur une petite cour centrale ornée de colonnes. Sept ailes semblables, habitées jusqu'au XIVe siècle, flanquent les quatre **chemins principaux**.

À l'entrepôt succède, à l'angle nord du palais, la **mosquée** avec cour et péristyle. Des fragments d'ornements antiques et des restes d'inscriptions palmyréniennes montrent que l'on a réutilisé des éléments de constructions antérieures. Sur l'un des piliers, une **inscription** révèle le nom du maître d'œuvre, le calife Icham, celui de l'architecte, Sulaiman d'Homs et la date 729/730.

DEIR AZ ZUR

À quelque 140 km à l'est du château du désert Qasr al Hayr ash Sharqi, on arrive à **Deir az Zur** ⑫ (Deir ez Zor, "le monastère dans la forêt"), l'antique *Azara*, dans la vallée de l'Euphrate. Deir az Zur est une ville de marché dynamique qui voit affluer tous les habitants de la Jezirah. Le ★**souk** est particulièrement haut en couleur. Les femmes – des Kurdes en général – viennent y faire leurs courses de la semaine en costume traditionnel.

On ne manquera pas de se rendre au ★**Musée archéologique** où sont exposés des objets mis au jour dans la Jezirah et dans la vallée de l'Euphrate (à Mari et Doura Europos par exemple). Les grands panneaux explicatifs ou les scènes reconstituées sont vraiment très instructifs.

La ville, qui est dotée de l'unique **pont sur l'Euphrate** à la ronde, a connu ces dernières décennies un véritable boom économique car elle est devenue la capitale de l'industrie pétrolière syrienne. L'ancien oléoduc, qui relie l'Irak à la Méditerranée, achemine à présent l'or noir du pays. Avec des hôtels de différentes catégories, la ville est le point de départ idéal pour tous ceux qui

Carte p. 125, fiche pratique p. 153

souhaitent entreprendre des excursions le long du fleuve ou dans la Jezirah.

TELL BUQRAS, QALA'AT AR RAHBA ET ASHARA

En aval du fleuve, à quelque 25 km on trouve à gauche la cité néolithique de **Tell Buqras** ⓭, l'une des premières implantations dans cette partie de la vallée de l'Euphrate. Mais on ne distingue vraiment plus grand-chose des fondations des maisons dont les habitants vivaient encore essentiellement de la chasse.

Plus au sud, près d'Al Mayadin, on aperçoit à l'est, sur un piton rocheux, les ruines de **Qala'at ar Rahba** ⓮. Le château a été construit en basalte au XIIIᵉ siècle et détruit lors des combats qui opposèrent les Mongols aux Mamelouks. La nuit, le plateau désertique

Ci-dessus : le gardien de Doura Europos a troqué le cheval contre la moto, son fusil est censé décourager les pilleurs de tombeaux. Ci-contre : la porte de Palmyre était l'entrée principale de Doura Europos.

est illuminé par les torchères des puits de pétrole.

Chaque colline conique de la vallée de l'Euphrate recèle des traces de cités antiques. C'est ainsi que la localité moderne d'**Ashara** ⓯ par exemple est édifiée sur les ruines de l'ancienne ville de *Sirqu* ou *Terqa*, où l'on a trouvé la stèle que le roi assyrien Tukulti Ninurta II (888-884 av. J.-C.) avait fait élever après sa victoire sur les Araméens et qui est exposée au musée d'Alep.

*DOURA EUROPOS

À quelque 50 km derrière **Qala'at ar Rahba** un panneau indique sur la gauche le site de ***Doura Europos** ⓰ (en arabe : **Salihiyé**) situé sur un promontoire dominant la vallée de l'Euphrate. La ville a été fondée en 280 avant J.-C. par Nicanor, un parent de Séleucos Nicator Iᵉʳ, le Diadoque grec ("successeur") d'Alexandre le Grand. Il l'appela *Doura* (mur) et *Europos* en souvenir de sa patrie macédonienne et y installa des soldats. Lors de l'effondrement du pouvoir séleucide, le roi des Parthes, Mi-

thridate II (123-187) s'empara de la ville. De 113 avant J.-C. jusqu'en 164 après J.-C., elle fit partie du grand empire perse des Arsakides et s'imposa en tant qu'importante métropole commerciale entre Palmyre et le golfe d'Arabie.

Il n'est pas impossible que dans sa campagne contre les Parthes (113-117), l'empereur Trajan ait brièvement occupé la ville, mais il faut attendre 164 pour qu'elle devienne une base militaire de l'Empire romain. Dès lors, Doura Europos va jouer avec sa garnison un rôle déterminant dans la défense de la frontière et du fleuve contre les Parthes puis, contre les Sassanides à l'est. En 256, les troupes du roi sassanide Shapur Ier parviennent à prendre d'assaut les murs d'enceinte de la ville que l'on venait pourtant de renforcer en un temps record. Après ce coup du sort, la ville va se dépeupler.

Des fouilles furent entreprises à Doura Europos à la suite de la découverte en 1920 par des soldats anglais, qui creusaient des abris et des tranchées, de restes de peintures murales. Certes, ces fantastiques fresques sont exposées au-

jourd'hui au Musée national de Damas (cf. p. 33) et à Yale (USA), mais Doura Europos mérite une visite ne serait-ce que pour ses remparts imposants, la dimension du champ de ruines et la beauté du site.

Le petit chemin d'accès mène de la route principale vers l'est et se termine devant l'entrée principale de la ville entre les monticules laissés par des pillards de tombes et les restes de **tours funéraires** dont les niches s'ouvraient vers l'extérieur. Le calcaire local n'est pas particulièrement résistant mais il reflète d'une façon toute particulière les rayons du soleil.

La **porte de Palmyre** ■, l'entrée principale de la ville, flanquée de deux bastions était conçue pour résister à une attaque de front grâce à la présence de trois portes et de deux espaces intermédiaires accessibles depuis les tours. Une rue parallèle au **★mur d'enceinte** permettait d'occuper rapidement le parapet et les tours fortifiées. Lorsque Shapur Ier menaça d'assiéger Doura, les habitants et les soldats romains renforcèrent les murs à l'intérieur avec les gravats de

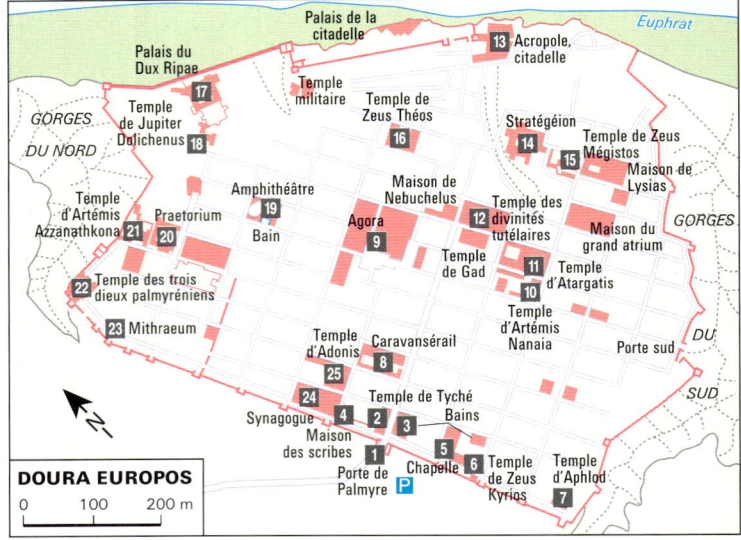

Plan DOURA EUROPOS — Euphrat, Gorges du Nord, Gorges du Sud

maisons qu'ils avaient détruites à cet effet. Ce rempart devait empêcher le percement d'un tunnel sous l'enceinte ; les archéologues ont effectivement découvert dans une galerie effondrée des ossements d'assaillants et de défenseurs sans compter que l'amas de décombres a protégé les précieuses fresques des temples et des maisons situés le long de l'enceinte.

À leur arrivée dans la ville, les marchands avaient coutume de sacrifier à la divinité de la ville dans le **temple de Tyché** 2, derrière la porte principale à gauche, puis, ils allaient se débarrasser en face de la poussière du désert dans les **bains** 3 où circulaient informations et ragots. La richesse de la ville provenait essentiellement des taxes qu'il fallait acquitter sur toutes les marchandises dans la **maison des scribes** 4, à côté du temple de Tyché.

Dans le deuxième bloc à droite de la porte se trouvent les restes d'une **chapelle** 5 chrétienne (233 ap. J.-C.). On a trouvé dans une pièce annexe contenant des bassins en pierre, un **baptistère** donc, outre des représentations de Da-

vid et Goliath ou d'Adam et Ève, des thèmes du Nouveau Testament comme le berger à l'agneau avec son troupeau, la guérison du paralytique et Jésus marchant sur les eaux (toutes à Yale aujourd'hui). Tout comme à Rome, où les premières églises étaient cachées dans les caves des maisons, les adeptes de la nouvelle religion avaient créé ici, dans le domaine protégé de leur maison, une communauté chrétienne.

Juste à côté se trouvait le **temple de Zeus Kyrios** 6, l'un des principaux dieux grecs.

Occupant le coin sud du mur d'enceinte, le **temple d'Aphlod** 7, le dieu principal de la ville voisine d'Ana, indique qu'il y avait entre les deux cités des liens politiques et économiques.

Dans le troisième bloc de maisons à gauche de la rue principale on a mis au jour un **caravansérail** 8, des boutiques et des maisons ayant sans doute été construites dès le Ier siècle avant J.-C. sur une partie de l'**agora** 9 grecque (place du marché). À cet endroit, au cœur de la ville, les murs des édifices n'ont plus qu'un mètre de hauteur et il aurait été difficile de les identifier sans les nombreux **graffitis** qui renseignent sur les habitants et leur fonction.

Le **temple d'Artemis Nanaia** ⏶, une divinité babylonienne à l'origine dont l'époux était, chez les Grecs, Apollon, le dieu du Soleil, est le seul sanctuaire à posséder une **cella** au milieu de la cour, un vestige sans doute d'un édifice antérieur qui fut remplacé par l'actuel temple en 60 avant J.-C. Une autre particularité : la salle semi-circulaire avec des bancs qui a pu servir d'**odéon** ou de **salle de banquets**.

À côté, le **temple d'Atargatis** ⏷ s'inscrit tout à fait dans la tradition orientale. Sa **cella** est accolée au mur extérieur de la cour centrale et a un **porche** équipé de bancs en pierre. Dans la **cour** qui précède, il y avait un autel qui masquait la vue sur la cella de l'entrée principale ornée d'un pénis. La deuxième cella à gauche de la principale salle de culte était sans doute consacrée au dieu du temps Hadad ou à Adonis.

Le bloc de rues suivant est occupé par le **temple des divinités tutélaires** ⏸, les déesses des villes de Doura Europos et de Palmyre. Toutes deux étaient représentées sur une **peinture murale** du temple de Bêl : la tyché de Palmyre a un lion et une déesse de la source à ses pieds alors que celle de Doura trône avec un jeune garçon au-dessus de la divinité de l'Euphrate. Ce temple témoigne de l'étroitesse des liens économiques, politiques et religieux qu'entretenaient ces deux grandes villes marchandes.

Plus à l'est, un **fossé** naturel à l'extrémité duquel se trouvaient jadis le **port sur l'Euphrate** et la **ville basse**, sépare l'**acropole** ⏹ avec ses murs imposants et le **palais parthe** du reste du site. Avec le temps, le fleuve a emporté la plus grande partie de l'acropole qui permettait de surveiller et le fleuve et la ville.

Sur le versant sud du fossé, côté ville, on a restauré et renforcé les murs d'enceinte du **stratégéion** ⏺, la résidence du commandant hellénistique de la ville

avec le **temple de Zeus Mégistos** ⏶ adjacent. Les maisons et les palais typiquement orientaux de Doura forment des complexes entièrement fermés vers l'extérieur et ne sont accessibles que par une entrée masquant la vue par un coude. Des constructions à un étage avec des pièces d'habitation et de service, des toits-terrasses où les habitants dormaient volontiers sont groupées autour de plusieurs cours rectangulaires.

En continuant votre chemin vers le nord et après avoir passé le **temple de Zeus Théos** ⏶, vous arriverez au **palais du Dux Ripae** ⏶ qui est accolé au mur d'enceinte. Avec son **péristyle**, la résidence du défenseur de la frontière fluviale, qui était indépendant du gouverneur de la province, se rattache à la tradition grecque. L'**iwan principal** en revanche, qui donne sur le fleuve, est tout à fait dans la tradition parthe. Le défenseur avait ainsi constamment sous les yeux sa zone d'intervention et le dieu romano-syrien qui était révéré dans le **temple de Jupiter Dolichenus** ⏶ voisin et comptait la guerre parmi ses attributions, lui apportait sans doute le secours spirituel nécessaire à l'accomplissement de sa mission.

À la fin du IIᵉ siècle, la partie nord-ouest de la ville fut séparée par un mur intermédiaire et servit de garnison aux troupes romaines qui eurent même droit à leurs propres **bains** et à un petit **amphithéâtre** ⏶.

Plus au nord, on aménagea (211-212) le **praetorium** ⏶, le quartier général des commandants de la place avec un péristyle et le **sanctuaire des enseignes**.

Derrière, l'ancien **temple de la déesse locale Azzanathkona** ⏶ touche le mur d'enceinte. Par piété, on ne toucha pas au temple, mais on utilisa à des fins profanes les pièces annexes.

Le **temple des trois dieux palmyréniens** ⏶ – à savoir : Bêl (Seigneur), Aglibol (Lune) et Yarhibol (Soleil) – donne sur une vaste place sur laquelle avait vraisemblablement lieu l'appel

des soldats. Les **fresques** de la **cella**, qui jouxte le mur d'enceinte, représentent Bêl et Yarhibol, le dieu du Soleil, ainsi que le sacrifice du prêtre Konon et de l'officier romain Terentius (aujourd'hui au Musée national de Damas, cf. p. 33). Les soldats romains adoraient donc, en plus de leurs propres dieux, les divinités locales et procédaient – comme dans le cas de Terentius – à des sacrifices.

Le culte de Mithra était particulièrement répandu parmi les légionnaires romains. Cette divinité avait des temples dans tout l'Empire romain – jusqu'à Cologne et en Bavière. Le **mithraeum** 23 de Doura fut fondé en 168 après J.-C. par deux habitants de la ville. Mithra, la divinité perse du Soleil et de la Lumière, symbolise avec son char solaire le retour constant de la lumière et donc de la vie. Seuls les hommes pouvaient pratiquer ce culte initiatique dont les rites symbolisaient le combat

Ci-dessus : d'épais murs en torchis protègent du soleil brûlant du désert. Ci-contre : voilà ce qui reste de la splendeur de Mari.

du dieu contre le Mal. Les épreuves de ces rites étaient extrêmement difficiles et pouvaient même se révéler mortelles ce dont les initiés retiraient le sentiment d'appartenir à une élite. Les rites religieux comprenaient notamment le repas pris en commun, le baptême et la célébration de mystères qui se déroulaient au début du printemps, dans des grottes ou des endroits en faisant office. La **cella** était sans doute surmontée d'une voûte en berceau et ornée de fresques représentant entre autres Zarathoustra, le fondateur de la religion.

Dans le deuxième bloc de rues à droite de la porte principale, vous découvrirez les soubassements de la **synagogue** 24, qui fut restaurée en l'an 245. Les **★fresques de la salle de prière** représentent des scènes tirées de l'Ancien Testament et sont exposées aujourd'hui au Musée national de Damas (cf. p. 33). La **niche de la Thora**, un siège surélevé destiné au plus ancien ainsi que des bancs placés le long des murs faisaient partie de l'aménagement de cette synagogue. Les autres pièces étaient vraisemblablement dévolues au travail et à

l'étude, mais servaient également de logements.

Le **temple d'Adonis** 25 occupait la deuxième partie du bloc de rues.

★MARI (TELL HARIRI)

Au sud de Doura Europos, presque à la frontière irakienne, une voie d'accès asphaltée part de la route principale (M5) en direction de l'imposant **Tell Hariri**, l'antique ★**Mari** ⑰.

Comparée à celle de Mari, l'histoire de Doura Europos est ridiculement récente. Car ici, dans cette région frontalière retirée, le visiteur peut se faire une idée des débuts de la civilisation. Des textes rédigés en écriture cunéiforme akkadienne attestent que, vers 2400 avant J.-C., un roi de Mari régnait sur tout le pays de Sumer, la plaine méridionale qui s'étend entre l'Euphrate et le Tigre. C'est du commerce entre cette région – la future Babylonie – et la côte méditerranéenne que la ville tira sa richesse. Sept rois régnèrent en tout sur Mari et ce, pendant 136 ans jusqu'à ce que la reine babylonienne Kubaba, une

ancienne servante et future déesse ne s'emparât de la ville. Le grand Sargon d'Akkad, le premier "souverain du monde" conquiert la ville vers 2300 avant J.-C.

En son temps, l'immense (2,5 ha) palais du roi Zimri-Lim était célèbre dans tout l'Orient et sa splendeur inégalée. Les quelque 25 000 tablettes d'argile qui constituent les archives cunéiformes du souverain permettent de se faire une idée très précise de la vie quotidienne à la cour. Lorsque le roi Hammourabi de Babylone s'empare de la ville en 1759 avant J.-C., l'heure du déclin sonne pour cette dernière. Elle perdit de son importance bien qu'Assyriens, Séleucides, Parthes et Sassanides aient continué à utiliser Mari comme base stratégique.

Pour les touristes d'aujourd'hui, la bonne route s'arrête à la **maison des fouilles** et au logement du gardien du site où l'on peut prendre un café. On est ainsi d'attaque pour emprunter la piste inégale qui mène au sommet du tell en passant devant des aires de fouilles avec des temples datant de l'époque des premières dynasties (env. 2200 av. J.-C.). Les murs sud font partie du **temple de Ninchursag**, la "mère des dieux" babylonienne.

Le sanctuaire biscornu situé au pied du massif rouge, une sorte de **tour-temple**, était dédié à Dagan, le dieu syrien des céréales que l'on appelait à Mari le "roi du pays". La cour était ornée d'estrades avec des lions en bronze presque grandeur nature (aujourd'hui au Musée national d'Alep, cf. p. 100).

La piste se termine derrière le **★palais royal** en grande partie couvert, où furent mises au jour les célèbres archives cunéiformes composées de 25 000 tablettes d'argile. Le complexe du palais était tellement réputé dès l'Antiquité que le souverain d'Ougarit (Ras Shamra, cf. p. 166) désira le voir et que les bâtisseurs des palais minoens de Crète eux-mêmes s'en inspirèrent.

Le visiteur entre dans le palais pour ainsi dire par la petite porte de l'histoire car l'**accès** moderne se trouve derrière le sanctuaire du palais (2500 env. av. J.-C.), à plusieurs mètres sous la surface de la colline. C'est ici que des archéologues français ont découvert le trésor dit d'Ur : un cylindre avec des reliefs en miniature ainsi que des bijoux en or et lapis-lazuli (aujourd'hui au Musée national de Damas) – des cadeaux ou le butin du roi de Mari qui avaient peut-être été cachés en raison des menaces qui pesaient sur la ville. Les épais murs structurés par des niches plates ont servi ultérieurement (1900 av. J.-C.) de soubassements à de nouvelles constructions.

Plus au nord, on arrive au niveau du IIe millénaire et à une grande **cour** avec **salle d'audience** sur le côté sud. Le côté nord de cette cour de cérémonies, dont les murs étaient ornés de fresques à l'origine, constituait le portail principal du palais. Il était flanqué à l'ouest d'une **maison d'hôtes** avec cour et à l'est, des

Ci-contre : les remparts de Zenobia n'ont pas résisté aux assauts des Sassanides.

cuisines du palais. La **tombe** en briques cuites et fausse voûte enfoncée dans le sol a été construite ultérieurement (1800 av. J.-C.).

Au nord succèdent à la maison d'hôtes l'**aile des bains** et les **appartements** qui comprennent une zone réservée aux femmes. Au sud, la deuxième **cour de cérémonie** était ornée d'une représentation de l'intronisation du roi Zimri-Lim (1800 av. J.-C.). À l'ouest et à l'est de la cour, on a trouvé les **archives** faites de **tablettes d'argile** ainsi qu'une sorte de **salle d'étude** et de travail certainement destinée aux scribes. Le côté sud de la cour est dominé par une **salle d'audience** sur le podium de laquelle les archéologues ont trouvé la déesse portant le vase aux eaux jaillissantes (musée d'Alep). Vient ensuite la **salle du trône** entourée à l'ouest par l'**aile des services** avec la cuisine et au sud par les **entrepôts**.

À l'ouest du palais, les archéologues ont mis au jour une partie de la ville datant des premières dynasties avec le **temple d'Ishtar** d'où proviennent la plupart des célèbres **statues d'orants** (2900-2400 av. J.-C.). Les vestiges des murs sont toutefois tellement érodés qu'une visite s'avère superflue.

DANS LA JEZIRAH

De retour à Deir az Zur, on peut franchir l'Euphrate et à partir d'**As'Suar**, entreprendre de traverser la **Jezirah** (Djéziré) tout en longeant le **Chabur**.

TELL SHEIKH HAMAD

À As'Suar, une route secondaire enjambe le Chabur ; si, après le pont, on met le cap au nord, on arrive au bout de 19 km à **Tell Sheikh Hamad ⓱**, la ville assyrienne de *Dur* ("citadelle") *Katlimmu*. Ces dernières années, des archéologues allemands ont mis au jour sur l'**acropole** de cette ville à plan rectangulaire, protégée par des murs, le **palais du gouverneur** avec entrepôts et salles

d'étude du XIIIe s. av. J.-C. Les objets trouvés et les **tombes** au nord du *tell* attestent de l'importance de la ville jusqu'à l'époque romaine (200 ap. J.-C.).

TELL BRAK

De retour à As'Suar, reprendre la route principale en direction d'**Hassake** au nord. Sur une route secondaire à quelque 40 km à l'est de cette ville se trouve le **Tell Brak ⑲**, haut de presque 40 m, dont le célèbre **temple aux Yeux** (3300 env. av. J.-C.) a été mis au jour à partir de 1937 par l'archéologue anglais Sir Max Mallowan, époux de la célèbre Agatha Christie. Le temple, très nettement influencé par la civilisation sumérienne alors à son apogée dans l'Irak actuel, se trouvait sur une **terrasse** artificielle, qui annonce les temples-tours ultérieurs, et sa **cella** (cœur du sanctuaire) centrale était flanquée sur ses grands côtés de pièces annexes. Un étroit **passage** sur l'un grand côté conduisait au cœur du sanctuaire dont l'estrade se trouvait au fond sur le petit côté. Cette architecture typiquement o-

rientale porte le nom de "temple à axe coudé". La **décoration murale** du temple aux Yeux se composait de rosettes de pierre en couleur et de mosaïques (aujourd'hui au musée d'Alep, cf. p. 100). De nombreux ex-voto, des yeux gravés en pierre, avaient été déposés dans le temple.

On trouva également dans un tunnel creusé par des pilleurs de tombes les vestiges d'un **temple plus ancien**. On mit au jour un autre édifice plus récent, une sorte d'**entrepôt** du roi Naramsuen (2250 av. J.-C.) qui fut abandonné 150 ans plus tard. On découvrira à côté les vestiges d'une **forteresse byzantine**.

★ZENOBIA (HALABIYEH)

Si à partir de Deir ez Zor, on remonte le fleuve en direction d'Alep, on arrive au bout de quelque 45 km à la bifurcation (prendre à droite) pour **Halabiyeh ⑳**. Le défilé qui précède la ville a été fermé par un mur et une tour. De l'autre côté du fleuve, on aperçoit les ruines de **Zalabiyé**, l'antique *Thelda* qui devait protéger le gué vers l'est. En

traversant la partie sud du cimetière dont les quelques **tours funéraires** ont des murs ornés à l'extérieur de piliers plats et de niches (IIIᵉ s.), on arrive à la porte sud de la ville.

Halabiyeh, l'antique **★Zenobia**, aurait été fondée par la reine palmyrénienne (266-270) du même nom ; la plupart des édifices bien conservés datent toutefois en grande partie du VIᵉ siècle. La ville n'a pas porté bonheur à la belle Zénobie car c'est ici, alors qu'elle tentait de fuir Palmyre, qu'elle fut rattrapée et faite prisonnière par les Romains.

En l'an 540, la ville tomba aux mains des troupes sassanides de Khosrow Iᵉʳ en l'espace d'une demi-heure. Après avoir repris la ville, l'empereur byzantin Justinien Iᵉʳ (527-565) s'empressa de faire procéder à des réparations et de faire construire de nouvelles **★fortifications**. Il ne fit pas appel à n'importe qui mais à Isidore de Milet, le célèbre architecte de Hagia Sophia (Istanbul). Mais ce fut peine perdue car en 610, les Sas-

sanides prirent et détruisirent de nouveau la ville sans rencontrer de véritable résistance. La **citadelle** semble encore avoir fait office de bastion frontalier jusqu'au XIIIᵉ siècle.

En construisant des tours en saillie, l'architecte avait doté les défenseurs des murs nord et sud d'une protection efficace et de bonnes possiblités de tirer sur les assaillants. Les fondations du mur est moins fortifié, côté fleuve, étaient en pierre meulière afin de pouvoir résister à l'érosion fluviale. Sur le côté est de la rue principale, à mi-chemin entre la **porte sud** et la **porte nord**, on peut voir les soubassements d'anciens **bains publics** et d'une **école de lutte**. Au milieu du site triangulaire de la ville, l'**agora** (place du Marché) vient buter à l'est contre le mur du fond d'une **basilique à colonnes** du Vᵉ siècle à l'intérieur de laquelle la petite pièce qui jouxte, à droite, l'abside avait été aménagée en **chapelle baptismale** chrétienne.

L'agora était délimitée au sud par un **portique** ouvert (*stoá*) qui précédait une **basilique** chrétienne aux larges arca-

Ci-dessus : vue sur l'Euphrate depuis les ruines de Zenobia.

des. Les chapiteaux dont les feuilles semblent se mouvoir au gré du vent étaient très appréciés à l'époque de Justinien. En amont de la façade de l'église, on aperçoit des piliers en calcaire et des auges, vestiges sans doute d'un **caravansérail**.

Du palais à mi-hauteur de la colline, il ne reste quasiment plus rien. On ne négligera pas en revanche les escaliers et les voûtes du ***praetorium**, le quartier général du commandant responsable de l'enceinte, situé à la même hauteur sur le mur nord. Des oiseaux de proie nichent dans les remparts. Les **escaliers** surmontés de **voûtes** en berceau étaient conçus de telle manière qu'on pouvait monter et descendre simultanément les trois étages sans être vu. Le plafond est constitué de merveilleuses voûtes en brique avec remplissage d'éboulis entre trois arcs de renforcement en pierre ; des grandes fenêtres, on jouit d'une belle vue sur les **tours funéraires** du cimetière nord qui s'étend au pied du mur d'enceinte.

En raison des risques d'éboulis, il n'est pas conseillé de visiter le **château**. Sur le versant abrupt, on découvre le point faible des remparts sud. À cet endroit, on a utilisé du basalte noir pour les réparations. Halabiyeh est l'exemple type des fortifications bizantines.

***RAQQA**

Pendant 90 km, la route nationale qui part d'Halabiyeh vers l'ouest traverse un paysage constitué essentiellement de champs bien irrigués où deux récoltes annuelles sont possibles à condition que le sol ne soit pas trop salé en raison de l'évaporation. Au printemps, les paysans plantent des céréales et des légumes puis, du coton. Les vêtements légers, très colorés des paysannes contrastent vivement avec les tenues sombres et décorées de broderies des Bédouines.

*Raqqa ㉑ est située sur la rive nord du fleuve et l'on accède à la ville en empruntant le pont ouest, le pont est étant barré.

Histoire de Raqqa

Cette capitale de province a une histoire plusieurs fois millénaire. Séleucos I er Nicator (301-281 av. J.-C.) ou Séleucos II Kallinikos (247-226 av. J.-C.) aurait fondé cette cité et citadelle séleucide au confluent du Balikh et de l'Euphrate et lui aurait donné le nom de *Niképhorion* ou *Kallinikum*. Kallinikum était un carrefour important d'où partaient les routes romaines vers Antioche, Edesse et Doura Europos. Entièrement détruite par un incendie, l'empereur Théodose I er (379-395) fit reconstruire la ville désormais byzantine. En l'an 466, un tremblement de terre dévasta Kallinikum ainsi que sa résidence épiscopale. Suite à une nouvelle reconstruction sous l'empereur Léon I er (457-477), la ville se vit gratifier du nom de *Léontopolis*.

C'est devant ses murs que le célèbre général byzantin Bélisaire fut défait en 531 par le *Shah in Shah* (le "roi des rois") sassanide, Kavadh. À la tête de l'Empire romain d'Orient, Justinien I er (527-565) reconquit la ville à la mort du Sassanide, mais dut l'abandonner au successeur de ce dernier, Khosrow I er en 542. À la suite de ces événements, le siège épiscopal fut transféré de Raqqa à Resafa (cf. p. 148).

Après la prise du pouvoir par les Abbassides (750), le calife al Mansur ("le Victorieux") fonda à côté de l'ancienne Raqqa la nouvelle ville de *Rafiqa*. Sous le contrôle du successeur au trône de Mahdi ("l'Attendu"), la ville fut entourée en 772 d'une double muraille en fer à cheval. À partir de 796, le calife Harun ar Rachid ("le Juste") s'installa à Rafiqa pour pouvoir réagir plus rapidement aux attaques des Byzantins et aux soulèvements locaux (790, 796). Raqqa et Rafiqa grandirent ensemble et ne sont plus mentionnées depuis que sous ce premier nom.

Palmyre et l'est de la Syrie **4**

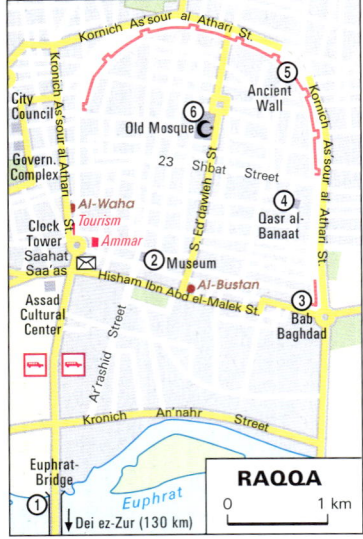

Plan de la ville

Après la disparition d'Harun et le nouveau transfert de la résidence du calife à Bagdad, Raqqa perdit rapidement de son importance et ne devait connaître un nouvel essor que sous la dynastie des Zengides. Au XIIe siècle, on y fabriquait les célèbres céramiques de Raqqa et des verreries dorées. Nour ed-Din fit en son temps restaurer la Grande Mosquée, mais dès 1258 les Mongols allaient rapidement mettre un terme à cette grandeur retrouvée.

Les bâtiments qui avaient été détruits ne furent plus reconstruits et au XIXe siècle, seuls quelques Tcherkesses vivaient encore au milieu de cet immense champ de ruines. Depuis 1960 et le début de la culture du coton, la ville connaît un nouvel essor. Elle compte aujourd'hui près de 150 000 habitants qui se servent volontiers des briques cuites des ruines lorsqu'ils se bâtissent une maison. Une grande partie de Raqqa a désormais disparu et cédé la place à des constructions nouvelles.

Ci-contre : la porte de Bagdad (Raqqa) franchie en son temps par Harun al Rachid.

Visite de Raqqa

Si au rond-point situé au nord du **pont sur l'Euphrate** ①, vous prenez à droite la Hisham Ibn Abd el Malek Street, vous verrez au premier tournant à gauche le **Musée archéologique** ② où sont exposées des pièces trouvées dans la région du lac Assad.

Au sud-est de la vieille se dresse la **porte de Bagdad** ③ dont le passage en arc brisé est flanqué à gauche et à droite de deux niches et surmonté de deux rangées d'autres niches. Chaque niche était décorée d'**ornements en stuc** peints modelés sur des arêtes saillantes en brique.

Dans le centre historique, on découvre des vestiges du **Qasr al Banaat** ④ ("château des Filles") dont la tradition populaire attribue la construction au calife Harun ar Rachid (786-809). Des restes de **muqarnas** (assemblage d'ornements qui paraissent constitués de prismes) dans une pièce d'angle et l'utilisation de colonnes et de chapiteaux antiques dans la **salle du trône** (*riwaq*), ornée par ailleurs de mosaïques en verre, laissent à penser que l'édifice daterait plutôt du XIIe siècle.

En poursuivant vers le nord, vous apercevrez le haut **mur d'enceinte** ⑤ plutôt bien conservé dans l'ensemble. Il faisait à l'origine 6 m d'épaisseur pour 18 m de hauteur et était constitué d'un assemblage de briques en torchis reposant sur des fondations en pierre ; la direction des Antiquités syriennes l'a restauré en le recouvrant de briques.

Au centre de la ville se trouve en outre l'**Ancienne Mosquée** ⑥ édifiée sous Al Mansur (754-775) et dont les murs extérieurs présentent des renforcements semi-circulaires semblables à ceux des châteaux du désert. Dans la **salle de prière**, les piliers qui arborent des demi-colonnes en saillie datent aussi de cette époque. À l'occasion d'une restauration (1166), Nour ed-Din fit ériger les piliers rehaussés de **chapiteaux en stuc** et vraisemblablement le

minaret. Dans la **cour** qui jouxte la modeste **tombe** d'un saint musulman, on a mis au jour le grand **bassin** de la mosquée abbasside dont on a réduit les dimensions par la suite.

TUTTUL (TELL BI'A)

Les célèbres archives cunéiformes d'Ebla et de Mari mentionnent **Tell Bi'a** ㉒ sous le nom de **Tuttul**. La localité occupe l'angle formé par l'Euphrate et le Balikh. Des fouilles entreprises par des archéologues allemands entre 1980 et 1995 dans le principal sanctuaire du dieu Dagan, le "père de tous les dieux", attestent un fort peuplement au IIIᵉ et dans la première moitié du IIᵉ millénaire avant J.-C. à une époque où la ville dépendait depuis longtemps déjà de Mari.

Les plus importants édifices sont le **palais A** (archives constituées de tablettes d'argile), le **palais B** de style syrien détruit par un incendie, plusieurs **tombeaux** aménagés en surface qui rappellent les tombeaux royaux richement décorés d'Ur (sud de l'Irak) ainsi qu'un

monastère byzantin du VIᵉ siècle avec des *mosaïques (représentant notamment des perdrix et des paons encadrés de tresses).

HIRQOLA (HARAKLAH)

À l'ouest, une piste d'à peu près 8 km permet de rejoindre **Hirqola** ㉓ (**Haraklah**). Selon la légende, lors de sa victoire sur l'empereur Nicéphore Phocas à la bataille d'Héraklion (801), Harun ar Rachid aurait fait prisonnière la belle *Heraqla* et lui aurait édifié un palais en cet endroit. Le symbolisme géométrique de l'édifice fait plutôt penser à un **monument** élevé à la mémoire de ladite victoire.

Une grande **terrasse** carrée était à l'origine entourée d'une **enceinte** construite en pierre calcaire dont la **tour** nord avait un intérieur circulaire. Celui de la tour sud en revanche était carré alors que l'intérieur de la tour ouest était de forme hexagonale et celui de la dernière tour, celle située à l'est, de forme octogonale. Chaque côté de la terrasse présente en son milieu un **iwan** (porche) orné jadis de stucs. De nombreuses chambres aux murs de pierre, qui avaient été remplies de terre par le haut, constituent la plate-forme artificielle.

LAC ASSAD

Si de Resafa, on se dirige vers Alep via **Al Mansura**, pourquoi ne pas faire un détour par la ville moderne de **Madinat ath Thaura** ❷❹ pour découvrir le **lac Assad**, l'un des plus grands lacs artificiels du Proche-Orient. Du lac, on rejoint **Qala'at Jabar** en empruntant le **pont du barrage** sur lequel il est interdit de s'arrêter ce qui démontre bien l'importance qu'a pour la Syrie la centrale électrique de ce barrage.

La foule bigarrée qui flâne sur les **★marchés de nomades** au bord de la route est plus intéressante que le curieux mélange des produits proposés à la vente.

QALA'AT JABAR

Sur la rive nord du lac Assad (à 30 km de Raqqa), le château en brique de **Qala'at Jabar** ❷❺ se trouve sur une île qui a vu le jour après la construction du barrage. Il est accessible par une digue artificielle. Il doit son nom à son propriétaire Salik ed Din Jabar qui avait dû le céder à un sultan seldjoukide. Les Arabes l'utilisèrent comme base dans leur lutte contre les croisés. L'atabeg Zengi de Mossul (Irak) fut assassiné devant ses murs (1146) et son fils Nour ed-Din échangea le château contre d'autres possessions. En 1335, le gouverneur Tankiz fit restaurer le château. Aux XVe et XVIe siècles, des Mawalis (descendants d'esclaves enfuis et de personnes expulsées) occupent la citadelle et contrôlent tout le cours supérieur de l'Euphrate. Jusqu'à la mise en eau du lac, des Bédouins Beni-Welde

Ci-contre : Qala'at Jabar baigne désormais dans les eaux du lac Assad.

campaient en été au pied de la forteresse.

Une rampe taillée dans le rocher aboutit au double **mur d'enceinte** ponctué de 35 tours. Des briques font saillie sur le mur de la tour principale faisant apparaître un motif. Ces constructions et le haut **minaret** ont dû être érigés du XIIe au XIVe siècle. Une **tombe** romaine provenant d'Anab as Safinah, une localité recouverte aujourd'hui par les eaux du lac, constitue la principale curiosité du **musée du château**. La splendide vue sur le lac et la possibilité de se baigner au niveau du petit **restaurant de la berge** rendent la visite de Qala'at Jabar encore plus attrayante.

★★SERGIOPOLIS (RESAFA)

On arrive à **★★Resafa** ❷❻ (**Rasafeh**), la Sergiopolis byzantine (env. 50 km au sud-ouest de Raqqa), en passant par **Al Mansura** et en empruntant, en fin de parcours, une route latérale qui traverse de petits villages où alternent maisons en glaise et champs irrgués.

Histoire de Sergiopolis

À voir aujourd'hui le paysage, on a du mal à imaginer que Resafa fut à l'époque byzantine le but de pèlerinages. La ville, la *Réseph* de la Bible (II Rois XIX, 12), est toutefois déjà mentionnée dans des sources néoassyriennes (VIIIe s. av. J.-C.) comme étant le centre administratif de cette région de désert et de steppe.

Ce n'est qu'à partir du IVe siècle après J.-C. que l'on en sait plus sur la ville de la *strata Diocletiana*, la route romaine et la ligne de front contre les Sassanides, qui reliait Sura sur l'Euphrate à Bosra dans le Hauran.

Dans le cadre de la persécution des chrétiens en vigueur sous l'empereur Dioclétien (284-305), un soldat du nom de Serge meurt en martyr dans un camp militaire voisin. Très vite, une petite chapelle sera érigée sur sa tombe (305).

Serge est bientôt vénéré dans toute la Syrie à l'instar d'un autre soldat et martyr, saint Bacchus. En 431, l'évêque Alexandre d'Hériapolis fait construire une église en l'honneur du saint. C'est après le transfert du corps de Serge dans la nouvelle basilique que la ville prend le nom de *Sergiopolis* ("la ville de Serge").

L'afflux de pèlerins en provenance de toute la province de *Syria* fait bientôt la prospérité de la ville qui, en 434, est élevée au rang d'évêché. L'empereur Justinien Ier (527-565) entoure la ville de remparts, aménage d'immenses citernes de sorte que le Sassanide Khosrow Ier parviendra certes à s'emparer en 540 de la ville voisine de Sura mais pas de la riche Sergiopolis. L'évêque de Resafa s'engage alors à verser à Khosrow dans un délai d'un an 200 livres or pour la libération des 12 000 prisonniers de Sura. En 616, la ville est finalement prise et mise à sac par le souverain sassanide Khosrow II.

Deux décennies plus tard seulement les Arabes s'y installent en vainqueurs. Ces événements n'empêchent pas les pèlerins de continuer à affluer dans la ville où le calife omeyyade Hisham Ier (724-743) se fait construire, aux portes de la ville, un palais entouré bientôt des palais de sa suite. De nos jours, il ne subsiste plus grand-chose de cet édifice construit en briques de glaise. Après la chute des Omeyyades (750), les Abassides pillèrent Resafa et le tombeau du calife Hisham Ier. La ville survécut pourtant à cette épreuve ainsi qu'à un tremblement de terre au VIIIe siècle et renoua avec la prospérité.

Au Xe siècle encore, un évêque réside dans ses murs et la basilique A est restaurée. Le déclin de la ville s'amorce avec l'invasion des Mongols (1247). De nombreux habitants fuient devant les hordes asiatiques et se réfugient à Salamiyeh. Le sultan Baybars scelle le destin de la ville en transférant de force le reste des habitants à Hama et Salamiyeh.

À son apogée aux Ve et VIe siècles, la ville comptait entre 5000 et 6000 habitants. Comme le niveau de la nappe souterraine était bien plus élevé qu'aujourd'hui et que l'eau était acheminée de

Plan p. 151, fiche pratique p. 153

l'Euphrate par des canaux – reconnaissables sur les photos aériennes –, les champs environnants suffisaient à nourrir la population.

C'est au XVIIᵉ siècle que la ville oubliée, appelée aussi "la Blanche" à cause de ses édifices en gypse, fut redécouverte par hasard par des marchands anglais.

Visite de Sergiopolis

L'inscription grecque "Longue vie à Alamoundros", qu'arbore le bâtiment en pierre qui se dresse aux portes de la ville, laisse supposer qu'il s'agissait de la **salle d'audience** du Ghassanide Al Mundir (569-591). Il servit aussi de **praetorium** (palais du commandant en chef). Les troupes de cavaliers de ce prince arabe chrétien assuraient au VIᵉ siècle la défense de la ville et la résidence princière incita les Omeyyades à se construire d'autres palais.

Ci-dessus : c'est par la porte nord bien conservée que les pèlerins pénétraient dans la ville de Sergiopolis au VIᵉ siècle.

Hauts de 12 m, les puissants **★remparts** sont, aujourd'hui comme hier, le symbole de la ville et on les repère à la ligne sombre qu'ils forment à l'horizon, bien avant d'arriver aux ruines.

La construction des **remparts nord et ouest** a sans doute commencé sous l'empereur Anastase Iᵉʳ (491-518) et celle des **remparts sud et est** ne fut achevée qu'en 540 sous Justinien Iᵉʳ. Des **tours** rectangulaires, rondes et polygonales renforcent l'enceinte de la ville pourvue de deux chemins de ronde. Côté ville, les arcades des remparts permettent de distinguer les chemins de ronde surmontés de voûtes en berceau.

La **★★porte nord** 1 avec ses deux tours était censée en imposer dans tous les sens du terme. Le bastion avancé, le passage, les meurtrières et les **mâchicoulis** sont des éléments défensifs tandis que la riche **décoration** de l'entrée avec ses allures d'arc de triomphe et ses trois portes avait un but purement représentatif et devait faire forte impression sur les pèlerins et les mettre dans l'état d'esprit requis par le pèlerinage sur la tombe du saint. L'élévation du site et la

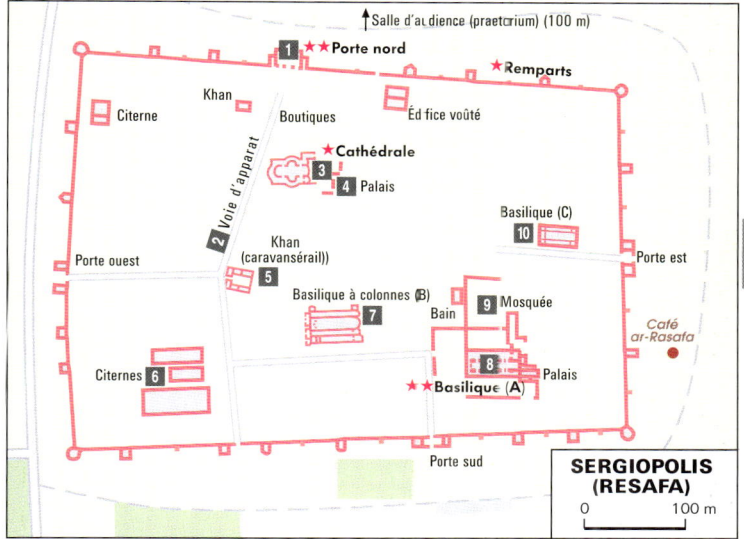

↑ Salle d'audience (praetorium) (100 m)

★★ Porte nord

1

★ Remparts

Khan

Citerne

Boutiques

Édifice voûté

★ Cathédrale

3

4 Palais

Basilique (C)

10

2 Voie d'apparat

Porte ouest

Khan
(caravansérail))

5

Basilique à colonnes (B)

7

9 Mosquée

Bain

Porte est

Café
ar-Rasafa

Citernes 6

8 Palais

★★ Basilique (A)

Porte sud

**SERGIOPOLIS
(RESAFA)**

0   100 m

4

Palmyre et l'est de la Syrie

surface inégale du terrain parsemé de
bosses et de trous sont le fait d'implantations médiévales et de pilleurs de
tombeaux.

L'antique **rue d'apparat** 2 vers le
centre de la ville a considérablement
souffert de la construction de piètres
boutiques et maisons pour lesquelles on
s'est servi sans aucun scrupule de matériaux antiques.

Les murs et les colonnes qui se dressent à l'est de la rue d'apparat sont ceux
de la **★cathédrale** 3 (491-501) dont
certains pensent qu'il s'agirait plutôt de
l'**église funéraire** d'un martyr. Ses colonnes et ses piliers forment une croix
intérieure aux bouts arrondis autour
desquels les murs extérieurs à plan rectangulaire ont été disposés comme une
seconde enveloppe. Des constructions
en voûte et une architrave, qui ont disparu, soutenaient les **galeries** des nefs
latérales. La **nef centrale** plus haute
supportait, au-dessus des arcatures (zone où se trouvent les fenêtres), un toit à
pignon reposant sur des poutres en bois.
Le siège surélevé de l'**abside principale** et les restes d'un **palais** 4 adjacent,

au nord-est de l'église, indiquent claire-
ment que celle-ci était un siège épiscopal. Les riches **sculptures**, les **chapiteaux** jadis dorés dont on distingue encore le fond rouge, les **revêtements en
marbre** et les **fragments de mosaïques** en verre du plafond retrouvés dans
les décombres montrent qu'il s'agissait
là d'un somptueux édifice.

Plus au sud, l'édifice suivant était un
khan 5 (caravansérail) et trois immenses **citernes** 6, que fit construire
l'empereur Justinien Ier, occupent
l'angle sud-ouest de la ville.

L'autre église, au sud-est du khan, la
basilique B 7 présente en son angle
nord-est une pièce avec trois absides et
les soubassements d'un **reliquaire**. Il
s'agit sans doute de la basilique Saint-
Serge commencée sous l'évêque A-
lexandre (431). Afin de pouvoir contenir le flot croissant des pèlerins, l'église
d'origine à trois nefs fut agrandie sous
l'évêque Serge (524) par adjonction de
deux **portiques**, au nord et au sud.

Grâce aux deux entrées du **martyrion de saint Serge**, les fidèles pouvaient s'incliner devant le sarcophage

Ci-dessus : paysanne au marché hebdo-madaire.

du saint sans traverser la nef centrale. Une troisième entrée menait directement du martyrion à l'**abside principale** et à l'**autel**. L'une des pièces annexes du côté est tenait sans doute lieu de **baptistère**. Après le tremblement de terre du VIIIᵉ siècle qui détruisit l'église, une partie des colonnes fut utilisée pour réparer la basilique A.

Le troisième grand sanctuaire, la ****basilique A** 🔳 justement, est sans aucun doute l'église la plus impressionnante de Resafa. Si l'on en croit une inscription gravée dans le sol de l'**abside**, elle aurait été consacrée en 559 sous l'évêque Abraamios pour vénérer la sainte Croix. L'édifice est une basilique à grandes arcades : les vastes arcs des arcatures de la **nef centrale** surélevée reposent sur d'imposants piliers cruciformes. Suite au tremblement de terre du VIIIᵉ siècle, il fut nécessaire de leur adjoindre des colonnes et des arcs plus petits. Pour empêcher l'effondrement de l'église, il fallut en outre renforcer les murs extérieurs par de gigantesques **contreforts** au point même d'obstruer les entrées de la façade. Les autres églises ayant probablement été détruites, on transféra les reliques de saint Serge dans l'une des **chapelles** richement décorées de l'ancienne cour nord du **monastère**.

Les petites **boutiques** d'images saintes, de chapelets et de souvenirs de l'**avant-cour** rappellent l'aspect économique de l'afflux de pèlerins que prenait également en compte les édifices construits à l'est et au sud de la basilique. Certaines parties de l'église (flèches, ornements en stuc) furent transformées et ajoutées jusqu'au XIᵉ siècle. La grande **halle sud**, où l'on distingue encore, dans l'abside, des traces de **peintures murales**, semble avoir servi d'église à ciel ouvert et tenu lieu de **salle d'audience** publique aux évêques. Au nord, des **pièces d'habitation** destinées aux dignitaires chrétiens ont été érigées en partie avec du matériel de construction antique.

Au nord du complexe, une grande cour a été transformée en **mosquée** 🔳 à l'époque arabe. Outre quelques piliers faits d'éléments de construction antiques qui soutenaient le toit de la salle de prière, on peut voir un **mihrab** (niche de prière) et un **minbar** (chaire).

Dans la **basilique C** 🔳, seuls les **motifs du sol** composé de plaques de marbre polychrome présentent de l'intérêt.

Prendre la nouvelle route bien aménagée en direction du sud pour retrouver la route Palmyre – Deir az Zur.

ISRIYEH

En raison de la présence près de Resafa de champs pétrolifères et donc des allées et venues des camions-citernes, la route à destination de Hama a été goudronnée ce dont profitent aussi les automobilistes. À mi-chemin, on peut visiter à **Isriyeh** ㉗ un **temple** romain (milieu du IIIᵉ s.) assez bien conservé dont l'ornementation rappelle Palmyre.

PALMYRE (π 031)

On mange très bien à l'hôtel **Zenobia** et l'on a, de la terrasse, une très belle vue sur les ruines. Juste en face de l'hôtel se trouve le **Garden Restaurant** spécialisé dans les grillades.

Dans les deux modestes restaurants du centre que sont le **Traditional** et le **Sindbad**, le *mansaf* – spécialité bédouine à base de riz, de mouton, d'amandes et de yaourt – est excellent.

Pour changer un peu, pourquoi ne pas vous rendre au **Pancake House**, un restaurant peu cher situé dans une rue latérale de la rue principale (tél. 913733) ? Vous y trouverez jus de fruits frais, galettes et crêpes, une plaisante cour intérieure (décoration bédouine) et les propriétaires sont charmants.

Plusieurs magasins se succèdent dans la rue principale où l'on peut acquérir de très belles robes et étoffes bédouines et ce, à des prix bien inférieurs à ceux pratiqués à Alep ou à Damas. Des vendeurs "à la sauvette" proposent des bijoux très originaux ainsi que des tapis, vous les trouverez à proximité des tours funéraires et du temple de Balshamin. Ils pratiquent eux aussi des prix imbattables – à condition de marchander !

BUS : il existe des lignes pour Damas, Homs, Hama et Deir az Zur. La station d'autobus se trouve à la périphérie est de la ville. Si vous prévoyez des excursions aux châteaux du désert, mieux vaut vous y rendre en taxi et accompagné d'un guide local.

DEIR AZ ZUR (π 051)

Le restaurant de l'hôtel **Cham Palace** vous propose un buffet de spécialités internationales et locales.
À recommander : l'**Al-Jisr al-kebir** (The Big Brigde Restaurant), un petit restaurant simple qui se trouve juste sur la rive de l'Euphrate, à côté du pont suspendu. Vous pourrez non seulement y fumer le narguilé et boire une bière en toute tranquillité tout en contemplant les eaux turquoise du fleuve, mais aussi y déguster des plats excellents ! Vous trouverez

des restaurants simples (snacks et poulet rôti) au bout de la **Khalid ibn Walid Street**. De très belles, quoique très modestes, **maisons de thé** se succèdent, près du souk, sur la rive de l'Euphrate.

Au **souk** de Deir az Zur, vous trouverez de magnifiques foulards imprimés dont les motifs sont un hymne à la vie rurale syrienne : norias, empreintes de chameaux, fleurs... Ces foulards sont généralement noirs et ornés de motifs rouges ou verts ou bien encore en soie.

BUS : des bus "Grandes Lignes" ou de petits bus desservent t.l.j. Raqqa, Alep, Palmyre, Damas, Hasaka et Qamishliyé. Si vous souhaitez faire un détour par la ville en ruine de Zénobie, empruntez un taxi collectif. De petits bus et des taxis collectifs permettent de se rendre à Mari et Doura Europos.
TRAIN : il existe des liaisons avec Alep, Hasaka et Qamishliyé. La gare est située sur la rive orientale de l'Euphrate. Les bureaux se trouvent à la gare routière de Karnak.
AVION : l'aéroport se trouve au sud de la ville, mais loin du centre ; les vols domestiques ne sont donc pas la meilleure solution.

RAQQA (π 0221)

La plupart des restaurants simples sont situés aux abords de la tour-horloge.

BUS : de la station située à 100 m au nord de la tour-horloge, des bus partent tous les jours pour Damas et Deir az Zur. Il y a plusieurs bus pour Alep chaque jour. De petits bus partent de la station située à 200 m au sud de la tour-horloge à destination d'Alep, de Qala'at Ja'bar et d'Al Mansura d'où l'on peut rejoindre Resafa en faisant de l'auto-stop.
TRAIN : trois trains partent chaque jour pour Deir az Zur et pour Alep (avec correspondance pour Damas).

QAMISHLIYÉ

L'**Agricultural Club** qui se trouve près de l'aéroport sur la route de Hasaka est une bonne adresse.

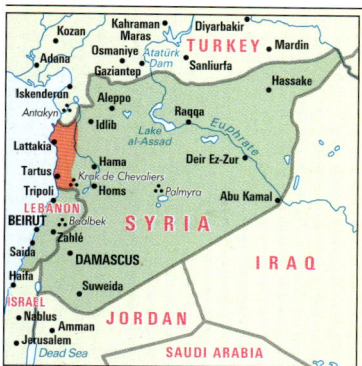

LE LITTORAL SYRIEN

**SAFITA / QALA'AT AREIME
QALA'AT YAHMUR / AMRIT
TARTOUS / ARWAD
QALA'AT AL MARQAB
JABLEH / LATTAQUIÉ
OUGARIT (RAS SHAMRA)
QALA'AT SALADIN (SAHYUN)**

Aux petits bateaux en bois de l'Antiquité, la côte quasi rectiligne près de **Tartous**, **Jableh** (Jebblé) et d'**Ougarit** offrait des ports naturels abrités ; mais pour les gros bâtiments en acier d'aujourd'hui, il a fallu aménager des ports artificiels à **Lattaquié** et **Baniyas** qui ouvrent la Syrie contemporaine sur le monde. Avec plus de 100 habitants au km², la plaine côtière est la région la plus peuplée de Syrie. Une voie rapide relie Lattaquié au nord à Tartous au sud et continue vers Homs. En empruntant la route n° 1, la route côtière au sud de Tartous, et la 14 un peu plus à l'est, on peut se rendre au Liban.

Partant de l'axe principal n° 3, de petites routes serpentent entre d'étroits cours d'eau, au milieu de vallées fluviales où les rivières sont généralement à sec en été, en direction de l'est où elles se lancent à l'assaut du massif côtier (**djebel al Alawia** ou **djebel an Nusayriyah**). Sur des sentiers caillouteux, on peut cheminer pendant des heures sous les frondaisons vert argent des oliviers, au milieu de champs de céréales ondulants et, au printemps, de bosquets en fleurs.

Kihaniyé, la plus large vallée de la plaine côtière au sud près de Tartous, est

Pages précédentes : des bateaux-taxis font la navette entre Tartous et l'île d'Arwad. Ci-contre : au cœur de la citadelle de Tartous.

tout particulièrement indiquée pour des randonnées à pied.

SAFITA

Pour se rendre dans la localité de **Safita ❶** au charme presque provençal, on peut prendre l'autoroute Homs – Tartous d'où bifurque en direction du nord une petite route vers Safita. Malheureusement, lors des travaux destinés à moderniser la charmante petite ville de montagne entourée de vergers et d'oliveraies, la plus grande partie de l'ancienne forteresse des Templiers, **Castel Blanc** ou **Qala'at al Beida** ("château blanc"), a été détruite.

Nour ed-Din avait conquis la citadelle en 1167, mais après sa mort, deux ans plus tard, les Templiers purent s'en emparer (1170). Ils la fortifièrent si bien qu'elle résista avec succès au sultan Saladin en 1188. Les dommages causés par le tremblement de terre de 1202 imposèrent des réparations et des améliorations de son système défensif qui tint en échec Malik al Ashraf d'Alep en 1218. Le sultan Baybars s'empara du château en 1271 afin de se ménager une retraite lors de l'assaut du Krak des Chevaliers

Sont encore visibles aujourd'hui une partie de l'enceinte extérieure, le **Qasr al Bint** ("château de la Fille"), et le puissant ***donjon**. Cette tour avec sa

chapelle, aujourd'hui église Saint-Michel, et la **salle des Chevaliers** située au-dessus fait partie des plus beaux exemples de l'architecture des croisés en Syrie. Du toit la **★vue** révèle un paysage doux et verdoyant avec ses villages, ses champs et ses forteresses.

QALA'AT AREIME

Non loin de la ville provinciale de **Safsafeh** se trouve le château des croisés de **Qala'at Areime ❷** (**Qala'at al Ariman**). Areime est mentionné pour la première fois en 1149 lorsque Bertrand de Toulouse en prend possession. La légende veut que Nour ed-Din ait eu recours à un subterfuge pour y retenir prisonniers le seigneur franc et sa sœur. La belle chrétienne donnera par la suite un fils à Nour ed-Din. Le fait est que Nour ed-Din a conquis le château pour la première fois en 1167, mais que, trois ans plus tard, il appartenait de nouveau

Ci-dessus : la salle des Chevaliers du donjon de Safita et ses élégantes croisées d'ogives.

aux croisés jusqu'à ce que le souverain musulman le reprenne en 1171. La petite forteresse comprend une partie haute et une partie basse. Avec ses fortifications d'angle, le **bâtiment central** rectangulaire de la citadelle supérieure ressemble beaucoup aux citadelles byzantines et est un exemple des premières constructions des croisés.

QALA'AT YAHMUR

Afin de protéger la côte, déterminante du point de vue stratégique et économique, les croisés édifièrent aussi **Qala'at Yahmur ❸** (le "château rouge") qui n'est accessible qu'à pied (2 km). On laissera sa voiture près d'une maison de paysans à proximité de la route. Quand Pons, le fils du comte Bertrand de Tripoli, épousa la veuve du prince Tancrède d'Antioche, il devint propriétaire du **château** (1112). En 1178, Raymond III de Tripoli remit la citadelle de Yahmur aux chevaliers de Saint-Jean. Elle leur fut reprise par le sultan Qalaoun en 1278. L'impressionnant **★donjon**, qui se dresse au centre d'une en-

ceinte rectangulaire, constitue ce que
les croisés ont construit de plus simple.

★AMRIT

On retrouve des vestiges de la civilisation phénicienne à 8 km au sud de
Tartous : le **temple al Maabed** à côté du
sanctuaire de la source (VIᵉ-Vᵉ s. av.
J.-C.) de la ville d'★**Amrit** ❹, l'antique
Marathos. Dans ce qui était un lieu de
culte, les Phéniciens firent creuser dans
le calcaire un immense **bassin** ceint
d'une **salle hypostyle**. Au milieu du
bassin, une plate-forme supporte un petit autel ouvert à l'ouest et qui devait
abriter une statue. Des couronnes cré-
nelées, des moulures lisses et des répli-
ques de rangées de poutres ornent ce
★**petit temple**. Des piliers monolithiques supportaient les énormes plaques
du toit et entouraient le bassin sur trois
côtés. Des canaux et des gargouilles à
tête de lion approvisionnaient en eau
"céleste" le bassin déjà alimenté par
une source. Du côté du déversoir à l'ouest, deux **tours en miniature** flanquaient la plate-forme de l'autel des sacrifices.

Comme au sanctuaire d'Astarté, on
devait probablement offrir surtout des
pétales et des plantes. Jusqu'à maintenant, le terrain qui entoure les ruines
(zone en partie militaire aujourd'hui)
n'a été que superficiellement fouillé,
mais il est certain qu'il était peuplé vers
500-300 av. J.-C.

À 2 km seulement plus au sud, trois
★**méghazils** en pierre ("tombeaux en
forme de fuseaux") indiquent le chemin
de la **nécropole** de la ville qui, au printemps, est une véritable mer de fleurs. Il
est recommandé de bien suivre le sentier si l'on ne veut pas tomber dans l'u-
ne des nombreuses ouvertures de tombes cachées par la végétation. Les deux
monuments qui se trouvent l'un à côté
de l'autre sont pourvus de tout un complexe aménagé dans le sol, rampe d'accès, antichambre, salle et niches funéraires pour l'inhumation des morts.

LE LITTORAL SYRIEN

0   10   20 km

Le littoral syrien

5

Pour les Phéniciens, les morts continuaient de "vivre" dans l'au-delà sous forme d'ombres. Leurs sépultures étaient considérées comme inviolables et on cherchait à les protéger des profanations par des malédictions. Lors des funérailles, des pleureuses exprimaient la douleur de la famille du défunt que l'on honorait par un **repas**. Lorsqu'il s'agissait d'assurer sa descendance, des sacrifices étaient offerts aux défunts pour implorer leur aide. Les angles de la base de l'un des imposants méghazils, dont la fonction est comparable à celle des pierres tombales contemporaines, sont ornés de représentations de **lions** considérés comme un symbole de puissance et comme les gardiens des morts.

★TARTOUS

Aujourd'hui, la ville portuaire de **★Tartous ❺**, fort peu fréquentée par les touristes, ne garde plus aucune trace de

Ci-dessus : porte médiévale dans la citadelle de Tartous. Ci-contre : façade gothique de l'église des croisés de Tartous.

l'époque phénicienne. Des vestiges du **mur d'enceinte** médiéval et du **fossé** sont encore visibles à l'angle nord-est. La **vieille ville** a été partiellement restaurée si bien que l'on peut y faire une promenade instructive.

La **citadelle** (entourée aujourd'hui de toutes sortes de bâtiments) à l'angle nord-ouest permettait de surveiller la ville et toute la bande côtière. Lorsque le sultan Saladin attaque la forteresse de *Tortosa* en 1188, les Templiers ne peuvent garder que le donjon d'où ils s'enfuient en 1291 par un passage souterrain pour gagner en bateau l'île d'Arwad. De la **cour du château**, aujourd'hui petite place du centre-ville, on peut voir au nord et à l'est, dans des cours et des ruelles, des vestiges de la **salle des Chevaliers** et de la **chapelle** sur le **mur intérieur** renforcé de tours de la citadelle.

Le monument le plus intéressant est sans conteste la **★cathédrale Notre-Dame** au sud-ouest du château. Cet édifice de style gothique primitif, construit entre 1123 et 1200, a remplacé une église byzantine détruite. Malgré les fines colonnes à chapiteaux feuillus des fenêtres en ogive, l'église ressemble à une forteresse, surtout si l'on fait abstraction des tourelles ajoutées par la suite. Un autel, qui aurait été consacré par l'apôtre Pierre, et une image de la Vierge qu'aurait peinte saint Luc, ont malheureusement été perdus lors de la fuite des Templiers.

Le magnifique intérieur ***voûté** de l'édifice abrite aujourd'hui un **musée**. On peut y voir, outre des **vestiges de fresques** de la chapelle du Krak des Chevaliers, de nombreux ***sarcophages** phéniciens de style égyptien en pierre (vers 500 av. J.-C.) et en plomb (vers 100 av. J.-C.).

Pour se rendre sur la petite île d'**Arwad** très peuplée mais interdite aux voitures, on peut louer un bateau dans le port de Tartous ou emprunter l'un des bateaux qui desservent l'île.

ARWAD

L'unique île de la Syrie, **Arwad ❻**, où quelque 4000 personnes vivent aujourd'hui vive essentiellement de la pêche, n'a pas une grande superficie (800 m sur 500 m), mais son histoire n'en est pas moins intéressante. L'antique *Arados* est occupée dès 1400 avant J.-C. par les Cananéens qui y vivent de la pêche et du commerce maritime.

Après l'assaut des Peuples de la Mer (vers 1200 av. J.-C.), les cités-États phéniciennes, dont faisait partie Arwad, prennent rapidement de l'importance. Elles font le commerce du cuivre de Chypre, de l'or et de l'ivoire d'Égypte et des céramiques des îles grecques, mais elles transforment aussi ces matériaux. De l'arrière-pays viennent les étoffes teintes, le verre et le précieux bois de cèdre. Ces peuples doivent tout d'abord leur nom à la ville de Sidon jusqu'à ce que les Grecs les appellent Phéniciens parce qu'ils font le commerce de tissus teints avec la pourpre (en grec *phoinis*), une matière colorante qu'ils tirent d'un mollusque, le murex.

De 1100 à 612 avant J.-C., les rois assyriens contrôlent la côte est de la Méditerranée et donc aussi l'île d'Arados, ce que nous savons grâce aux chroniques qui sont parvenues jusqu'à nous. Les Assyriens sont d'abord remplacés par les Babyloniens (604 av. J.-C) puis par les Perses (514 av. J.-C). Ces derniers réunissent dans leur cinquième satrapie (province) les peuples côtiers "libérés" dont les bateaux constituent le noyau de la flotte perse. Aux Ve et IVe siècles avant J.-C., Arados possède même des statues des célèbres sculpteurs grecs Phidias et Praxitèle – un signe de sa richesse et de l'ampleur de ses contacts commerciaux. Quand Alexandre le Grand s'empare sans coup férir d'Arados en 333, la prospérité de la ville appartient déjà au passé. Et le rôle dirigeant sur la côte échoit définitivement à la ville de **Tartous** lorsque les Romains prennent le pouvoir en 64 av. J.-C.

La période byzantine se termine d'abord en 536 avec l'entrée des troupes musulmanes, mais en 968 l'empereur Nicéphore II Phocas peut reconquérir la

ville de Tartous de sorte qu'elle restera possession byzantine jusqu'au milieu du XIᵉ siècle. Lors de la première croisade, les Francs s'emparent à deux reprises (1099 et 1102) de *Tortosa* (Tartous aujourd'hui) et l'incorporent au comté de Tripoli. La ville connaît un nouvel essor lorsque les influents Templiers s'y installent en 1183.

L'ordre des Templiers fut fondé en 1120 dans le but de protéger les pèlerins qui se rendaient en Terre sainte. Ces chevaliers portaient par-dessus leur armure un manteau blanc avec une croix rouge. Ils furent appelés Templiers parce qu'ils résidaient près du temple de Jérusalem. Leur ordre se développa rapidement – en 1260, 20 000 chevaliers en étaient membres déjà – et amassa de surcroît de telles richesses que le roi Philippe IV le Bel porta plainte contre l'ordre en 1307 pour insulte au Christ, idolâtrie et mœurs dissolues – c'est de cette époque que date l'expression "boire comme un Templier". Le roi fit main basse sur les biens de l'ordre qui fut dissous par le pape Clément V en 1312.

Au XIIIᵉ siècle, les armées arabes repoussent de plus en plus les croisés : en 1291, elles conquièrent Tartous et finalement, en 1302, l'île d'Arwad, le dernier refuge des Francs au Proche-Orient. Seuls quelques vestiges rappellent le passé mouvementé d'Arwad. En flânant à travers les ruelles, vous découvrirez un **cimetière** musulman, la **forteresse** datant de l'époque des croisés avec ses tours d'angle circulaires et son petit **musée** ainsi que le **port** (bons restaurants de poisson) qui existe depuis le IIᵉ millénaire avant J.-C.

Ci-dessus : la forteresse de Qala'at al Marqab trône à 500 m au-dessus de la route côtière. Ci-contre : le château abrite aujourd'hui une auberge de jeunesse.

★QALA'AT MARQAB

Si en partant de Tartous, on longe la côte vers le nord, on distingue peu avant **Baniyas** à droite, perché sur une montagne, le bloc imposant de ★**Qala'at Marqab** ❼. Construite en grande partie en basalte noir, la forteresse trône à 500

m au-dessus de la mer, au sommet d'un cône de montagne escarpé. De la sinistre tour fortifiée, qui jouxte la voie rapide, on contrôlait au Moyen Âge le chemin côtier. Pour se rendre au château, prendre avant Baniyas la route qui monte en direction de Masyaf.

Les Byzantins (1104) et les croisés emmenés par Tancrède (1108) s'emparent et détruisent le premier fort d'un prince musulman. Puis le château change plusieurs fois de propriétaire et passe en 1186 aux mains des chevaliers de Saint-Jean. Mais les croisés connaissent de plus en plus de difficultés et perdent tous leurs bastions au cours du XIIIᵉ siècle. En 1285, les soldats du sultan Qalaoun font sauter le donjon (tour de l'Espérance, tour sud) ; les chevaliers se retirent avec les honneurs de la guerre.

L'imposante citadelle triangulaire abritait en sa **partie basse** une petite ville où vivaient aux XIIIᵉ et XIVᵉ siècles les dignitaires tombés en disgrâce, qui y menaient joyeuse vie tant et si bien que le gouverneur de Damas fit fermer toutes les auberges, répandre le vin et chasser les dames de petite vertu.

Sur ordre de Qalaoun, la ***partie haute** à la pointe sud avait été réparée sous l'émir Saïf ed Din Balaban et le ***donjon** entièrement reconstruit.

Achevée en 1186, la **chapelle** gothique est très dépouillée et empiète largement sur la cour du château. Les chapiteaux des portails nord et ouest ne sont pas sans rappeler ceux de la cathédrale de Tartous. De nombreuses et imposantes **salles** avaient des plafonds intermédiaires en bois et leurs **citernes** fournissent aujourd'hui encore de l'eau. Les **entrepôts** situés à l'est de la cour du château remontent en partie à l'ère ottomane, époque où il y avait une garnison à Marqab.

Pendant longtemps, le château était fermé au public en raison des risques d'éboulements. Aujourd'hui, on peut de nouveau le visiter et admirer la vue fantastique sur la bande côtière.

JABLEH (JEBBLÉ)

Faites un détour par **Jableh** ❽, à environ 25 km de **Baniyas** qui ne présente pas grand intérêt du point de vue touris-

tique. Outre la mosquée dédiée au mystique Ibrahim ibn al Adham (VIIIᵉ s.), vous y découvrirez un **théâtre** romain dont les sièges, qui pouvaient accueillir près de 6000 spectateurs, sont bien conservés.

LATTAQUIÉ (LADHIQIYAH)

Lattaquié ❾ (**Ladhiqiyah**), la plus importante ville portuaire de Syrie et le centre administratif de la province éponyme, se trouve à 50 km au sud de la frontière avec la Turquie. Son nombre d'habitants (500 000) a été multiplié par dix au cours des vingt dernières années. L'agrandissement du port, l'université, le petit commerce florissant et un grand nombre d'entreprises artisanales et de fabriques ont attiré de la main-d'œuvre de tout le pays. Les principaux produits récoltés dans la région – olives, figues et tabac – sont transformés ici avant d'être exportés. De grandes installations

Ci-dessus : Lattaquié est un port et une ville universitaire extrêmement dynamique. Ci-contre : des étudiantes rayonnantes.

sportives modernes ont été construites au nord de la ville il y a quelques années, à l'occasion des Jeux de la Méditerranée. Quelques bons hôtels font de la ville le point de départ privilégié d'excursions dans les environs : à Sahyun, Ougarit ou à la frontière turque sur la route d'Antakya qui, avec ses forêts de chênes verts et de pins, est l'un des plus beaux itinéraires de Syrie.

Séleucos Iᵉʳ Nicator (312-281) fonda la ville et lui donna le nom de sa mère *Laodicée*. Le roi séleucide ayant donné le même nom à trois autres villes, celle-ci reçut en outre le qualificatif "sur mer" et obtint le droit de battre monnaie. Après la conquête romaine (64 av. J.-C.), Laodicée perdit certes ses privilèges mais, César lui en rendit quelques-uns peu après. En son honneur, la ville prit le nom de sa fille *Julia*, l'épouse de Cn. Pompée.

Les querelles de succession qui opposaient à Rome, Septime Sévère à d'autres prétendants au trône entraînèrent la destruction de la ville de Julia (193 ap. J.-C.) qui soutenait Septime Sévère. Lorsque ce dernier devint em-

pereur, il fit reconstruire la ville en signe de gratitude et l'éleva au rang de *métropolis*, lui octroyant le droit de battre monnaie et l'exemptant d'impôts. Laodicée put ainsi pour la première fois supplanter sa rivale, Antioche. Au IIIᵉ siècle, Zénobie, la reine de Palmyre, parvient à régner quelque temps sur ce port. En 494 et 555, la cité byzantine de Laodicée est victime de graves tremblements de terre et l'empereur Justinien Iᵉʳ (527-565) s'efforce de réparer les dommages subis en érigeant de nouvelles constructions.

En 638, les armées musulmanes parviennent à conquérir la bande côtière septentrionale de la Syrie et Laodicée. Sous les empereurs Nicéphore II Phocas (963-969), Jean Iᵉʳ Tzimiskès (969-976) et Basile II (976-1025), la ville fait de nouveau partie de l'Empire byzantin jusqu'à ce que les Arabes s'en emparent à nouveau.

À l'époque des croisades, elle constitue une pomme de discorde entre les différents partis chrétiens. Après avoir été, à partir de 1097, sous le contrôle des Byzantins comme des croisés de Raimond de Toulouse et de Tancrède d'Antioche, elle est occupée en 1104 par la flotte de l'empereur Alexis Iᵉʳ Commène. En tant que partie intégrante de la principauté d'Antioche, *La Liche*, ainsi que l'appelaient les Francs, est élevée au rang d'évêché et abrite une commanderie de l'ordre des chevaliers de Saint-Jean-de-Jérusalem. Les tremblements de terre de 1179 et 1287 permettent aussi bien au sultan Saladin qu'à l'émir Hassan ed Din Torontai de s'emparer un temps de la ville. Le règne des croisés s'achève vraiment en 1287 lorsque le sultan Qalaoun s'empare de la forteresse et la détruit. En 1366, Pierre de Lusignan tente encore une fois depuis Chypre de reprendre Lattaquié.

De sa longue histoire, la ville n'a pas conservé de monuments historiques à l'exception des colonnes du **temple romain d'Adonis** près de la **mosquée Mograhbi** et du monument de l'empereur Septime Sévère. Avec son plafond de conception inhabituelle, le **★quadrifrons**, un monument à quatre piliers, compte parmi les édifices romains les plus curieux de Syrie (vers 200).

Sur le front de mer, les quelques tablettes d'argile d'Ougarit, les vieilles armures et l'art moderne exposés au petit **musée Al Mandubiya** (rue Al Quds) ne reflètent pas le passé mouvementé de Lattaquié.

Les Syriens adorent passer leurs vacances sur la **Shati al Azrak** ("côte bleue"), au nord de Lattaquié (**plages**, hôtels et restaurants de poisson).

★OUGARIT (RAS SHAMRA)

À 12 km au nord de Lattaquié se trouve le tell de **Ras Shamra** ("colline de fenouil"), l'antique **★Ougarit ⓵**. C'est l'un des sites archéologiques majeurs du pays. La colline tient une place de premier plan dans l'histoire syrienne depuis qu'y furent mises au jour – en labourant son champ, un paysan découvrit, en 1928, l'entrée d'une tombe – d'immenses **archives** composées de **tablettes d'argile** où figurait le plus **ancien alphabet cunéiforme**.

Histoire d'Ougarit

L'histoire du peuplement d'Ougarit remonte au septième millénaire avant J.-C. et le nom akkadien du site *ugaru* (champ) est attesté depuis l'an 2300 av. J.-C. Au cours des siècles suivants, Ougarit, qui est déjà composée à l'époque de plusieurs quartiers, est occupée par des Cananéens et des Hourrites. Ses bateaux ramènent des marchandises d'Égypte, de Crète et de Chypre. On connaît de cette époque les noms des rois Nigmal et Yaqarum (XVIIIe s. av. J.-C.). Au XVe siècle av. J.-C., le pharaon Thoutmès III y installe au cours d'une campagne une garnison égyptienne.

Vers 1350 av. J.-C., un roi du nom de Niqmad II règne sur la ville depuis un nouveau palais. L'un de ses scribes élabore un alphabet cunéiforme de 30 signes qui font partie des bases de notre écriture (aujourd'hui au Musée national d'Alep). Sous les successeurs de Niqmad, Ougarit passe sous la dépendance des Hittites. Le grand roi hittite ou son vassal interviennent souvent dans les affaires intérieures de la ville côtière, réglant des conflits frontaliers, arbitrant une "guerre du vin" entre Ougarit et un voisin du sud, confirmant un divorce royal et intervenant dans la succession au trône. Mais Ougarit conserve une certaine autonomie et continue d'être influencée par la culture égyptienne. Vers 1175 avant J.-C., la ville est conquise par les Peuples de la Mer. Son dernier souverain Ammourapi avait perdu auparavant sa flotte après l'avoir envoyée au roi hittite pour l'appuyer dans son combat contre les Peuples de la Mer. Dès lors, Ougarit n'est plus occupée que sporadiquement et la cité sombre dans l'oubli.

Visite d'Ougarit

L'escalier qui mène à la caisse longe un mur fortifié avec le soubassement d'une tour et la **★poterne ⓵**, une porte du XVe siècle avant J.-C. dotée d'une fausse voûte. Une **rue** antique part en direction de l'est et monte au sommet de la colline avec l'acropole. À gauche de la rue, vous apercevez tout d'abord le **palais nord ⓶** puis, le **temple royal ⓷**.

L'autre côté de la rue est occupé par le **★palais royal ⓸** ou grand palais qui fut construit en sept étapes (XIVe-XIIIe s. av. J.-C.). Des colonnes en bois reposant sur des soubassements en pierre supportaient le plafond du **hall d'entrée ⓹** à l'ouest sur lequel veillait jadis une imposante **tour ⓺** fortifiée (5ème phase). Une petite lucarne a été bouchée par une plaque triangulaire.

À gauche derrière la porte d'entrée se trouvaient les **archives nord-ouest ⓻** avec leurs tablettes d'argile, recouvertes d'écriture cunéiforme, et les scribes. À droite, on pénètre dans la **première cour ⓼** dont la **fontaine** coule encore et d'où l'on a accès à la tour fortifiée.

Le côté est de la cour est la partie la plus ancienne du palais qui comprenait autrefois un étage supérieur avec les

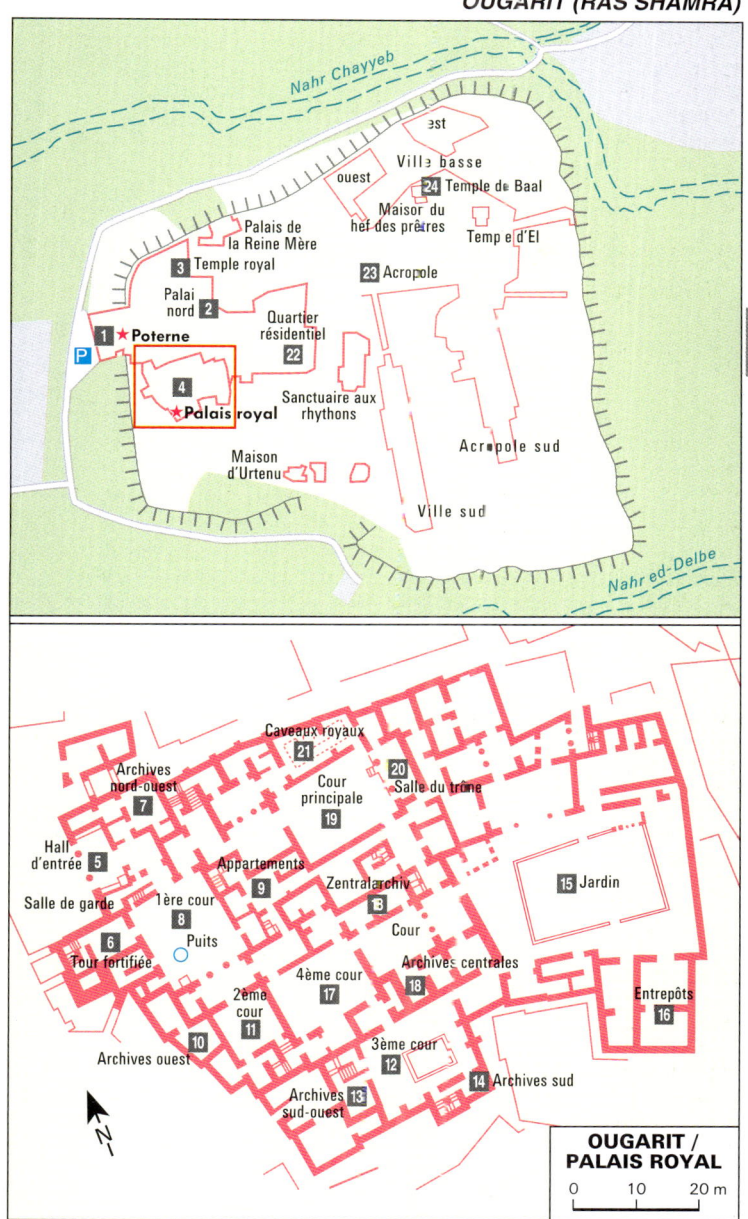

Carte du site (haut) :

Nahr Chayyeb

Ville basse
ouest

ouest

Ville basse

24 Temple de Baal

Maison du
hef des prêtres

Temp e d'El

Palais de
la Reine Mère

3 Temple royal

23 Acropole

Palai nord
2

Quartier
résidentiel
22

1 ★ Poterne

P

4
★ Palais royal

Sanctuaire aux
rhythons

Acropole sud

Maison
d'Urtenu

Ville sud

Nahr ed-Delbe

Plan du Palais Royal (bas) :

Caveaux royaux
21

20

Archives
nord-ouest
7

Cour
principale
19

Salle du trône

Hall
d'entrée 5

Appartements
9

Zentralarchiv

15 Jardin

Salle de garde

1ère cour
8

18

Cour

6

Puits

Archives centrales

Tour fortifiée

4ème cour
17

18

Entrepôts
16

2ème
cour
11

10

3ème cour
12

14 Archives sud

Archives ouest

Archives
sud-ouest 13

N

**OUGARIT /
PALAIS ROYAL**

0   10   20 m

appartements 9 de la famille royale. Sur le côté sud de la cour, on arrive par une deuxième salle hypostyle aux **archives ouest** 10 et à la **deuxième cour** 11 (3ème phase).

Au sud, regroupées autour de la **troisième cour** 12, se trouvent les **archives sud-ouest** 13, qui sont précédées par un four, et les **archives sud** 14 (7ème phase). On faisait dans un premier temps sécher les tablettes d'argile, sur lesquelles on écrivait avec un style en bois, au soleil avant de faire cuire les textes les plus importants afin de leur assurer une plus longue pérennité.

Plus à l'est, on arrive au **jardin** 15 dont le côté sud était occupé par les **entrepôts** 16. C'est là qu'on a découvert la plupart des objets précieux qui sont exposés aujourd'hui dans les Musées nationaux de Damas et d'Alep ainsi qu'au musée du Louvre à Paris. En fuyant le palais en flammes, les conquérants devenus pillards ont sans doute jeté ou perdu une partie des trésors qu'ils s'étaient appropriés. Sous le palais, des archéologues français ont procédé à des **sondages** pour étudier les couches attestant de peuplements antérieurs (18 en tout).

En se dirigeant vers le nord-ouest, on traverse la **quatrième cour** 17 (4ème phase), où se trouvaient les **archives centrales** 18 avec les pièces juridiques d'importance, pour pénétrer dans la **cour principale** 19 du palais (2ème phase) sur le côté est de laquelle s'ouvre délibérément la vaste **salle du trône** 20 (salle d'audience) rehaussée par deux colonnes ; les pièces situées au nord abritent les **caveaux royaux** 21. On quittera ce site de préférence en passant par l'est et les bâtiments de la 4ème phase.

À l'est se trouve le **quartier résidentiel** 22 parcouru par deux ruelles. Il y avait là les maisons du scribe royal Rapanu et du maître des douanes Rashapabu. Tous deux avaient leurs propres **archives** à domicile. On a trouvé à Ougarit des textes en huit langues différentes : akkadien, hourrite, hittite et sumérien en écriture cunéiforme, égyp-

Ci-dessus : Ougarit : réservoirs à huile ou tonneaux ? Telle est la question ! Ci-contre : le château de Saladin (Qala'at Saladin).

tien et louvite (une langue indo-germanique d'Asie Mineure) en hiéroglyphes ainsi qu'en écriture linéaire cyprio-minoenne et phénicienne. Presque toutes les maisons du quartier résidentiel possèdent des **canalisations** et des **tombeaux souterrains**. De grandes auges en pierre et des cuves servaient à entreposer le vin, l'huile et les produits alimentaires. Des escaliers menaient aux toits plats où l'on dormait pendant les chaudes nuits d'été.

Si l'on monte vers l'**acropole** 23 à l'est, on dépasse sur la gauche un autre **sondage** de dix mètres de profondeur par l'escalier duquel les archéologues ont extrait, dans des paniers, les gravats accumulés au fil des siècles.

Juste derrière se trouve le **temple de Baal** 24. Il comprend une avant-cour avec autel, une étroite antichambre avec escalier et une grande cella (cœur du sanctuaire) dotée d'une pièce annexe. Autrefois, les capitaines déposaient dans l'avant-cour, à l'issue d'un voyage couronné de succès et à l'intention de Baal, le dieu principal, des ancres de bateau en pierre, de grossières plaques triangulaires en calcaire percées d'un trou.

*QALA'AT SALADIN (SAHYUN)

*Qala'at Saladin ⓫ (château de Saladin) appelé encore **Sahyun** ("château de Saône" – site charmant à quelque 30 km à l'est de Lattaquié –, est l'une des forteresses les plus imposantes de Syrie et est désormais classé au patrimoine culturel mondial de l'Unesco. Son importance dans l'histoire du pays est comparable à celle du Krak des Chevaliers (cf. p. 72). Pour vous y rendre, quitter Lattaquié par la route de Tartous puis, prendre après le pont sur le Nahr al Kabir ("grand fleuve") au km 8, à l'est, la direction de Jisrsh Shugour. 1 km après le village de Haffe, tourner à droite en direction de la forteresse (5 km).

Lors de sa campagne de Syrie, l'empereur byzantin Jean Ier Tzimiskès conquiert (975) aussi le château de Sahyun détenu par les émirs d'Alep et le transforme dans le style byzantin. Vers 1108, les croisés réussissent à le prendre et l'agrandissent. C'est de cette époque

que date son nom arabe de *Sahyun*, déformation du nom d'un comte de Saône, à qui la forteresse aurait un temps appartenu.

Après l'écrasante défaite de Hattin en 1187, qui coûta la vie à la plupart des chevaliers chrétiens, l'"indomptable" fort de Sahyun et sa garnison réduite ne purent résister à l'assaut de grandes armées. En 1188, après plusieurs jours de résistance, le château fut pris par le sultan Saladin. Les assiégés furent autorisés à le quitter en échange du versement d'une rançon (dix dinars par homme, cinq par femme et deux par enfant). Saladin remit le château à l'émir Nasser ed Din Manguwaras qui le restaura. Il eut pour successeurs son fils Osman (1229-1261) et son petit-fils Achmed qui dut céder le château, en 1271, au sultan mamelouk Baybars.

Les dégâts visibles aujourd'hui sont le fait d'Ibrahim Pacha qui, au XIXe siècle, fit donner le canon contre une garnison turque, qui y avait pris ses quartiers.

Au nord-est, on admirera le *fossé creusé à même la roche (150 m de long, 28 m de profondeur et 18 m de large) et l'**aiguille de pierre** monolithique destinée à soutenir un pont-levis. Sur le versant qui précède, on distingue les vestiges d'une petite **cité**.

Les puissants **remparts** et le *don-**jon** ont été en grande partie érigés à l'origine par les croisés, mais durent souvent être réparés par la suite. Dans la **salle à piliers** qui tenait lieu d'écuries, on a découvert des soubassements remontant à une époque antérieure.

On ne manquera pas de s'intéresser au **bain ayyoubide** (1171-1250), qui jouxte la **mosquée** de Qalaoun ainsi qu'aux **citernes** byzantines pourvues d'un espace où l'on pouvait se laver. En raison des risques d'éboulement, il vaut mieux renoncer à visiter l'**ancienne citadelle byzantine**.

Du petit **café** (pas toujours ouvert), on a une belle vue sur la **basse-cour** du château très endommagée.

LATTAQUIÉ (☎ 041)

L'office de tourisme se trouve dans la Beirut Street (ancienne Ramadan Avenue) face à l'hôtel Riviera, tél. 219211, ouvert t.l.j. sauf le vendredi, de 9h à 14h.

Les meilleurs restaurants de la ville sont ceux de l'hôtel *Méridien*, à 10 km à l'extérieur de Lattaquié, au bord de la plage. Mais vous trouverez tout de même quelques bons restaurants sympathiques dans le centre qui sont surtout fréquentés par les nombreux étudiants. Ils pratiquent des prix généralement modérés et proposent un bon choix de plats. À recommander notamment : **Al-Dar**, Mutanabi Street. Un beau restaurant chic avec musique live tous les soirs et carte internationale et syrienne.

Italian Corner, Mutanabi Street, tél. 477207. Sur une jolie terrasse, on vous servira – on s'en serait douté ! – des spécialités italiennes. Leurs pizzas sont exceptionnelles !

Au restaurant **Spiro**, sur la Corniche, tél. 477169, vous vous régalerez dans un décor plutôt dépouillé de délicieux fruits de mer. Les végétariens seront aux anges dans le sympathique restaurant qu'est l'**Al-Andalus**, sur la Corniche (tél. 221341). Il faut goûter au *fatteh*, un plat à base de pois chiche et de riz et passé au four.

Dans la **Ramadan Street**, au bout de la rue notamment, près du **Shaikh Dahir Square** et dans les rues latérales, se succèdent des restaurants modestes mais tout à fait convenables où l'on vous proposera poulet, shawarma, falafels, etc.

DISTRACTIONS : les diverses **maisons de thé** de Lattaquié sont particulièrement plaisantes. On peut y rester pendant des heures à regarder les gens aller et venir. Celles qui se trouvent à l'extrémité sud de la Ramadan Street sont vraiment très sympathiques.

Lattaquié a son "**espace de flânerie**" (la rue qui sépare le restaurant Italian Corner et l'Atlal-Hotel) : ce ne sont que bars et restaurants et les jeunes n'y déambulent que dans un seul et unique but : voir et être vus ! Ambiance garantie le jeudi soir puisque l'on ne travaille pas le vendredi.

La ville vous propose outre de nombreux **cinémas**, son **musée** et des **manifestations sportives**. La qualité de l'eau et de la plage inciteront plutôt à renoncer aux plaisirs de la **baignade** dans la mer. Tous les hôtels de luxe sont équipés de **piscines** et l'on peut également louer des bateaux.

🚌 **BUS** : des minibus desservent Ougarit et la plage, ils partent du square Shaikh Dahir Square, derrière la grande école blanche. Des minibus partent du stade, au nord de la Ramadan Street, à destination de Tartous et du château de Saladin. À 200 m à l'est de la gare se trouve la gare routière centrale qui dessert toutes les destinations, Liban et Turquie compris. Des bus partent quotidiennement pour Damas via Tartous et Homs.
Le bus pour Beyrouth s'arrête également à Tripoli (Liban). Les bus municipaux et les petits bus partent dans toutes les directions, du rond-point nord de la Ramadan Avenue. Pour visiter le château de Sahyun, rendez-vous en voiture jusqu'à Slenfeh.
TRAIN : la gare de Lattaquié donne sur le rond-point d'Al Yamani. Des trains en partent deux fois par jour en destination d'Alep.

👉 **CHANGE** : optez pour la Commercial Bank of Syria qui se trouve au niveau du rond-point ouest de l'Al Quds Avenue.

✉ La **poste principale** se trouve dans la Bagdad Avenue, à proximité du musée.

👉 **IMMIGRATION OFFICE** : pour tous les **problèmes de visas**, 3ème étage du commissariat de police principal à l'extrémité sud-ouest de la Ramadan Avenue, ouvert les jours ouvrables sauf ven., de 8h à 14h. Entre 8h et 9h, vous n'aurez pas à revenir pour voir votre visa prolongé.

BANIYAS

🚌 Bus pour Qala'at Marqab au départ de la gare routière, près du *souk*.

TARTOUS (☎ 043)

🛈 L'office de tourisme se trouve dans la rue Khalid ibn al Walid, au nord de la citadelle, tél. 362448.

🍴 Tartous peut s'enorgueillir de posséder un très beau restaurant : **The Cave** (tél. 221016/220406) a été aménagé au pied des remparts, sur la corniche al Bahr, dans une ancienne grotte. On y mange de très bons plats de poisson (à partir de 8 €) – avec feu de cheminée en hiver – que l'on peut accompagner, dans un cadre très plaisant, de vin libanais. Le restaurant possède un joli bar.
Beaucoup plus simple, mais bien moins cher : le restaurant **Al Nabil**, tout près du port, dans la Sharia al Amara Street (tél. 220380), où l'on se régale de poisson tout frais pêché, servi avec de délicieuses salades que l'on accompagnera d'une bière Barada bien fraîche.
Les Syriens affectionnent les restaurants de poisson de l'**île d'Arwad**. Dans les restaurants du port, on mange extrêmement bien, notamment le vendredi, lorsque l'île est envahie de visiteurs venus y passer le week-end.
Vous trouverez de modestes restaurants et autres snacks-bars dans l'**Avenue ath-Thawra** ainsi que dans les rues qui entourent la Corniche.

👍 **DISTRACTIONS** : le bar du restaurant **The Cave** est ouvert le soir et s'y rendre est sans doute ce qu'on faire de mieux le soir à Tartous. Alternative sympathique : prendre une bière sur la grande terrasse du **Nadi A'ili**, en face du port.

🚌 **BUS** : la station d'autobus se trouve au nord du parc. Des bus en partent plusieurs fois par jour à destination de Lattaquié, Alep et Damas. Les bus régionaux quant à eux partent au nord de la gare, desservent les environs proches et vont jusqu'au Krak des Chevaliers entre autres. Si vous souhaitez vous rendre à Marqab, vous devrez changer à Baniyas.
TRAIN : la gare se trouve à l'est de la vieille ville et de la Tichrine Avenue. Des trains en partent tous les jours pour Homs et Damas.
BATEAU du port de Marfa Arwad, vous pourrez vous rendre en bateau sur l'île (*jaziret*) d'Arwad.

👉 **CHANGE** : la Commercial Bank of Syria possède une filiale au nord de la vieille ville et de l'office de tourisme.

LE LIBAN

HISTOIRE ET CULTURE

Dès le IIIe millénaire avant J.-C., des peuples sémitiques se sont implantés le long de l'étroite bande côtière méditerranéenne et dans les vallées fluviales entre Akko (Israël) au sud et Tartous au nord. L'absence de plaines fertiles et le relief montagneux contraignent très vite ces peuples à se tourner vers la navigation et la pêche. Des contacts avec la Crète, Chypre et l'Égypte vont influencer la culture de ces navigateurs qui s'étaient mêlés aux Amorrites immigrés de l'arrière-pays.

Dans l'Antiquité, le bois des montagnes du Liban était un produit d'exportation très prisé. Des sources égyptiennes parlent du "pays des quatre essences" d'arbres. En faisaient partie les célèbres cèdres bien sûr, qui fournissaient un très bon bois de construction, mais aussi les pins, très recherchés. Leur bois servait à la fabrication de cercueils et leur résine était utilisée pour embaumer les momies. Mais une exploitation abusive allait anéantir presque entièrement les forêts originelles du Liban. Comme intermédiaires pour la vente des lingots de cuivre de Chypre, les marins de Byblos (Jbail) et de Tyr (Sour) étaient imbattables.

Au IIe millénaire avant J.-C., leurs descendants et les nouveaux arrivants (Araméens entre autres) seront appelés Cananéens, un nom qui figure dans la Bible. Dès 1800 avant J.-C., une nouvelle écriture est élaborée, mais l'écriture cunéiforme et les hiéroglyphes égyptiens continuent d'être utilisés. Vers 1500 avant J.-C., les villes côtières du Liban font partie de l'empire des pharaons. Lorsque les Hittites commencent

Pages précédentes : bénédiction nuptiale. Ci-contre : place des Martyrs 1995 – la guerre civile et ses bombardements ont fait resurgir le passé lointain de Beyrouth.

à s'opposer au pouvoir égyptien et que, par la suite, les Peuples de la Mer dévastent la région côtière (vers 1200 avant J.-C.), il va y avoir une vacance du pouvoir propre à favoriser la constitution de villes-États indépendantes.

Sidon (Saïda) prend d'abord la tête du mouvement, raison pour laquelle d'ailleurs tous les habitants de la côte sont appelés *Sidoniens*. Vers 1000 avant J.-C., Tyr va lui succéder. Sous la conduite de leurs rois-prêtres, les villes commencent à fonder des colonies commerciales dans tout l'espace méditerranéen. En 880 avant J.-C., le roi Ittobal de Tyr fonde Botrys (Byblos) au Liban et marie sa fille au roi Ahab d'Israël. Quelque 67 ans plus tard, la sœur du roi Pygmalion aurait posé la première pierre de Carthage (Tunisie). Par la suite, d'autres villes seront fondées en Espagne, en Sicile et en Corse ce qui, semble-t-il, constitue une tentative d'échapper à la pression sans cesse croissante des Assyriens qui, depuis le VIIIe siècle avant J.-C. contrôlait plus ou moins la patrie des Phéniciens.

Le terme fort répandu dans l'Antiquité, de "Phéniciens" vient du grec *phoinis* qui désigne la "pourpre", une matière colorante extraite d'un mollusque gastéropode (*murex brandaris*) avec laquelle les Phéniciens teignaient les tissus, leur principal produit d'exportation. Le verre et les sculptures en ivoire comptaient aussi parmi leurs produits d'exportation. Mais l'ivoire, le matériau de base des ornements de mobilier, devait être importé d'Égypte.

Aux Assyriens succèdent brièvement d'abord les Babyloniens puis les Perses (539 av. J.-C.) comme maîtres de la côte libanaise. Des unités de la flotte phénicienne soutiennent les assauts des Perses contre la Grèce, le concurrent le plus fort dans la lutte pour l'obtention de marchés. Néanmoins, ou peut-être à cause de cela, les Phéniciens ont à cette époque une prédilection particulière pour la culture grecque, d'où les noms grecs des dieux et des rois. Après la ba-

taille d'Issos (333 av. J.-C.), Alexandre le Grand s'empare de toute la côte et trente ans plus tard les rois des villes sont remplacés par des démocraties.

Après le rattachement des villes phéniciennes à l'Empire romain (à partir de 64/63 av. J.-C.), les derniers tyrans disparaissent, la prise de conscience démocratique s'intensifie et certains privilèges romains sont octroyés comme le droit de battre monnaie et l'exonération d'impôts. Le christianisme remplace l'ancienne religion et ses dieux (Baal, Astarté, Adonis, Reshef) et la Phénicie est incorporée à l'Empire romain d'Orient (byzantin) à partir de 395. Les troupes musulmanes s'emparent de cette contrée entre 636 et 677.

Aux califes omeyyades, qui font bâtir la première flotte musulmane, succèdent les souverains abbassides et fatimides puis, les croisés qui conquièrent Tripoli en 1109. Tripoli sera la dernière forteresse des croisés au Liban à retomber aux mains des musulmans en 1289. En 1516, les Ottomans s'emparent du Liban qui fait partie de la province de Syrie. Sous l'émir druze Fakhr ed Din Maan (1585-1635), le Liban, c'est-à-dire les provinces ottomanes de Tripoli et Saïda (Sidon), accèdent au maximum d'indépendance à l'égard d'Istanbul. Mais après l'exécution de l'émir par les Turcs, pour cette raison précisément, son empire qui s'étendait jusqu'à la Syrie s'effondre. Quand la branche masculine de la famille Maan s'éteint en 1697, l'émirat passe à une branche parente, celle des Chihab.

Au milieu du XVIIIe siècle, le cheikh Daher, un Arabe de la région de Tibériade (Israël), pénètre au Liban avec ses troupes et Achmed *Jezzar* ("l'égorgeur"), un Bosniaque agent du pacha de Damas, fait subir d'immenses dommages au pays.

Le jouet des puissances européennes

En 1832, l'émir Bachir Chéhab II (1790-1840) s'allie à Ibrahim Pacha, le

Ci-dessus : éléments de collier de l'époque phénicienne (pâte de verre, IVe-IIIe s. av J.-C.).

vice-roi ottoman d'Égypte, qui parvient alors à repousser les Ottomans. Mais des impôts élevés et une rigueur inutile vont bientôt pousser Druzes et maronites à se révolter contre Ibrahim Pacha qui sera battu en 1840 par les alliés turcs, britanniques et autrichiens ; l'émir Bachir Chéhab II doit s'exiler à Malte.

Les Européens "libérateurs" ne perdent pas de vue leurs propres intérêts : en 1840, Beyrouth est bombardé ; en 1842, la région du Mont-Liban est partagée en deux caïmacamats (districts) et le régime féodal aboli. En 1858-1860, c'est alors la guerre civile entre les anciens alliés, Druzes et maronites, les premiers étant soutenus par les Britanniques, les chrétiens maronites par la France. Les troupes françaises débarquent à Beyrouth et sous la pression européenne le Mont-Liban est déclaré province ottomane autonome.

Avec l'effondrement de l'Empire ottoman en 1918 commence la période d'occupation française ; en 1920, la France se voit confier le mandat sur le Liban. En 1926, le Liban devient une république, sous mandat français ; en 1943, il obtient son indépendance, Béchara el Khoury devient président de la République et Riad el Solh Premier ministre. Les dernières troupes françaises ne quitteront le pays que trois ans plus tard. Un pacte national non écrit définit un système proportionnel entre les religions. À l'Assemblée nationale six sièges sont attribués aux chrétiens contre cinq aux musulmans. Le chef de l'État est un maronite, le Premier ministre un sunnite et le président de l'Assemblée nationale un chiite.

En 1948, quelque 100 000 Palestiniens – en majorité musulmans – venus d'Israël se réfugient au Liban ; ils sont hébergés dans 15 camps où les Nations Unies leur fournissent une aide humanitaire.

La politique pro-occidentale du président Camille Chamoun aboutit en 1958 à un conflit armé avec les partisans du nationalisme arabe. Chamoun fait intervenir les Américains, l'armée libanaise reste neutre, la réconciliation a finalement lieu sans vainqueur ou perdant et c'est l'ex-général Fouad Chéhab qui succède à Chamoun. Sous le président Frangié (1970-76), les problèmes politiques et sociaux du pays vont s'aggraver et, en 1975, la guerre civile éclate au Liban.

Un pays déchiré : la guerre civile libanaise

Au cours des années qui précèdent la guerre civile, la population musulmane augmente plus – plus de naissances sans compter l'afflux de réfugiés – que la population chrétienne. Le système politique de répartition d'après les religions n'est donc plus équitable. Par ailleurs, la société est en proie à de fortes tensions. Dans le sud, le nord et la plaine de la Bekaa, il y a des régions rurales sous-développées, très pauvres.

En moyenne, un travailleur agricole gagne un sixième seulement et un ouvrier d'usine la moitié du revenu d'un employé du secteur tertiaire. Les soulèvements et les grèves sont souvent durement réprimés par un gouvernement dans lequel riches chefs d'entreprise et gros propriétaires fonciers sont, indépendamment de leur confession, surreprésentés. Les travailleurs agricoles et les journaliers sont en majorité chiites alors que la classe moyenne se compose essentiellement de chrétiens et de sunnites.

Depuis 1967, la guérilla palestinienne opère à partir du Liban et depuis son expulsion de Jordanie (1971), elle a encore accru ses activités. De leur côté, des groupements et des partis libanais mettent en place leurs propres milices armées. En 1976, la Syrie intervient avec d'importantes unités dans le conflit tandis qu'Israël soutient les chrétiens. Après l'attentat à la bombe qui va coûter la vie au président Béchir Gémayel en 1982, les troupes israéliennes enva-

hissent Beyrouth-Ouest et ferment les yeux lors des massacres perpétrés dans les camps palestiniens de Sabra et Chatila. Jusqu'en 1985, Israël va se retirer progressivement du Liban sans toutefois abandonner complètement la "zone de sécurité" du Sud. En 1988, le chaos est à son comble lorsque deux gouvernements rivaux s'affrontent, l'un civil et musulman, celui de Sélim Hoss, l'autre militaire et chrétien dirigé par le général Michel Aoun.

Pour éviter une scission du pays, des négociations ont lieu en 1989 à l'initiative de la Ligue arabe à Taef, en Arabie Saoudite. Un an plus tard, Michel Aoun est destitué et la guerre civile terminée grâce à l'intervention de l'armée syrienne. Conformément à l'accord de Taef, chrétiens et musulmans se répartissent les sièges à l'Assemblée nationale et la plupart des milices sont désarmées. Omar Karami devient Premier ministre.

Ci-dessus : la guerre civile a transformé la place des Martyrs de Beyrouth en champ de ruines.

Une guerre civile peut-elle en cacher une autre ?

À la fin de la guerre civile, le gouvernement peut compter grâce à la nomination de 40 députés sur une majorité pro-syrienne au Parlement. Les accords de coopération libano-syriens transforment de facto le Liban en protectorat syrien. Tant et si bien que les maronites et les Druzes boycottent les élections législatives de 1992. Rafic Hariri – Premier ministre de 1992 à 1998 puis, de 2000 à 2004 – réagit intelligemment en nommant des opposants personnels et politiques (députés du Hezbollah entre autres) au gouvernement, créant ainsi un climat d'apaisement – à l'exception du Sud-Liban qui, depuis le cessez-le-feu de 1996, demeure une région instable. Le Hezbollah procède à des tirs de roquettes sur des villes israéliennes et Israël réplique par des tirs de représailles, une situation à laquelle le retrait des troupes israéliennes en mai 2000 n'a strictement rien changé.

La présence de troupes syriennes sur le territoire libanais est la cause principale des tensions en politique intérieure qui conduisent au retrait en 2004 puis, sans doute à l'assassinat en février 2005 de Rafic Hariri. Trois mois après sa mort tragique, les dernières troupes syriennes se retirent du Liban et le sunnite Najib Mikati est nommé Premier ministre. Depuis, le Liban connaît de nouveaux troubles. Comme si les bombes qui explosent régulièrement dans tous les quartiers de la ville ne suffisaient pas, Israël déclenche au cours de l'été 2006 une nouvelle guerre qui endommage gravement les infrastructures de Beyrouth. Même si un an après la plupart d'entre elles, routes et night-clubs notamment, ont été réparées, la violence continue de se déchaîner. Le Sud-Liban est redevenu une zone de sécurité régulièrement attaquée depuis le territoire israélien. À Beyrouth même, ce sont surtout des attentats à la voiture piégée. Perpétrés à l'encontre de personnalités politiques syriennes surtout, ils causent la mort de nombreux civils. Le centre-ville est bouclé à partir de 19 heures et l'activité des restaurants et autres magasins se limite aux jours "sans attentat". Le pays est en ébullition et de plus en plus de personnes sont d'avis qu'une nouvelle guerre civile a déjà commencé. La crise politique – depuis des mois, le pays n'a plus de chef de l'État, des querelles relatives à la répartition des sièges au Parlement empêchant la tenue d'élections présidentielles – ne fait évidemment qu'envenimer la situation.

La guerre a modifié la perception du rôle de la femme dans la société libanaise car, depuis cette époque, les femmes sont de plus en plus nombreuses à occuper des postes à responsabilité que ce soit dans le secteur de l'économie ou dans l'administration. On a même vu à plusieurs reprises des miliciennes l'arme au poing. Ces nouvelles tâches donnent aux femmes plus de confiance en elles ce qui ne signifient cependant pas qu'elles soient considérées comme les égales des hommes au sein de la famille

ou du couple. Les jeunes chrétiennes adoptent presque toutes les tendances de la mode. Leur manière d'être décomplexée surprend surtout quand on pense au comportement plutôt traditionnel qui est le leur dans d'autres domaines. Le droit familial et patrimonial est fonction de la confession religieuse. Le niveau d'instruction exceptionnellement élevé des femmes libanaises est dû à un très bon système scolaire qui s'enracine dans les traditions orientale et occidentale.

Fondée en 1866, l'*American University of Beirut* est non seulement la plus ancienne université du Liban, mais aussi l'un des établissements d'enseignement les plus renommés du Proche-Orient. N'y entre toutefois pas qui veut, les cours se font en anglais et les droits d'inscription sont élevés. Le Liban possède quatre autres universités ce qui est remarquable pour un pays de 3 millions d'habitants.

Après 1992, la situation économique s'est brièvement améliorée, les hommes d'affaires libanais revenus dans leur pays ayant recommencé à investir. Mais avec cette nouvelle guerre et l'instabilité permanente, la plupart songent de nouveau à s'expatrier si bien que l'argent, qui fait déjà si cruellement défaut, risque de manquer à nouveau. Le pays n'a pas fini de regretter l'époque où il passait pour "la Suisse de l'Orient". Un nouvel âge d'or n'est pas vraiment à l'ordre du jour.

Certes, tout est mis en œuvre pour relancer la machine économique. On a repris les anciens secteurs de la fabrication du verre et du textile et tenté de reconstruire la ville une nouvelle fois. Comme après la guerre civile, les mots d'ordre sont : plus beau, mieux, plus moderne que jamais. La ligne de chemin de fer entre Sour (Tyr) et Tripoli doit être doublée et électrifiée afin de pouvoir transporter 100 000 personnes par jour. Le chemin de fer a une tradition centenaire dans le pays, la ligne Damas-Beyrouth (114 km) a été cons-

6

Le Liban : histoire et culture

truite en 1895 sous les Ottomans, le tronçon syrien est toujours en service. La partie la plus intéressante, la ligne de chemin de fer à crémaillère qui monte à l'assaut du massif libanais, est malheureusement endommagée.

En dépit de la crise qui a suivi l'assassinat de Hariri, une réconciliation ne semble pas exclue entre les différentes ethnies et religions : certes, les tensions sont toujours vives entre le Hezbollah soutenu financièrement par l'Iran et les maronites, mais depuis la dernière guerre, ils ont un ennemi commun : Israël. Et mieux vaut s'allier contre lui que de risquer, en se déchirant, de le renforcer. Par ailleurs, les tensions existantes sont aujourd'hui plus politiques que religieuses ou ethniques. Car le fossé qui se creuse dans le pays oppose les partisans et les opposants de la Syrie et moins les Druzes, les maronites et les chiites.

Ci-dessus : Kamal Joumblatt, chef des Druzes, philosophe et homme politique. Cicontre : cathédrale et statue de la Vierge (Harissa).

LES MARONITES, CHRÉTIENS LIBANAIS

Il existe plusieurs hypothèses quant à l'origine du terme de "maronites", qui désigne la confession chrétienne la plus importante du Liban. Selon la première, le nom de maronite (en arabe *murani, mawarani*) viendrait de celui du moine Jean Maroun que le pape éleva en 680 à la dignité de patriarche du Liban. La deuxième hypothèse fait remonter les Maronites à l'ermite Maroun qui vécut vers 600 sur les bords de l'Oronte et dont l'extrême dévotion attira les foules. Peu de temps après sa mort, des pèlerins auraient fait état de miracles survenus à l'emplacement de sa sépulture, dans un monastère situé près de Hama, en Syrie.

Jean Maroun, mort en 710, serait parvenu à rassembler les habitants du Kesrouan et à mettre un terme en 685 à la campagne d'extermination initiée par l'empereur Justinien II, dont les troupes avaient déjà détruit le monastère de Hama et tué 500 moines.

Puis les maronites connurent les honneurs en se mettant au service des souverains musulmans ; c'est ainsi que Théophile (en arabe : Thawafil ibn Tuna) d'ar Ruha par exemple, l'astrologue du calife omeyyade de Cordoba, mort en 785, traduisit l'Iliade d'Homère en syriaque.

Sans doute impressionnés par les succès des premiers croisés, les maronites sous le patriarche Aimery d'Antioche se tournent en 1182 vers l'Église catholique romaine. Mais le rattachement officiel ne se fera qu'en 1579 sous le pape Grégoire XIII. En 1589, un collège maronite est même institué au Vatican, soit un an exactement après l'assujettissement définitif des maronites par le sultan ottoman Murat III (de 1546 à 1595).

Comme ils étaient en mesure à l'époque de fournir environ 35 000 hommes en état de porter les armes, les maronites devaient être 150 000 au total. Il y

avait des églises et des prêtres dans tous leurs villages et plus de 200 monastères. Les sultans les laissaient en paix et se contentaient de taxer leurs mûriers et leurs vignes. De nombreux maronites célèbres ont été formés au collège du Vatican. Des ecclésiastiques comme le patriarche Georges Amira (1663) ou Étienne-Évode Assemani, l'archevêque d'Apamée (1768), et des orientalistes tels Joseph Simon Assemani, qui rassembla et publia des manuscrits syriens pour le Vatican.

Bien que les maronites aient adopté dès 1736 le catéchisme catholique, ils sont attachés à leurs particularités. Ils utilisent, par exemple, leur propre liturgie syrienne qui prêche l'Évangile en arabe. Les diacres peuvent se marier à condition qu'il s'agisse du premier mariage pour les deux conjoints. C'est seulement après leur ordination que les prêtres ne sont plus autorisés à se marier.

Leur patriarche, le *batrak* d'Antioche, résidait autrefois dans le monastère de Kanoubin, il a aujourd'hui son siège à Bkirke près de Beyrouth. Il est nommé par les évêques, le pape ne faisant que confirmer sa nomination. Les évêchés sont Beyrouth, Baalbek, Tyr, Sidon, Byblos, Tripoli, Alep, Damas et Chypre.

Il y a aujourd'hui environ 1,3 million maronites au Liban. Grâce aux tentatives d'évangélisation des Jésuites et d'autres ordres, les maronites étaient, à l'époque ottomane déjà, généralement plus instruits que les musulmans si bien qu'ils étaient surreprésentés dans les rangs de l'administration. C'est d'ailleurs entre autres en raison de leur meilleure situation sociale que près de 20 000 d'entre eux furent massacrés par les Druzes en 1860. Un massacre qui constitua pour les puissances européennes un excellent prétexte pour intervenir au Liban.

Après des décennies de tolérance réciproque, de violents combats opposèrent de nouveau, pendant la dernière guerre civile, les milices druzes et les *Kata'ib* armés (phalangistes) des maronites ainsi que les *Numur* (tigres), une milice du clan chrétien des Shamoun, originaire du Chouf.

LE LIBAN

**BEYROUTH / JOUNIEH
VALLÉE DU NAHR IBRAHIM
BYBLOS (JBAIL)
TRIPOLI / WADI QADISHA
PLAINE DE LA BEKAA / BAALBEK
AANJAR / RÉGION DU CHOUF
DEIR AL QAMAR / BEIT AD DINE
BUSTAN ASH SHEIKH
SIDON (SAÏDA) / TYR (SOUR)**

BEYROUTH ET LE CENTRE DU LIBAN

★BEYROUTH

Depuis la deuxième guerre du Liban (été 2006), on associe de nouveau au nom de ★**Beyrouth** ❶ des images de bombes, d'anarchie, de kalachnikovs et de décombres alors qu'il y a 35 ans, en évoquant le "Paris de l'Orient", on pensait aux banques, aux casinos et à la vie nocturne effrénée. Et il y a 1500 ans, la *Berytos* des Romains et des Byzantins était synonyme de droit et de loi : Dorotheos, l'un des auteurs et commentateurs du *Codex Justinianus* (commandé en 528 par l'empereur Justinien Ier) qui permit de réformer le droit romain, y enseignait en effet à l'académie de droit de l'époque.

Beyrouth passe pour l'une des villes les plus fascinantes du Proche-Orient, même si elle souffre des tensions politiques qui ne sont nulle part ailleurs aussi perceptibles qu'ici. On en vient facilement à se demander s'il existe un autre endroit au monde qui possède autant de visages différents. C'est le soir qu'on en prend le mieux conscience, en flânant

Pages précédentes : Baalbek est classée au patrimoine mondial de l'Unesco et attire de nombreux visiteurs. Ci-contre : les jeunes Libanaises ont pris de l'assurance.

sur la **Corniche** : des patineurs en ligne arborant des tenues à la mode virevoltent autour des adeptes de la remise en forme qui font leurs exercices sans se soucier ni des gaz d'échappement ni des promeneurs de toutes les nationalités possibles et imaginables. Les musulmanes de stricte obéidence se reconnaissent à leur foulard et à leur ribambelle d'enfants, les chrétiennes à leurs minijupes et leurs vêtements dernier cri, les cheiks druzes à leurs pantalons bouffants et les prêtres orthodoxes grecs à leur *kallusa*, une sorte de chapeau haut de forme élargi vers le haut. Parmi tout ce monde, on aperçoit toutes sortes de tenues de camouflage des armées les plus diverses.

Visite de Beyrouth

De l'antique Berytos évoquée pour la première fois au Ve siècle avant J.-C., il ne reste qu'un **sphinx** (1800 av. J.-C.). On peut découvrir les vestiges de la colonie militaire romaine de *Colonia Julia Augusta Berytos* (1800 av. J.-C) grâce aux nouvelles **fouilles** entreprises au **Sérail** ①.

En se dirigeant vers l'est, on atteint la **place de l'Étoile** ②, le nouveau centre de la ville. Après la guerre civile, de nouveaux bâtiments y sont sortis de terre en un temps record – l'ensemble est un peu kitsch dans la mesure où l'on

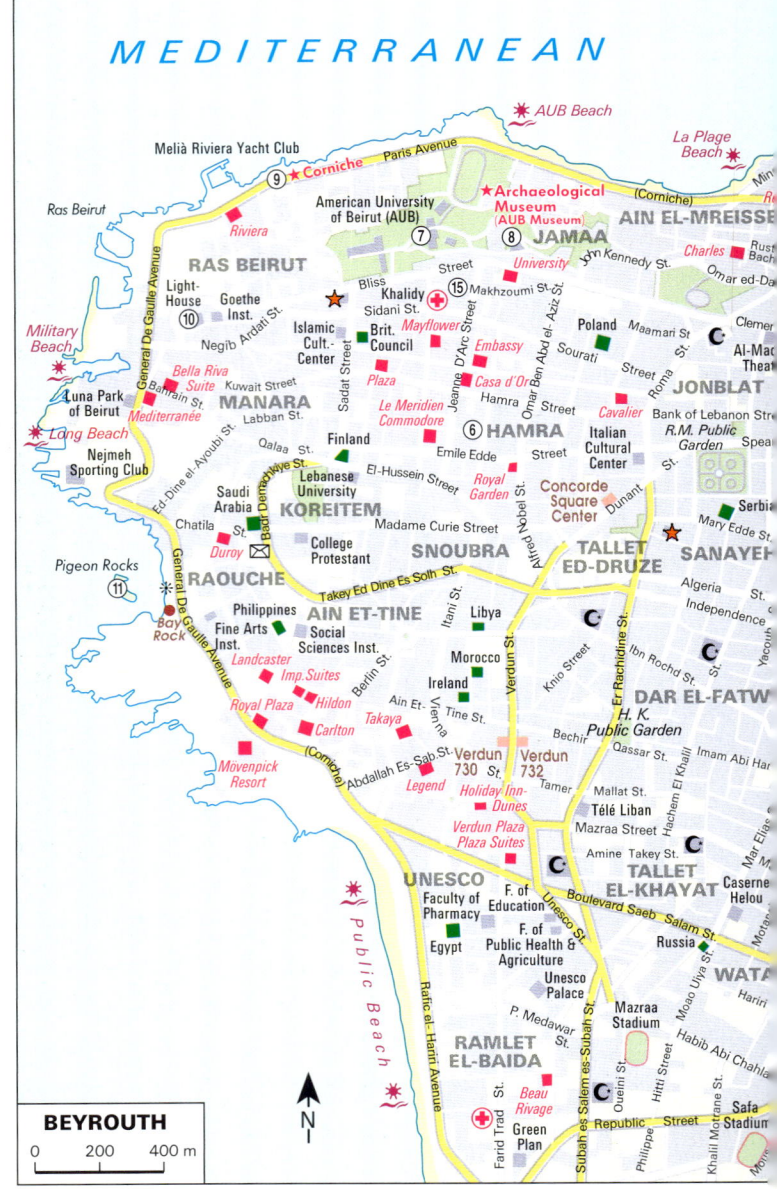

MEDITERRANEAN

AUB Beach

La Plage Beach

Melià Riviera Yacht Club

Ras Beirut

9 Corniche — Paris Avenue

Riviera

American University of Beirut (AUB)

7

Archaeological Museum (AUB Museum)

8 JAMAA

AIN EL-MREISSE

Charles

RAS BEIRUT

University — John Kennedy St.

Omar ed-Da

Light-House

Goethe Inst.

Bliss — Street

Khalidy

15 Makhzoumi St.

10

Negïb Ardati St.

Islamic Cult.-Center

Sidani St.

Brit. Council

Mayflower

Poland — Maamari St.

Clemer

Al-Ma Theat

Military Beach

Bella Riva Suite

Bahrain St.

Kuwait Street

Plaza

Casa d'Or

Embassy

Sourati

Roma St.

JONBLAT

Luna Park of Beirut

Méditerranée

MANARA

Labban St.

Le Meridien Commodore

Hamra — Street

Cavalier

Bank of Lebanon Str

Long Beach

Nejmeh Sporting Club

Qalaa St.

Finland

Emile Edde — Street

6 HAMRA

Italian Cultural Center

R.M. Public Garden

Spea

Serbia

Ed-Dine el-Ayoubi St.

El-Hussein Street

Royal Garden

Concorde Square Center

Dunant St.

Saudi Arabia

Badr Demachkye St.

KOREITEM

Madame Curie Street

Mary Edde St.

Chatila — St.

Duroy

College Protestant

SNOUBRA

TALLET ED-DRUZE

SANAYEH

Pigeon Rocks

11

RAOUCHE

Takey Ed Dine Es Solh St.

Algeria — St.

Independence

Bay Rock

Philippines

Fine Arts Inst.

AIN ET-TINE

Social Sciences Inst.

Itani St.

Libya

Verdun St.

Knio Street

Er-Rachidine St.

Ibn Rochd St.

DAR EL-FATW

Yacoub

Landcaster

Imp.Suites

Berlin St.

Morocco

Ireland

Ain Et-Vienna — Tine St.

H. K. Public Garden

Royal Plaza

Hildon

Carlton

Takaya

Bechir

Qassar St.

Imam Abi Har

Movenpick Resort

(Corniche)

Abdallah Es-Sab.St.

Verdun 730 St.

Verdun 732

Tamer

Mallat St.

Hachem El Khalil

Legend

Holiday Inn-Dunes

Télé Liban

Verdun Plaza Plaza Suites

Mazraa Street

Mar Elias

Amine Takey St.

TALLET EL-KHAYAT

Caserne Helou

UNESCO

Faculty of Pharmacy

F. of Education

Boulevard Saeb Salam St.

Russia

WATA

Egypt

F. of Public Health & Agriculture

Unesco St.

Hariri

Unesco Palace

P. Medawar

Rafic el-Harïri Avenue

Subah es Salem es-Subah St.

Mazraa Stadium

Habib Abi Chahla

Public Beach

RAMLET EL-BAIDA

Farid Trad — St.

Beau Rivage

Green Plan

Oueini St.

Hitti Street

Republic — Street

Philippe

Khalil Motrane St.

Safa Stadium

Le Liban 7

a tenu à rehausser les immeubles modernes d'éléments architecturaux de l'ère ottomane. Vous trouverez aux abords de la place nombre de **cafés** qui ferment leurs portes en début de soirée lorsque police et forces de sécurité verrouillent l'accès à la place.

À côté de la place de l'Étoile, quelques **colonnes** antiques de la **cathédrale maronite Saint-Georges** ③ proviennent peut-être du temple de la nymphe et déesse locale Berytos ou du sanctuaire du bel Adonis.

La **place des Martyrs** ④ (**place des Canons**) était le cœur du Beyrouth d'avant-guerre avec ses magasins et la gare routière centrale. Le Hezbollah et la milice d'Aoun s'y sont installés, en interdisant l'accès ; elle est désertée depuis.

Quelques pas plus loin se trouve, rue de Weygand, la **mosquée al Omary** ⑤ (**Grande Mosquée**), érigée sur les fondations de l'église Saint-Jean-Baptiste, qui avait elle-même succédé à un tem-

ple. C'est Bauduin de Boulogne, élu évêque latin de Beyrouth par les croisés en 1112, qui fit construire l'église entre 1113 et 1150. Les musulmans l'utilisèrent comme mosquée à partir de 1291, rajoutant un minaret.

Prendre vers l'ouest la rue Michel Chiha puis, la rue Banque du Liban pour rejoindre le quartier de **Hamra** ⑥ dont on voit aujourd'hui encore qu'il a particulièrement souffert de la guerre. Le soir venu, rien ne subsiste de l'animation qui règne pendant la journée dans ce **centre-ville** qui réunit hôtels, cinémas, banques et autres librairies – presse étrangère à la Librairie Antoine ou à la Librairie Internationale (Centre Gefinor).

De là, on flânera jusqu'à la côte nord avant de faire une pause dans le parc de la célèbre **American University of Beirut** ⑦ (**AUB**, env. 7000 étudiants), fondée en 1866, et d'en visiter le ★**Musée archéologique** ⑧ où sont exposées des pièces en provenance du Proche-Orient (légendes en anglais).

Passez par la ★**Corniche** ⑨, très fréquentée, pour vous rendre dans le quar-

Ci-dessus : promeneurs plus ou moins sportifs sur la Corniche. Ci-contre : la grotte aux Pigeons – l'emblème de Beyrouth.

tier de **Manara** dont vous pourrez peut-être, moyennant un pourboire, visiter le **phare** ⑩ (*manara* en arabe).

Rien de plus romantique que de vivre les dernières heures du jour sur le rivage, les yeux rivés sur l'arche et l'aiguille rocheuses qui se dressent au large de la côte : il s'agit de la **grotte aux Pigeons** ⑪, l'emblème de Beyrouth.

À proximité de l'**hippodrome** ⑫, où des courses avaient autrefois lieu tous les dimanches après-midi, se trouve le **★★Musée national** ⑬. Situé en plein sur la ligne verte tristement célèbre qui, pendant la guerre civile, séparait les quartiers chrétien et musulman, il a rouvert ses portes en 1995. Quand la guerre a éclaté, on a pris la précaution de couler des chapes de béton autour des pièces de grande dimension afin de les protéger. Le Musée national est l'un des plus impressionnants musées du Proche-Orient voire le plus impressionnant. Il possède d'importantes collections d'objets archéologiques – **bronzes**, **statues** et **sarcophages** en particulier – dont les légendes sont en anglais, en français et en arabe. Il faut absolu-

ment prendre le temps de visiter ce musée.

Les expositions d'art moderne libanais du **musée Sursock** ⑭ sont elles aussi remarquables. Le musée a été aménagé dans la résidence que se fit construire à la fin du XIXe siècle Ibrahim Sursock, l'un des deux frères qui s'étaient enrichis pendant la guerre de Crimée. On peut y admirer des incrustations de coquillages damascènes, des meubles Louis XV et des panneaux en bois de style pseudo-mamelouk.

Si vous aimez les bijoux en or, vous trouverez votre bonheur dans le **quartier arménien de Bourj Hammoud** ⑮ sur la rive est du **Nahr Beyrouth** (fleuve). Les Arméniens passent pour être d'habiles commerçants.

S'il y a un jour moins de tensions politiques, il sera alors peut-être possible de se remettre à sortir le soir. Beyrouth était jadis réputé pour sa vie nocturne. Qui ne souhaiterait la voir reprendre ? Et les habitants ne sont pas les seuls à le regretter. Des touristes du monde entier ont goûté aux délices des nuits de Beyrouth. On verra quels bars

CENTRE DU LIBAN

0   2,5   5 km

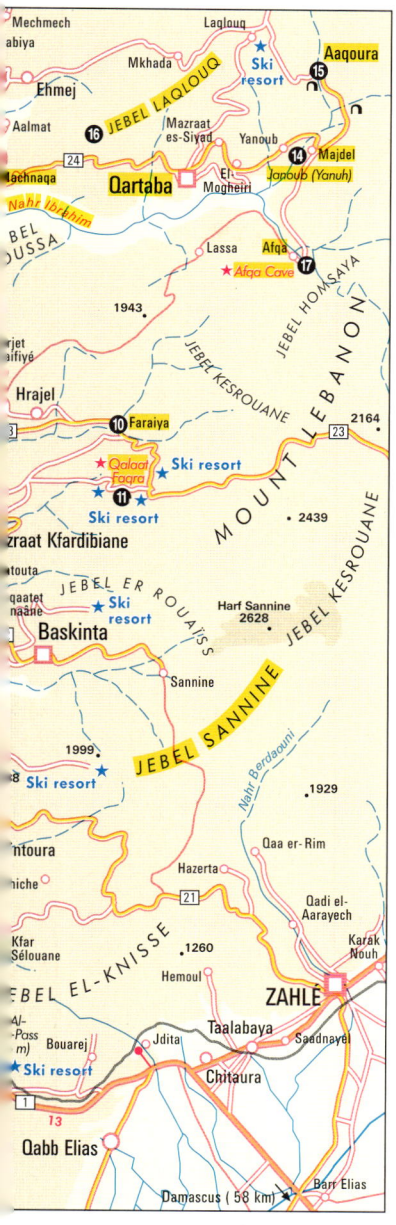

auront alors les faveurs des noctambules. En période de crise, on évite de se retrouver au centre-ville, lui préférant les quartiers de la périphérie tels les très chic **Ashrafiyé** et **Gemayzeh** où bars et cafés n'ont jamais fermé même s'ils avaient moins de clients pendant la guerre.

ALEY

Si l'on a suffisamment de temps, il faut prévoir une excursion dans les environs proches de Beyrouth, là où les habitants les plus fortunés ont leurs ***résidences d'été**. À **Aley ❷** par exemple, sur la route de Damas ; avant la guerre, les magnats du pétrole avaient coutume de passer l'été dans cette station climatique où ils se faisaient construire des ***villas** extravagantes qui étaient pour leurs propriétaires et les architectes l'occasion de laisser libre cours à leur imagination, au détriment du style parfois.

*BEIT MERI

*Beit Meri ❸ se trouve dans une région boisée, qui domine la **vallée du Nahr Beyrouth**. Situé à 700 m d'altitude et doté d'un hôtel de luxe, le *Bustan*, ce village pittoresque est un très beau but d'excursion.

Tout près on peut voir le **monastère** de **Deir el Qalaa** (XVIe s.) avec des ruines – vestiges d'un **temple** du dieu phénicien Baal Markod – et des **mosaïques** des époques romaine et byzantine. On y jouit d'une belle ***vue** sur Beyrouth et la côte.

*BROUMANA

Plus au nord et 100 m plus haut se trouve ***Broumana ❹** où les riches habitants de Beyrouth se réfugient en été dans leur résidence secondaire et s'amuser semble être leur occupation principale. Il y a des **restaurants** et des **night-clubs** à tous les coins de rue et

7

Le Liban

s'ils sont loin d'être bondés, ils n'en ont pas moins des clients. On ne manquera pas de se rendre aux trois **monastères** de **Mar Chaaya**, **Mar Elias Chauaya** et **Saint-Jean de Choueir** en contre-haut de la ville.

BIKFAYA ET BEIT CHEBAB

Encore plus au nord, la route offre de merveilleux points de vue. Sur le versant nord du massif de Metn habité par les Druzes se trouve le village de **Bikfaya ❺** dont est originaire la famille Gemayel qui a déjà donné deux présidents au Liban. Le **sérail** (mairie) des princes chrétiens Abilama date du XIXᵉ siècle ; il a été reconverti en école et est ouvert au public.

De Bikfaya, on peut descendre directement vers la côte ou faire un détour par **Beit Chehab ❻**, le seul village du Liban à avoir le droit de fondre des

Ci-dessus : vue sur Beyrouth. Ci-contre : le temple de Baal de Fakra et derrière, les é-tranges formations rocheuses d'un ancien sanctuaire naturel.

cloches et ce métier se transmet, de nos jours encore, de père en fils.

★NAHR AL KELB

Après avoir parcouru environ 15 km depuis Beyrouth sur l'autoroute côtière menant à Jounieh, tournez à droite après le tunnel pour rejoindre l'embouchure du **Nahr al Kelb ❼** ("fleuve du chien") où l'on découvrira des ★**reliefs** et des **inscriptions** qui remontent aux rois égyptiens, assyriens et babyloniens et permettent de passer en revue les différents envahisseurs du Liban. Outre les généraux romains, les Arabes, les Britanniques et les Français se sont également immortalisés dans la pierre.

Vous aimerez la ★**traversée en bateau** de la **grotte de Jeita ❽** – très belles stalactites et stalagmites – où le Nahr el Kelb prend sa source.

★JOUNIEH

Située à 20 km au nord de Beyrouth, **Jounieh ❾** est la capitale secrète de la région chrétienne très peuplée du Kes-

rouan. Avec son agglomération, la ville compte environ 350 000 habitants et malgré les constructions en pierre calcaire de sa rue principale (rue Mina), elle semble plus européenne qu'orientale. Le 1er avril, on y sert le *poisson d'avril*, un poisson en chocolat et la fête de sainte Barbara, le 4 décembre, donne lieu à des bals masqués.

Les ferries faisant la navette entre Jounieh et Larnaka (Chypre) accostent dans le **port** et l'**université du Saint-Esprit** a accueilli des générations de maronites désireux de jouer un rôle politique ou économique.

Boutiques, restaurants et night-clubs se concentrent autour de la **★baie de Jounieh**. Haut lieu de la vie nocturne, le **★Casino du Liban** était avant la guerre l'un des casinos les plus appréciés du monde. Il a rouvert ses portes en 1996 et est de nouveau un endroit de standing, même s'il est loin d'avoir retrouvé sa splendeur d'antan.

Les emblèmes de la ville de Jounieh sont la **statue de la Vierge** de **Harissa** (fin du XIXe s.) et la cathédrale **Notre-Dame du Liban** qui couronne le som-met du **mont Harissa** (600 m). Un **téléphérique** – ★**vue** ! – permet aux visiteurs de rejoindre le sommet. Les 60 derniers mètres se font en **funiculaire**. À flanc de coteau et légèrement en contrebas de la cathédrale, l'église et le **monastère des Pauliens**, où réside le patriarche des maronites, voient affluer les chrétiens du Liban.

FARAIYA ET ★QALA'AT FAKRA

Plus à l'est, une fois passé Harissa, la route décrit des virages en épingles à cheveux jusqu'à 2000 m d'altitude sur le versant nord-ouest du **djebel Sannine** qui culmine à 2628 m et où se trouve le **domaine skiable** de **Faraiya** ❿.

Dans cette région, on peut voir près de ★**Qala'at Fakra** ⓫ les ruines d'un ancien site sacré romain (IIe-IIIe s.) avec deux **temples**, un grand **autel** orné d'un décor de merlons comme à Amrit (Syrie) et une **tour**. Atargatis, la déesse de la fécondité, était vénérée dans le plus petit des deux temples qui fut transformé ultérieurement en église, l'autre temple étant probablement consacré à

Baal. Des repas sacrés et des confessions faisaient partie du culte d'Atargatis, la *Dea Syria*.

Entre Reyfoun et Ajaltoun, la route venant de Nahr al Kelb traverse un paysage karstique fascinant.

LA ★VALLÉE DU NAHR IBRAHIM

À une dizaine de kilomètres au nord de Jounieh, le **★Nahr Ibrahim**, l'**Adonis** antique, se jette dans la mer près de la localité de **Nahr Ibrahim** ⑫. Sur le versant nord des **gorges**, une route mène vers l'intérieur des terres : surplombant des **cascades** et des rapides, elle suit d'anciennes routes de pèlerinage et traverse aux mois de mars et d'avril des tapis de fleurs et des forêts.

Près de **Machnaqa** ⑬, on aperçoit les vestiges d'un **temple** avec des **mosaïques** (Iᵉʳ s.) et, au nord des ruines, des **peintures rupestres** destinées au culte d'Adonis ou de Baal, le dieu Soleil.

À environ 5 km à l'est de **Qartaba**, peu avant **Majdel**, on découvre, cachées parmi les arbres, les ruines de **Janoub** ⑭ (**Yanuh**). Les deux côtés latéraux du **temple à antes** romain d'Adonis formaient un pronaos (*ante*) avec les deux colonnes.

À **Majdel**, une route bifurque vers le nord et conduit à **Aaqoura** ⑮ où une **grotte** (fresques et reliefs de Séléné, la déesse de la Lune) servit dans l'Antiquité de tombeau puis, au début de la chrétienté, de chapelle.

Au nord d'Aaqoura, le **djebel Laqlouq** ⑯ est l'endroit idéal en été pour faire de la randonnée ; en hiver, les skieurs se l'approprient.

Si à Majdel, on se dirige vers le sud, on arrive au bout de 5 km de piste aux **★grottes d'Afqa** ⑰, la source du fleuve Adonis qui se jette en **cascade** dans la vallée.

Ci-contre : le port de Byblos invite à la rêverie.

Au-dessus du fleuve se trouvent les fondations d'un grand **temple** d'Aphrodite Aphatikis (IIIᵉ s.) pour lequel on a utilisé du granit rose d'Égypte. Au IVᵉ siècle, l'empereur Constantin fit détruire ce lieu de culte.

Adonis, la forme grecque de l'*adoni* phénicien ("mon Seigneur") – probablement la formule pour s'adresser au dieu Baal –, était selon une légende chypriote le fils du roi de l'île Kinyras et de sa fille Myrrha. Élevé par des nymphes, il devient le plus bel homme du monde. Aphrodite, la déesse de l'Amour, en tombe éperdument amoureuse. Adonis, qui aime passionnément la chasse, est mortellement blessé par un sanglier qui n'aurait été autre qu'Arès, le dieu de la Guerre jaloux de lui.

Une autre légende prétend que le sanglier aurait été envoyé par Artémis, la jalouse déesse de la Chasse. Inconsolable, Aphrodite fait naître du sang du bien-aimé des roses et des anémones et suit Adonis aux Enfers. Perséphone, la déesse des Enfers en tombe également amoureuse et ne veut pas le rendre. Zeus décide donc qu'Adonis passera la moitié de l'année avec Aphrodite et l'autre moitié avec Perséphone aux Enfers.

Cette légende s'inspire de la représentation mésopotamienne du dieu de la Végétation Tammuz (Dumuzi), le symbole de l'alternance éternelle dans la nature de la mort et de la renaissance. Les fêtes d'Adonis, qui se déroulaient en été, commençaient par des lamentations et se terminaient par des festivités pour célébrer sa résurrection. Il était d'usage d'offrir au dieu des "jardins d'Adonis", des vases de terre avec des plantes qui poussaient et se fanaient rapidement et que l'on jetait ensuite dans l'eau.

Chaque année, après la fonte des neiges, le **Nahr Ibrahim** se teinte de rouge. Cette coloration est due à la terre riche en oxyde de fer que le fleuve charrie à ce moment-là en abondance, mais les esprits romantiques expliquent le phé-

nomène par le sang versé par le jeune dieu, la Bible allant quant à elle jusqu'à le mettre en relation avec les sacrifices humains.

★★BYBLOS (DJBAIL)

★★Byblos  (patrimoine mondial de l'Unesco) est sans conteste l'une des perles de la côte libanaise, étincelante avec ses murs en pierre jaune et ses toits de tuiles rouges qui contrastent avec le bleu profond de la mer : **Jbail** (le nom arabe de Byblos) offre un merveilleux panorama. En musardant dans ses rues, on découvre de charmantes maisons estivales, des jardins paradisiaques et les ruelles étroites du vieux *souk*. Le quartier du port de cette ville de 100 000 habitants, tout à fait idyllique et d'aspect presque méridional avec la mer à perte de vue complète le tableau. Djbail possède en outre des remparts, des temples et des tombeaux, vestiges de cultures depuis longtemps disparues car la ville fait partie des plus anciennes cités de la région qui ont été habitées en permanence.

Histoire de Byblos

Si l'on en croit la légende, Byblos aurait été fondée par le dieu El, le titan Kronos de la mythologie grecque. Des fouilles archéologiques ont mis au jour des maisons, des tombes et des sanctuaires datant du néolithique (Ve millénaire av. J.-C.), époque à laquelle les habitants vivaient essentiellement de la pêche. Au chalcolithique (âge de cuivre, IVe millénaire av. J.-C.), on travaille déjà le cuivre et le plomb. On cuit des récipients en argile et on y ensevelit même les morts. Au début de l'âge de bronze (3000-2100 av. J.-C.), les habitants construisent des maisons rectangulaires dont les toits reposent sur sept colonnes. Des sceaux cylindriques de Mésopotamie et des bijoux (perles en or et en argent, ornements pectoraux notamment) d'Égypte attestent l'existence d'échanges commerciaux. Un temple est édifié à la "maîtresse de Byblos", sans doute la déesse à laquelle on donnera plus tard le nom d'Astarté. Cette période culturelle s'achève lorsque les Amorites s'emparent de la ville, la pillent avant de la repeupler (vers 2100 av. J.-C.).

Près de 200 ans plus tard, à l'âge de bronze moyen, commence avec le premier roi nommément cité, Abichemou, la période plus documentée de l'histoire de la ville. Le commerce maritime avec l'Égypte est d'abord basé sur le bois – notamment le bois de cèdre libanais, excellent matériau de construction. Les navigateurs de Byblos ne connaissaient pas la boussole et s'orientaient d'après la constellation de la Petite Ourse. Le sarcophage du roi Ahiram (1200 av. J.-C.) porte la première longue inscription en écriture phénicienne vraiment élaborée. L'attaque du roi Assurnasirpal II (875 av. J.-C.) marque le début de 200 ans d'influence assyrienne à Byblos qui essaya à maintes reprises de se libérer du joug étranger.

Sous la domination perse (555-333 av. J.-C.), Byblos semble être le principal centre d'échange du *papyrus* égyptien de la région, les Grecs donnant à ce papier le nom de Byblos dont provient également le terme de "bible" (en grec "écrit roulé"). Les monnaies de cette époque sont à l'effigie de Baalat, la "maîtresse de Byblos", représentée en Isis Hathor couronnée d'un disque solaire entre des cornes de vache. À partir de 480 av. J.-C., Byblos perd de son importance et Alexandre le Grand s'en empare en 333 av. J.-C.

En 63 av. J.-C., Cn. Pompée fait décapiter les derniers tyrans et ouvre l'ère romaine de l'histoire de la ville. Aux empereurs byzantins (à partir du IVe s.) succèdent, à partir de 636, les califes omeyyades musulmans et en 1104, les croisés s'emparent de Byblos avec l'aide de la flotte génoise. Le sultan Saladin, qui l'occupe en 1188, ne peut la garder lontemps car les Francs reviennent bientôt dans la ville. Ce n'est qu'en 1289 qu'ils en sont chassés définitivement par le sultan mamelouk Qalaoun.

Sous les Mamelouks et les Ottomans, la ville portuaire rebaptisée Djbail ne joue plus un grand rôle mais en 1840, la flotte anglaise bombarde cette base ottomane.

Visite de Byblos

La promenade à travers l'ancienne Byblos commence généralement par le **★château des Croisés ①** (XIIe s.). Du **donjon**, la tour principale et le dernier refuge des défenseurs, on a une belle **★vue** sur tout le **site des fouilles**.

Au sud-est de la forteresse se trouve la **porte de la ville datant du début de l'âge de bronze ②** (IIIe millén. av. J.-C.) munie jadis d'une herse et à l'ouest de celle-ci, les **remparts ③** un peu plus récents avec, côté ville, leurs avancées en forme de piliers. À leur extrémité ouest, une **poterne**, un long passage couvert, menait au **port** antique (cf. ci-après).

En se dirigeant directement vers le sud et le **lac sacré ④** artificiel (IIIe millén. av. J.-C.), on découvre à droite les soubassements du **temple de Baalat Gebal ⑤**, la déesse tutélaire de Byblos – Astarté sans doute – (IIIe millén. av. J.-C.). Le toit du temple était soutenu par une multitude de piliers en bois dont les **bases** en pierre sont en partie conservées. Comme pour les maisons, la partie supérieure des murs était en bois et le toit recouvert de roseau ou d'herbe. Des offrandes portant des inscriptions mentionnent les noms des pharaons égyptiens Khéops, Khéphren et Mykérinos (IVe dynastie ; vers 2575-2465 av. J.-C.).

À l'est, le **temple en L ⑥** de la même époque présente l'accès coudé, typiquement oriental, à la cella centrale (cœur du sanctuaire), qui est entourée d'avantcours et de pièces annexes.

C'est sans doute au XIXe siècle av. J.-C. que fut élevé, sur les décombres de l'ancien temple, le **★temple aux obélisques ⑦** dont le centre est occupé par un **bétyle** (pilier en pierre) qui se dresse dans une cour ouverte qu'entourent des bétyles plus petits qui sont autant d'offrandes. Comme à Ougarit, au retour

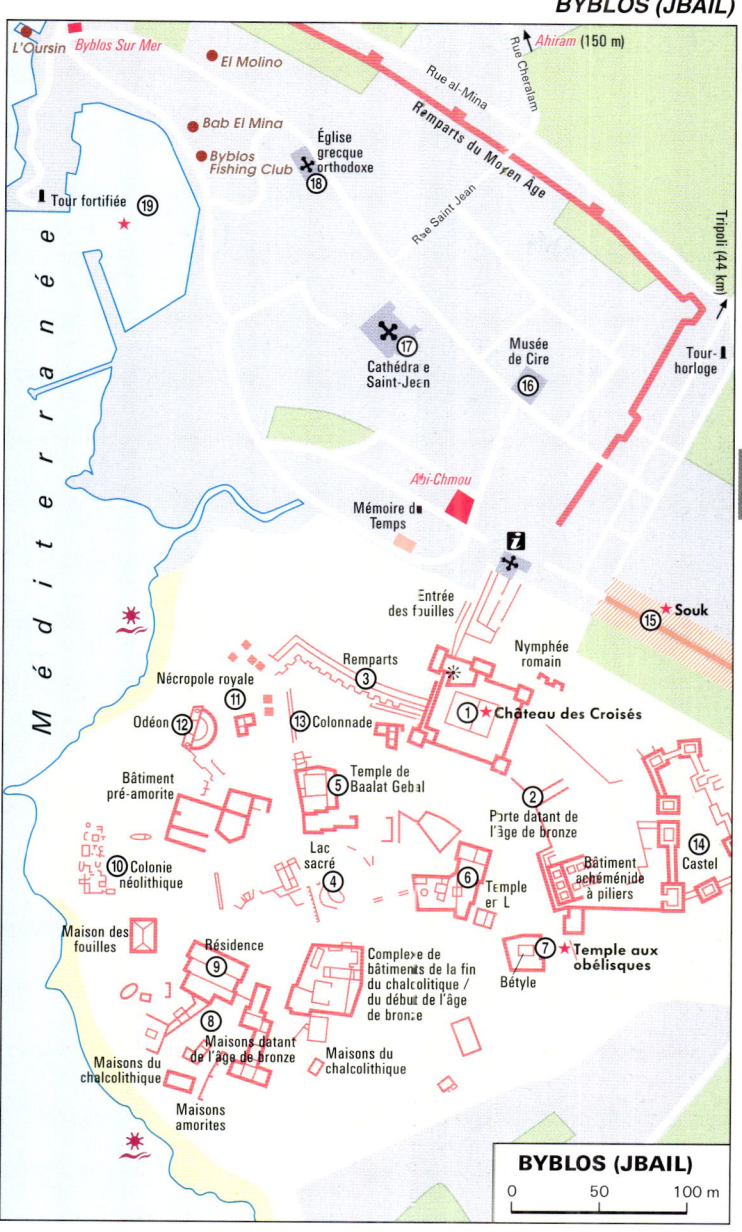

L'Oursin · *Byblos Sur Mer*

El Molino

Bab El Mina

Byblos Fishing Club

Église grecque orthodoxe (18)

Rue al-Mina

Ahiram (150 m)

Rue Cheralam

Remparts du Moyen Âge

Tripoli (44 km)

Tour fortifiée (19)

Rue Saint Jean

Cathédrale Saint-Jean (17)

Musée de Cire (16)

Tour-horloge

M é d i t e r r a n é e

Abi-Chmou

Mémoire du Temps

Entrée des fouilles

Nymphée romain

Souk (15)

Remparts (3)

Nécropole royale (11)

Château des Croisés ★ (1)

Odéon (12)

Colonnade (13)

Bâtiment pré-amorite

Temple de Baalat Gebal (5)

Porte datant de l'âge de bronze (2)

Colonie néolithique (10)

Lac sacré (4)

Temple er L (6)

Bâtiment achéménide à piliers

Castel (14)

Maison des fouilles

Résidence (9)

Complexe de bâtiments de la fin du chalcolithique / du début de l'âge de bronze

Temple aux obélisques ★ (7)

Bétyle

Maisons datant de l'âge de bronze (8)

Maisons du chalcolithique

Maisons du chalcolithique

Maisons amorites

BYBLOS (JBAIL)

0   50   100 m

7

Le Liban

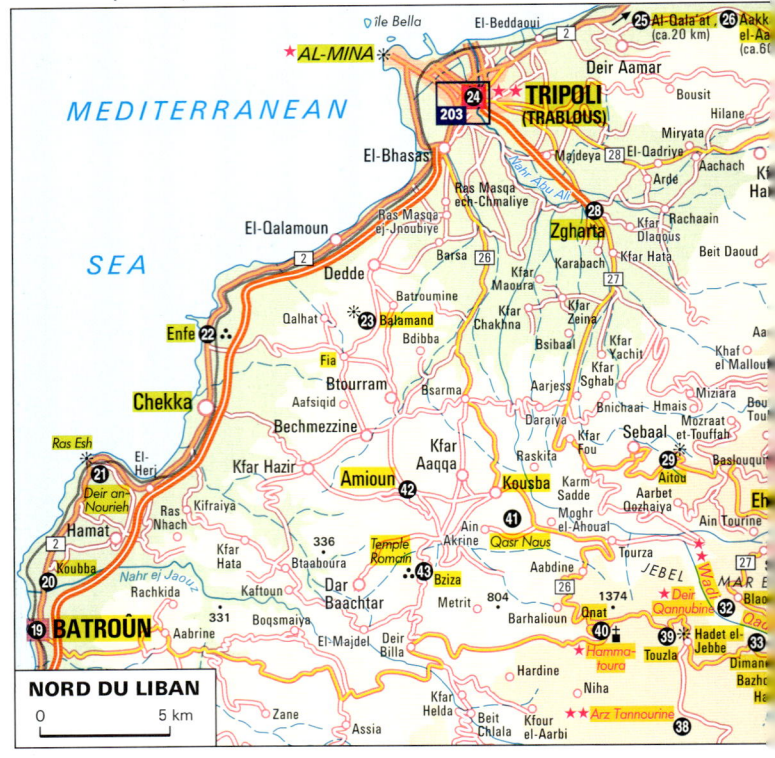

d'un voyage heureux, les capitaines de Byblos offraient au dieu les ancres de leurs bateaux (plaques en pierre triangulaires percées d'un trou). L'un des obélisques était consacré au dieu Soleil sous son nom égyptien Rechef Re. Selon la légende, le cadavre du dieu égyptien Osiris, le juge des âmes, aurait été amené par la mer jusqu'à Byblos après avoir été tué par son frère Seth. Une magnifique hache trouvée à cet endroit était ornée de représentations des héros mésopotamiens Gilgamesch et Enkidu. Les archéologues ont déplacé ce temple aux obélisques pour pouvoir accéder aux couches situées en dessous.

Au sud du site des fouilles, on peut voir les murs de **maisons de l'âge de bronze 8** et d'une vaste **résidence 9**

de l'époque des Amorites (vers 2100 av. J.-C.).

À l'ouest se trouve la **colonie néolithique 10** des VIe et IVe millénaires avant J.-C.

À l'angle nord-ouest de la ville s'étendait la **nécropole royale 11** dont les tombes renfermaient des trésors insoupçonnés que l'on admire désormais au Musée national de Beyrouth (cf. p. 189). Le **tombeau du roi Japi Chemou Abi** (XVIIIe s. av. J.-C.) était particulièrement riche en objets égyptiens en or : des médaillons, des ornements pectoraux, une couronne et un sceptre devaient permettre au défunt de tenir son rang jusque dans l'au-delà. Le célèbre sarcophage d'Ahiram (XIIe s. av. J.-C.) avec la première inscription en écriture

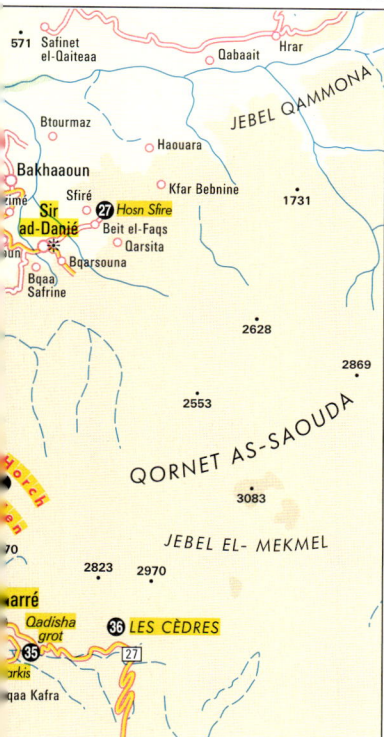

phénicienne pleinement élaborée a aussi été découverte ici ; il est exposé aujourd'hui au musée du Louvre à Paris.

Au sud de cet endroit, l'**odéon** ⑫ romain (vers 220), construit initialement en contrehaut de l'ancienne porte de la ville, a été installé après les fouilles à côté de la **colonnade** ⑬ romaine.

Le **castel** ⑭ (530 av. J.-C.), orné de **reliefs de lions**, était sans doute une résidence du gouverneur perse.

Flâner dans le ★**souk** ⑮ risque de peser sur votre budget si vous ne pouvez résister aux antiquités et autres tentations de l'artisanat d'art.

Dans la ville nouvelle qui succède au souk, le **musée de Cire** ⑯ présente quelques chapitres de l'histoire libanaise à moins que vous ne lui préfériez la cathédrale **Saint-Jean** ⑰ du XIIe siècle (Mar Yuhanna) ou l'**église grecque orthodoxe** ⑱, achevée vraisemblablement à l'ère byzantine.

Et pour clore cette visite, pourquoi pas une **promenade en bateau** dans le charmant petit ★**port** ⑲ ?

TRIPOLI ET LE NORD DU LIBAN

À 16 km seulement au nord de Byblos on arrive dans le nord du Liban avec la province de Tripoli et aussi dans la zone d'influence syrienne. Sur la côte, on peut voir les grands bassins où l'on recueille le **sel** par évaporation de l'eau de mer.

BATROUN ET KOUBBA

Votre première étape devrait être réservée à **Batroun** ⑲, l'antique *Botrys*, une petite localité habitée principalement par des maronites que le sultan Qalaoun arracha aux Francs en 1288. La légende veut que le roi Ittobaal de Tyr (vers 870 av. J.-C.) ait fondé la ville, mais elle est déjà mentionnée dans des documents égyptiens plus anciens (lettres d'Armana, 1360 av. J.-C.). Les Romains y construisirent un grand **théâtre**. Par la suite, des pirates s'y installèrent ; leurs descendants partent aujourd'hui à la pêche de son petit **port**. Les Libanais viennent volontiers à Batroun boire la bonne citronnade qui y est fabriquée et en vente partout.

Plus au nord, à quelque 2 km, on dépasse à gauche de la route le *tell* (colline) de **Koubba** ⑳ au pied duquel se dissimule un **peuplement néolithique** (6000 av. J.-C.).

DEIR AN NOURIEH, ENFÉ ET BALAMAND

De **Deir an Nourieh** ㉑ (le "monastère étincelant"), qui se trouve sur le **cap Ras Esh**, vous jouirez d'une ★**vue** splendide sur les **falaises** de la côte.

7
Le Liban

En empruntant l'ancienne route côtière, on arrive à **Enfé** ❷, à 4 km au nord de **Chekka** – la localité est située sur une langue de terre et c'est sans doute de là que vient son nom qui signifie "nez" en arabe. Dans l'Antiquité, elle s'appelait *Trieris*. Sur sa bordure septentrionale se succèdent de nombreuses **ruines** des époques romaine, byzantine et franque (vestiges de la forteresse de Nephin) jusqu'au monastère **Deir an Natur** et à la chapelle **Notre-Dame-du-Vent** (XIIIᵉ s.).

Juste avant d'arriver à Enfé, une route bifurque vers l'est : elle rejoint la côte après être passée par Fia et l'université de **Balamand** ❷, le *Belmont* des croisés.

Le ★**monastère de Belmont** fut fondé en 1157 par des cisterciens venus sur l'insistance de Bernard de Clairvaux en Terre Sainte à la suite de la deuxième croisade. La ★**vue** que l'on a de ce monastère, aujourd'hui orthodoxe, sur les

Ci-dessus : à l'époque ottomane déjà, on produisait et exportait du savon à Tripoli. Ci-contre : le souk de Tripoli.

oliveraies avoisinantes est absolument magnifique.

★★TRIPOLI (TRABLOUS)

★★**Tripoli** ❷ (**Trablous**) est la capitale de la province du même nom et un excellent point de départ pour visiter le nord du Liban dont la population est essentiellement sunnite et alaouite. La deuxième plus grande ville (500 000 hab.) du pays est considérée à juste titre comme l'endroit le plus "oriental" du Liban.

Histoire de Tripoli

Tripoli est un nom grec et signifie "trois villes" qui auraient été fondées conjointement en 450 avant J.-C. par les cités phéniciennes de Sidon, Tyr et Arwad. Ces dernières installèrent leurs citoyens dans trois quartiers différents du port, dans l'actuel Al Mina. Tripoli devait devenir ultérieurement le siège de la ligue des villes qui fomenta en 354 avant J.-C. une révolte contre les Perses qui échoua. En 95 avant J.-C., Tripoli

7

Le Liban

adopta à l'instar d'autres ports phéniciens son propre calendrier.

Après un tremblement de terre (VIe s.), Tripoli est conquise par les Arabes et peuplée de Juifs. La ville fait encore partie un temps de l'Empire byzantin (Xe s.), mais en 999 le calife fatimide Al Hakim y installe l'eunuque Al Maisur comme gouverneur. Par la suite (1098), la tribu chiite des Banu Amar s'empare de la ville et en proclame l'indépendance. 50 ans plus tôt, des membres de la tribu avaient participé à la réparation de la Grande Mosquée d'Alep.

En 1101, Raimond de Saint-Gilles, comte de Toulouse, met le siège avec ses croisés devant *Tarabalous* ainsi qu'ils appellent la ville. Il fait construire une forteresse afin d'empêcher le réapprovisionnement de la ville. Le comte meurt en 1105, la ville résiste toujours ce qui ne l'a pas empêché auparavant de se nommer "comte de Tripoli". Les défenseurs ne capituleront qu'en 1109 devant le fils de Raimond, Bertrand et Baudouin Ier, le roi de Jérusalem. Les croisés rasent la cité et massacrent ses habitants.

Au cours des XIIe et XIIIe siècles, Tripoli deviendra le port d'exportation le plus important de Terre Sainte. La ville exporte de la soie, du papier et du verre. En 1170, un tremblement de terre dévaste de très nombreux quartiers de la ville qui résiste en 1188 au siège du sultan Saladin et ne sera reconquise qu'en 1288 par les Arabes emmenés par Qalaoun, le sultan mamelouk. Qalaoun n'y alla pas de main morte puisqu'il fit lui aussi raser entièrement Tripoli et massacrer sa population. Ce n'est que quelques années plus tard que la ville sera reconstruite autour de sa forteresse.

Après 1516, Tripoli, province mamelouke jusque-là, fait partie de la province ottomane de Beyrouth. Des céréales, de la soie, du savon, du tabac et des oranges sont exportés de son port. Il y avait et il y a encore des manufactures de coton, de soie, des papeteries (depuis le IXe s.) et on pêche des éponges dans la mer. Avant la guerre civile libanaise, un pipeline acheminait du pétrole irakien jusqu'à la raffinerie située au nord de la ville.

Plan de la ville p. 203, fiche pratique p. 232-235   201

Visite de Tripoli

Aujourd'hui encore, Tripoli est composée de trois parties : à l'est du **Nahr Abu Ali** (fleuve Qadisha) entièrement canalisé se trouve **Al Kubbe** ; à l'ouest de la vieille ville, **★★Abu Samra** et au bord de la mer, le quartier du port **★Al Mina**.

Un bon point de départ pour visiter la ville : la **★citadelle** ① (autres noms : **Qala'at Sandjil** et **Qala'at Abu Samra**) qui, dans son état actuel, date des Mamelouks (XIVe-XVe s.). De l'époque des croisés subsistent uniquement quelques soubassements et un mur de la **chapelle du château** qui fut construite en 1221 par des personnes astreintes aux travaux forcés parmi lesquelles a pu se trouver le célèbre poète persan Saadi. Le château fait office de **musée** de l'histoire de la ville et de **centre culturel**. C'est devant ses murs que le comte Raimond II fut poignardé en 1152 par la secte chiite des Assassins et c'est d'ici que Raimond III partit pour régner sur le royaume de Jérusalem (1184).

Au nord-ouest de la citadelle se trouve la **madrasa al Qartawiyah** ②. Qartawiyah, qui fut gouverneur de Tripoli de 1316 à 1325, fonda cette école pour approfondir et propager la doctrine sunnite. La victoire qu'il avait remportée auparavant sur les infidèles est symbolisée par les antiques colonnes romaines du **portail**. L'alternance des formes et des couleurs des pierres correspond au style mamelouk de l'époque.

Juste à côté, la **Grande Mosquée** ③ lui succède. Le **minaret** actuel n'est autre que l'ancien clocher (1294) de la cathédrale Sainte-Marie auquel on a rajouté une flèche turque. Du précédent édifice chrétien proviennent également certains éléments antiques que l'on retrouve dans les **voûtes à arêtes** mameloukes de la mosquée ainsi que les **entrées nord et est**.

Parmi les nombreuses écoles coraniques que compte Tripoli, on retiendra la **madrasa as Saqraqiyeh** ④, achevée

en 1359, et la **madrasa Khatuniyeh** ⑤ qui, plus petite, date de 1373 et possède un beau **portail**. Pendant la construction de la première école, le sultan mamelouk Hassan avait ordonné que les églises fussent fermées à Tripoli et dans l'ensemble du royaume et les fidèles maltraités. De nombreux chrétiens s'étaient alors convertis à l'islam.

La **madrasa Al Ilmiya** ⑥ donne sur la place qui s'étend au nord de la Grande Mosquée. Son nom vient de *Dar al Ilm* ("maison de la sagesse"). C'était le nom donné à la très célèbre **bibliothèque** de Tripoli fondée par le *qadi* ("juge") Abu Talib ad Daula Hassan au XIe siècle. Ses 100 000 volumes furent réduits en cendres lors de la conquête de la ville par les croisés.

Le **★hammam an Nuri** ⑦ est l'un des trois établissements de **bains** datant du XIVe siècle de la ville qui sont encore utilisés aujourd'hui. Les innombrables petites **fenêtres vitrées** de style mamelouk de ses coupoles lui ont valu le surnom de "mer de lumière" (pour les autres hammans publics, cf. ci-après).

En longeant le **★souk** en direction du fleuve, on découvre à gauche de la rue le **khan as Sabun** ⑧. Il fut construit au XVIIe siècle pour loger les troupes ottomanes qui, à l'arrivée de Fakhr ed Din (vers 1630), prirent leurs jambes à leur cou. Quelques années plus tard, des savonniers s'installèrent dans le bâtiment désaffecté d'où son nom arabe.

Le **hammam Ezzedin** ⑨ (1298), considérablement endommagé pendant la guerre civile, a été restauré ce qui a au moins permis d'en sauver la façade.

On arrive finalement au **khan al Khayatin** ⑩ (XIVe-XVe s.). Rénové grâce à des fonds allemands, ce centre accueille des artisans tailleurs et les maîtres de la corporation exercent aujourd'hui encore leurs talents dans les petites **boutiques** disposées autour de la **cour** centrale. De hauts arcs en pierre surplombent cette dernière qui n'est pas entièrement couverte cependant afin de laisser passer l'air et la lumière.

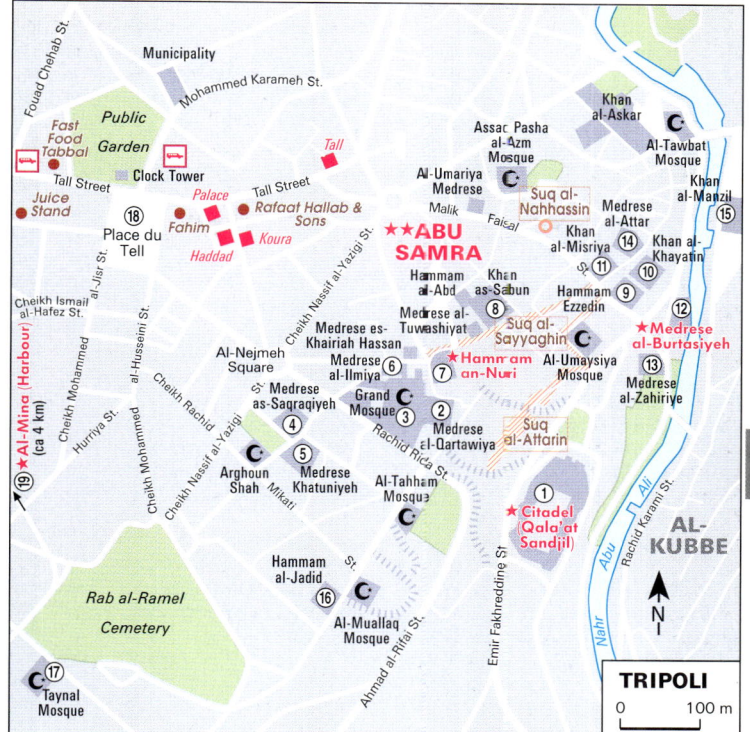

Map labels:
Fouad Chehab St. · Municipality · Mohammed Karameh St. · Khan al-Askar · Assac Pasha al-Azm Mosque · Al-Tawbat Mosque · Fast Food Tabbal · Public Garden · Tall · Al-Umariya Medrese · Suq al-Nahhassin · Khan al-Manzil · Clock Tower · Tall Street · Medrese al-Attar · Tall Street · Palace · Rafaat Hallab & Sons · ★★ABU SAMRA · Malik · Faisal · Khan al-Misriya · Medrese al-Khayatin · Juice Stand · Fahim · Koura · Khan as-Sabun · Hammam Ezzedin · Place du Tell · Haddad · Hammam al-Abd · Suq al-Sayyaghin · ★Medrese al-Burtasiyeh · Cheikh Ismail al-Hafez St. · Medrese es-Khairiah Hassan · Medrese al-Tuwashiyat · ★Hammam an-Nuri · Al-Umaysiya Mosque · Medrese al-Zahiriye · al-Jisr St. · al-Husseini St. · Al-Nejmeh Square · Medrese al-Ilmiya · Grand Mosque · Medrese al-Qartawiya · Suq al-Attarin · Cheikh Mohammed · Hurriya St. · Cheikh Rachid · Medrese as-Saqraqiyeh · Rachid Rida St. · ★Al-Mina (Harbour) (ca 4 km) · Cheikh Mohammed al-Yazigi · Arghoun Shah · Medrese Khatuniyeh · Al-Tahham Mosque · ★Citadel (Qala'at Sandjil) · AL-KUBBE · Cheikh Nassif al-Yazigi · Mikati St. · Emir Fakhreddine St. · Rab al-Ramel Cemetery · Hammam al-Jadid · Al-Muallaq Mosque · Ahmad al-Rifai St. · Nahr · Abu · Ali · Rachid Karami St. · Le Liban · 7 · Taynal Mosque

TRIPOLI
0   100 m

N

Pratiquement en face, de l'autre côté de la rue se trouve l'entrée du **khan al Misriya** ⑪, la maison de commerce égyptienne qui aurait bien besoin d'être restaurée. Une **fontaine** a même été aménagée sous ses **arcades** (XIVe-XVe s.). Le khan a servi de modèle aux maisons de commerce italiennes dont le nom de *fondaco* vient de l'arabe *funduq* qui signifie "hôtel" aujourd'hui.

Votre prochaine étape devrait être la ★**madrasa al Burtasiyeh** ⑫ construite en 1396 au bord du fleuve. Vous la reconnaîtrez à sa **coupole** blanche et à son **minaret** carré. Son **mirhab**, orné d'incrustations en pierre et en verre, indique la direction de La Mecque et le **minbar** (chaire), décoré de marqueterie en bois, de la **mosquée** s'inscrivent, tout comme

les encadrements noirs et blancs des fenêtres, dans la tradition des édifices des sultans mamelouks tcherkesses. À l'époque de sa construction, Abd al A-ziz ibn Barkuk régnait au Caire.

Non loin de là, vous apercevrez deux autres madrasas : la **madrasa Al Zahiriyé** ⑬ et la **madrasa Al Attar** ⑭ ("le parfumeur").

Au-delà du Nahr Abu Ali se trouve le petit **khan al Manzil** ⑮. Construit au XIVe siècle, c'est le plus ancien établissement commercial de la ville, voire du Liban.

Un peu à l'écart, au sud-ouest de la vieille ville, vous découvrirez le **hammam al Jadid** ⑯ (ou **hamman al A-bed**) de 1627 d'où vous rejoindrez la **mosquée de Taynal** ⑰, l'un des 25 (39 à l'origine) édifices mamelouks de Tripoli. L'émir Taylan fit construire en 1336, sur les ruines de l'église des Carmes, ce **lieu de prière** avec des colonnes de granit rose égyptien. Des chapiteaux antiques supportent la coupole centrale. Le religieux en charge des lieux aujourd'hui, le cheikh Abd al Kader Saleh, a restauré la mosquée à ses frais, sans le moindre secours financier.

Sur la **place du Tell** ⑱ (**Sahat et Tell**), la place fort animée qui s'étend au sud du **clocher** ou du **parc**, stationnent taxis collectifs et autres autobus. Il y a aussi de nombreux hôtels et restaurants.

À ★**Al Mina** ⑲ – tel est le nom du **quartier du port** –, montez au sommet de la **tour des Lions** (**Bourj as Sha** ; 2 km de la place du Tell). L'imposant bâtiment, orné jadis de têtes de lions, a sans doute été édifié sous le sultan Qait Bey (vers 1470). C'était l'un des maillons d'une chaîne de postes d'observation. De la plate-forme, on a une belle ★**vue** sur la ville et ses environs.

Après avoir respiré la poussière des siècles passés, rien ne vaut une bouffée d'air marin le temps d'une ★**promenade en bateau** pour rejoindre l'**île des Lapins** et l'**île des Pigeons**. Ces îles, où les oiseaux migrateurs font escale, sont protégées et ne peuvent être visitées qu'en compagnie d'un guide. Vous trouverez guides et bateaux au port.

AL QALA'AT

Les amateurs de châteaux forts longeront la côte en direction du nord jusqu'à **Al Qala'at** ㉕ ("la forteresse") où un ancien fort (XIIIe-XIVe s.) surveille une **plage de sable** (1 km de long).

AAKKAR AL AATIQA

En prenant à **Al Aabde** la direction de **Halba**, on arrive, après avoir accom-

Ci-contre : les montagnes semblent veiller sur la Vallée Sainte (Wali Qadisha) des maronites.

pli un trajet de 45 km à travers un splendide paysage de montagne, à **Aakkar al Aatiqa** ㉖. Le château, qui appartenait à l'origine à un noble campagnard, fut occupé par les Fatimides du Caire puis par les Seldjoukides (1094). Les croisés s'en emparent en 1109 après la prise de Tripoli. Occupé en 1160 par Nour ed-Din, les Francs peuvent le reconquérir en 1170 et le roi de Jérusalem en fait don à l'ordre des chevaliers de Saint-Jean (1170). Par la suite, la forteresse devient propriété du châtelain d'Enfé jusqu'à ce que le sultan mamelouk Baybars s'en empare, en 1271, après un siège d'un mois : les musulmans ayant fait venir de puissantes catapultes, ses occupants se retirèrent à Tripoli. Pendant l'occupation ottomane, le château fut entretenu jusqu'à ce que l'émir druze Fakhr ed Din (1595-1630) le détruisît.

L'éperon rocheux sur lequel il est construit est séparé du massif montagneux par un **fossé** artificiel. Le cœur du dispositif de défense était constitué par le **donjon** d'où l'on pouvait voir le château de Safita et le Krak des Chevaliers en Syrie. Les occupants de la forteresse pouvaient en outre surveiller la route caravanière de Homs à Tripoli.

HOSN SFIRE

Une excursion plus courte (24 km) dans les environs de Tripoli vous mènera aux ruines du temple romain de **Hosn Sfire** ㉗ près de **Sir ad Danie**. Quittez Tripoli par le quartier de Kubbe en passant devant l'église principale en direction de l'est. Les derniers 15 km sont très beaux et du sanctuaire de Sfire on jouit d'un merveilleux ★**panorama**. Au pied du massif on peut admirer les vestiges de trois **temples**. Le premier était doté à l'origine d'un péristyle tandis que seules quelques colonnes ornaient la façade du plus petit. Accolées aux murs du fond, les **tribunes** surélevées sont typiquement orientales. Les statues des dieux s'y trouvaient et les fidèles

n'y avaient pas accès. Les escaliers mènent aux toits entièrement ou en partie accessibles. Il n'est pas impossible que le site ait été érigé à l'emplacement d'un ancien **sanctuaire** phénicien.

****WADI QADISHA**

Une excursion dans la ****Wadi Qadisha**, la Vallée Sainte des maronites équivaut à un voyage dans un autre monde : les gorges profondes sont entourées de vergers en terrasses au milieu desquels surgissent ici et là des monastères, des églises, des grottes et des villages. En arrière-plan, on aperçoit des sommets de trois mille mètres d'altitude enneigés jusqu'au printemps. Il n'est donc pas surprenant que ce site soit classé au patrimoine mondial de l'Unesco depuis 1998.

Pour cette excursion, on quitte Tripoli en direction du sud-est et de l'antique *Gigarta*, **Zgharta** ㉘ et l'on poursuit sa route toujours vers l'est en direction de Bécharré (cf. p. 206). Derrière le petit village d'**Aitou** ㉙, la ***vue** est splendide et la route se transforme en chemin

de pèlerinage ; partout, ce ne sont que statues de la Vierge et croix. La vallée ressemble à une forteresse naturelle et a protégé pendant mille ans les maronites des dangers de la grande politique et des influences des religions étrangères. Avec ses mûriers et ses pommiers, qui dominent le ravin, ainsi que les flots mugissants du Nahr Abu Ali, c'est un vrai petit paradis terrestre. Le dimanche, les cloches des églises font entendre leur symphonie et appellent à l'église les fidèles endimanchés parmi lesquels on remarque en particulier les robes noires des moines.

En continuant à remonter la vallée, on arrive à **Ehden** ㉚ avec son église **Notre-Dame** dans laquelle Yusuf Bey Karam est inhumé. Le héros national du Liban a conduit en 1857 une révolte de paysans fomentée par le clergé contre les seigneurs féodaux chrétiens. Le forgeron Taniyus Shahin, qui avait expulsé la famille Khazim du Kesrouan, parvint même à proclamer une république de paysans qui fut de courte durée.

En vous faisant accompagner d'un guide local, que vous trouverez à la

Carte p. 198-199, fiche pratique p. 232-235   205

mairie (*municipalité*) ou à l'hôtel *Mairie*, vous pourrez faire des randonnées dans le vaste site protégé de **★Horch Ehden** ③, au nord-est de la ville. Outre des **cèdres**, on peut y voir un grand nombre d'espèces végétales menacées.

Des villages de **Blaouza** et **Hadchit**, un sentier abrupt descend jusqu'au plus célèbre monastère de la vallée : le **★Deir Qannubine** ② qui, si l'on en croit la légende, aurait été fondé par l'empereur Théodose Ier (379-395), abrite les **cercueils** protégés parfois d'un couvercle de verre des patriarches maronites inhumés ici depuis le XVe siècle. Comment ne pas penser, face à ces tombeaux richement décorés, aux paroles prononcées par le célèbre poète Khalil Gibran : "Je contemple la ville où vivent les riches, je contemple les cimetières où reposent les riches, mais où demeurent les pauvres ? Mon intuition me dit : au ciel".

Ci-dessus : rares, bizarres et chargés d'ans, tels se présentent les cèdres – l'emblème du pays. Ci-contre : souvenirs en bois de cèdre.

Du monastère, on peut remonter le versant sud abrupt de la vallée jusqu'au village de **Dimane** ③, la résidence d'été des patriarches maronites.

Au XVIIIe siècle, les religieux de la région envoyaient souvent en Europe, en Italie notamment, de jeunes gens pleins de promesses. Bien habillés, affublés d'un titre de noblesse fictif, ces adolescents allaient de cour princière en cour princière. Avec l'argent qu'ils y avaient quémandé, ils rentraient dans leur vallée et achetaient des oliveraies d'où leur nom de "princes des olives".

À l'extrémité supérieure de la Wadi Qadisha (le nom d'Abu Ali ne désigne que le cours inférieur du fleuve) se trouve **Bécharré** ③. le centre de la région. Un petit **musée** à la sortie de la ville – direction Hasroun – est consacré à Gibran Khalil al Gibran, le plus célèbre poète et philosophe du Liban.

Au-dessus de Bécharré, on peut apercevoir sur la moraine d'un glacier, à 1950 m d'altitude, les plus **★cèdres** du Liban. Certains de ces arbres peut-être millénaires – les maronites les appellent "les cèdres de Dieu" – attei-

7

Le Liban

gnent 11 m de circonférence. Le bois des cèdres du Liban (*cedrus Libani*) est léger, clair, tendre et n'a pas la solidité attribuée au bois de cèdre antique. Ces arbres font partie de la famille des abiétacées et les petites branches ne perdent pas leurs aiguilles en hiver. Les fleurs mâles diffèrent des fleurs femelles et les cônes, qui arrivent à maturité au bout de deux à trois ans, libèrent des graines ailées. La résine (*cedrium* ou *resina cedri*), qui s'écoule de l'écorce, est odorante et d'une teinte transparente à jaune clair. On l'utilisait autrefois comme remède. Avec le bois, qui dégage une odeur forte et agréable en brûlant, on fabrique une huile essentielle, l'*oleum cedri*. Les feuilles exsudent parfois une substance sucrée, la *manna cedrina*.

Sur le versant sud de la Wadi Qadisha, on peut revenir vers la côte par **Hadet el Jebbe** ou à partir de Bécharré, poursuivre vers l'est et se rendre dans la plaine de la Bekaa. On passe d'abord par la **grotte de la Qadisha 35**, la source du fleuve du même nom qui se jette en petites cascades dans la vallée, et par les **pistes de ski** et les vieux **cèdres** qui

sont l'emblème de la région appelée **Les Cèdres 36**.

La route, située au sud de la vallée, passe tout d'abord à proximité du **monastère de Mar Sarkis 37**, qui a été en partie creusé à même la roche, puis de rochers et de la cascade du village de **Bazhoun** ; viennent ensuite les villages de **Hasroun** et de **Hadet el Jebbe** qui ont de très jolis **★panoramas** à offrir. De Haddet el Jebbe, on arrive en bifurquant vers le sud à la magnifique **forêt de cèdres** d'**★★Arz Tannourine 38**.

En descendant la vallée, on découvre au-dessus du village de **Touzla 39** une **nécropole** et avant **Qnat 40**, le monastère orthodoxe grec de **★Hammatoura** qui, comme celui de Mar Sarkis, a été en partie creusé à même la roche.

Près de Hammatoura, une route bifurcue en direction de Tripoli tandis que l'autre conduit à Batroun via Qnat.

Sur la route de Tripoli, on peut voir non loin de **Kousba** les ruines de **Qasr Naus 41** (IIe-IIIe siècle). À cet endroit se dressait, à côté d'un temple plus petit et de **tombes**, un **temple d'Hélios**, le dieu du Soleil.

Ci-dessus : petite ville dans la plaine de la Bekaa. Ci-contre : le bois de chauffage est précieux.

Si l'on continue vers l'ouest, on arrive à **Amioun** ㊷ où l'on peut voir la vieille **église Saint-Phocas** (XIIe siècle) et des tombes creusées dans la roche, à la lisière de la localité.

De Kousba ou d'Amioun, on peut se rendre au **temple** de **Bziza** ㊸, un sanctuaire romain à colonnes avec des chapiteaux corinthiens (Ier s.) qui, à partir du IVe siècle, fut utilisé comme église chrétienne.

★★BAALBEK ET LA ★PLAINE DE LA BEKAA

LA ★PLAINE DE LA BEKAA

La plaine fertile de la **★Bekaa** (800-1100 m) sépare le Mont-Liban, qui culmine au **Qournet es Saoude** (3083 m), de l'Anti-Liban dont le plus haut sommet est le **djebel al Atnein** qui domine le paysage du haut de ses 2629 m. Des fleuves, qui joue un rôle déterminant dans l'équilibre écologique du pays, prennent leur source dans ces deux massifs. Vers le nord coule le fameux **Oronte** qui se jette dans la mer à Antioche (Turquie) et vers le sud, le **Nahr al Litani** ("fleuve des lions) serpente en direction de son embouchure au nord de Tyr (Sour). Les terrains alluviaux fertiles de la plaine et l'eau des deux fleuves et de leurs affluents ainsi qu'un climat tempéré grâce à la protection des montagnes permettent d'obtenir plusieurs récoltes par an.

On cultive surtout des céréales, des légumes, des arbres fruitiers et la vigne. C'est sans doute la raison pour laquelle les gourmets connaissent la plaine de la Bekaa. On y trouve les meilleurs **domaines viticoles** du pays. Comment résister à la tentation d'une pause gastronomique dans l'un des splendides restaurants ? Pendant la guerre civile, on cultivait le haschisch et le pavot dont l'Arabie Saoudite était le principal acheteur. Aujourd'hui la situation s'est normalisée et la détention de drogue est punie aussi sévèrement qu'en Europe, à cette différence près que les prisons li-

banaises sont nettement moins agréables !

Les soldats continuent de faire partie du paysage car les points de contrôle du *Hezbollah* ou de l'armée libanaise sont fréquents. Les contrôles ne sont pas insistants et l'on ne rencontre aucune difficulté tant que l'on se comporte normalement. En d'autres termes, il ne faut pas s'écarter des sentiers touristiques et surtout ne pas photographier d'installations militaires ou se montrer trop curieux ! Les autres groupes extrémistes éventuellement présents dans la vallée (Palestiniens, PKK) sont invisibles.

La Bekaa, que les Romains appelaient *Coele Syria* (Fossé syrien), est aujourd'hui une région de quelque 300 000 habitants (chiites, chrétiens et un pour cent de Druzes). En été, on peut s'y rendre par Bécharré et toute l'année par Bhandoum. Par ailleurs, de nombreux visiteurs viennent aujourd'hui de Homs ou de Damas en voyage organisé pour y passer la journée.

À l'heure actuelle, il est préférable, pour des raisons de sécurité, de visiter le nord de la plaine uniquement en compagnie de gens habitant la région dans la mesure où elle échappe au contrôle de l'État libanais. À vrai dire, seule la *★tombe pyramidale (Ier-IIe s.)* près de **Hermel** ❹❹ présente un quelconque intérêt en raison des reliefs qui ornent les parois de son socle carré et représentent des armes et des scènes de chasse. Édifiée au sommet d'une colline, à l'ouest de la route Baalbek – Homs, la pyramide est visible de loin.

Au cours d'un voyage au Liban, la visite de Baalbek s'impose absolument ! Ne pas visiter ces gigantesques temples en ruine, reviendrait à passer à côté des "décombres antiques" les plus impressionnants de tout le Proche-Orient !

★★BAALBEK

Le nom de **★★Baalbek** ❹❺ (patrimoine de l'Unesco) vient de *Baal Bekaa*, le "maître de la Bekaa". Pour les archéologues, les ruines du plus grand temple romain de tous les temps sont comme un rêve devenu réalité dont l'origine se perd quelque part entre légende et croyance. Avec plus de 10 000 habitants

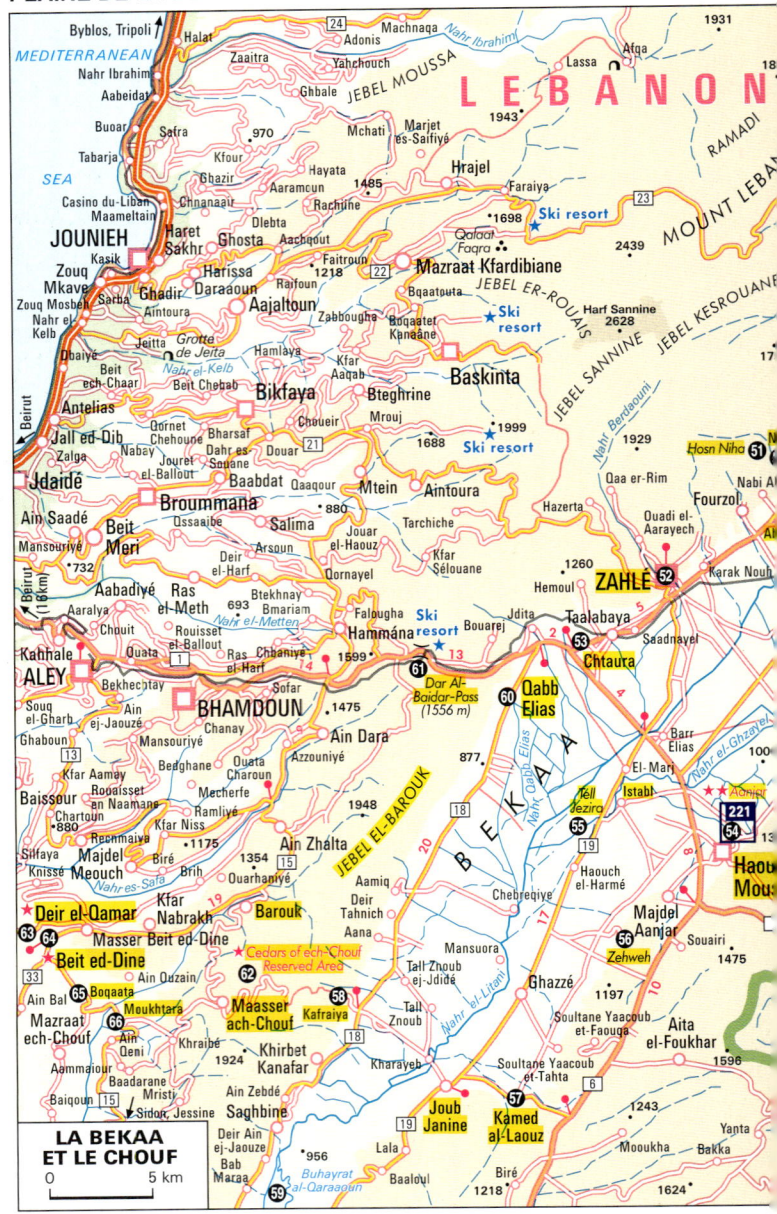

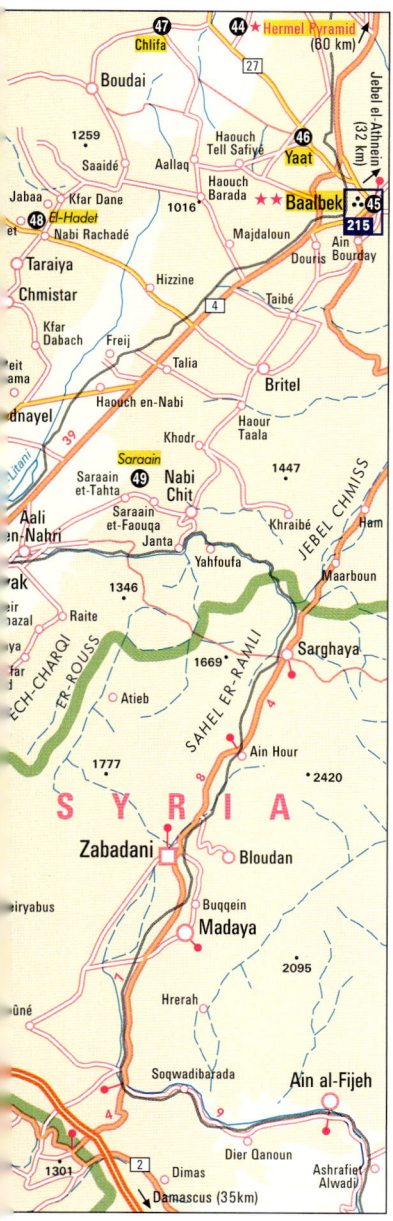

(800 paysans à peine au XVIIIᵉ s.) et après 200 ans de déclin et d'oubli, la ville est en passe de devenir une attraction touristique de plus en plus courue.

Ce n'est qu'après que le comte Volney (1757-1820), un philosophe français, eut révélé en Europe l'existence de ses ruines extraordinaires que le site de Baalbek va être exploré de 1900 à 1904 par des archéologues et architectes allemands tout d'abord, sous le patronage de l'empereur Guillaume II. Bien que les habitants soient en majorité des chiites et des sunnites, Baalbek est également le siège d'un évêché gréco-romain, qui dépend de Rome, et d'un évêché maronite

Il est particulièrement recommandé de se rendre à Baalbek pendant le ★**Festival international de Baalbek** qui a lieu chaque année en juillet et en août et réunit pour toute une série de représentations et de concerts des artistes du monde entier qu'il s'agisse d'acteurs dramatiques, de chanteurs d'opéra ou de musiciens de jazz (pour en savoir plus : www.baalbek.org.lb).

En venant de Beyrouth, on aperçoit à l'ouest de la route, avant même d'avoir atteint la ville, le **Kubbet Douris**, la **tombe** d'un prince arabe (1243) édifiée sur une petite colline avec des colonnes antiques en granit rose égyptien. Plus loin Kholat, la fille d'Hussein et petite-fille de Mahomet, qui mourut ici après la bataille de Kerbela (680), repose sous une coupole blanche.

Après ce long trajet fatigant, une pause sera la bienvenue pour déguster un café servi dans une *raqwa*, une cafetière en argent ou en cuivre jaune souvent ciselé comme celles que l'on utilise encore au *Palmyra*, un vieil hôtel oriental au charme nostalgique. Déambuler à travers les stands du petit **souk** ou faire une promenade dans les **vergers** des environs, tous irrigués par la source **Ras al Ain**, fait le plus grand bien. Ici, à 1150 m d'altitude, le climat est particulièrement favorable à la culture des grenades, abricots, figues ou raisins.

Le Liban 7

Entre légende et Histoire

Selon une légende, Adam lui-même aurait vécu dans les environs de Baalbek et sa tombe se trouverait à 40 km au sud de la ville, près de Zebdani (Syrie), l'*Abila* antique. Les sources historiques ne remontent toutefois pas si loin. Baalbek est mentionnée uniquement dans le Talmud, c'est-à-dire peu de temps avant la naissance du Christ. Le mot *Baal* dans le nom de la ville et quelques découvertes archéologiques remontent à l'époque où le site était habité par des Ituréens originaires de l'est de la Jordanie, une tribu qu'Alexandre le Grand avait déjà dû affronter lors du siège de Tyr (332 av. J.-C.). Après ces combats, les Ituréens ont sans doute été repoussés vers l'intérieur du pays car en 115 avant J.-C., ils se trouvaient à Baalbek qui

Ci-dessus : ces six colonnes font partie des vestiges du plus grand sanctuaire de l'Empire romain, le temple de Jupiter Heliopolitanus de Baalbek. Ci-contre : des gargouilles en forme de têtes de lions en ornaient la corniche.

s'appelait à l'époque *Héliopolis* (la ville du soleil). Au moment de la conquête du Liban par les Romains, son prince s'appelait Ptolémée (mort en 40 av. J.-C.) et sa zone d'influence s'étendait jusqu'au Hauran (Syrie) et à Byblos. En 47 av. J.-C., Jules César en fait une ville de garnison et la baptise du nom de sa fille *Colonia Julia Augusta Felix Heliopolitana*, CIAFH dans les inscriptions. La construction du complexe de temples que l'on peut encore admirer aujourd'hui commence sous l'empereur Auguste (31 av.-14 ap. J.-C.). Par la suite, le royaume des Ituréens est divisé à plusieurs reprises. Sous le prince Lysanias (30 ap. J.-C.), également mentionné par la Bible (Luc III, 1) et qui a peut-être été enterré à Baalbek, la capitale Abila se trouve au sud de Baalbek. Au nord se trouve la capitale Arka dont le prince Agrippa II d'Abila s'empare en 53.

C'est l'époque du règne de l'empereur Claude (41-54) à Rome. Néron (54-68), son successeur, se croit l'égal d'Apollon, le dieu romain du Soleil et divinité tutélaire des muses. Il active

donc la construction du temple du dieu du Soleil à Baalbek. Les empereurs romains qui lui succèdent devant mener d'innombrables guerres pour conserver leur empire, les travaux ne vont guère progresser car les moyens locaux ne suffisent plus pour une entreprise de cette envergure.

À la mort d'Agrippa II (93), l'empereur romain Domitien (81-96) dissout la principauté d'Iturée.

Avec l'empereur Septime Sévère (193-211), la Syrie reprend de l'importance dans l'Empire romain. Il faut dire que la deuxième femme de l'empereur, Julia Domna, fille du grand prêtre de Baal à Émèse (Homs), avait amené avec elle à Rome un grand nombre de femmes de son pays. Julia Domna fut aussi l'éminence grise de son fils Caracalla (211-217). Elle a sans doute largement contribué à la poursuite de la construction des temples de Baalbek. Les propylées (l'entrée) du temple de Jupiter ont été achevés sous un autre empereur romain d'origine syrienne, Philippe l'Arabe (244-249). Avec les empereurs chrétiens que furent Constantin (306-

337) et Théodose (379-395), le culte de Jupiter-Heliopolis prend fin et des églises chrétiennes sont érigées sur le site des temples. Il y avait déjà eu des chrétiens auparavant à Baalbek. Sainte Eucoxie y fut exécutée et saint Gelasimus lapidé en 114.

Aux Romains et Byzantins succèdent les Arabes, à partir de 635. Au cours des siècles suivants, les califes omeyyades seront remplacés successivement par les Abbassides, les Fatimides et les Ayyoubides. En 1176, les croisés dirigés par Raimond III de Tripoli occupent brièvement Baalbek. C'est le sultan mamelouk Qalaoun qui fait transformer en 1279 la zone du temple en forteresse. Ces transformations ainsi que la recherche de métaux par les Turcs (depuis 1516) et le grave tremblement de terre de 1759 sont responsables des destructions subies par le sanctuaire.

Visite de Baalbek

Comme dans l'Antiquité, les visiteurs pénètrent dans l'**aire du temple** par l'escalier monumental, en partie reconstruit, des **propylées** ∎ (entrée du temple), une construction de type syrien se composant d'un vaste portique flanqué de deux tours. Douze colonnes en granit rose égyptien supportaient des **chapiteaux corinthiens en bronze** doré ainsi que le toit à fronton. Les inscriptions de quelques bases de colonnes révèlent que Jupiter, Vénus et Mercure étaient vénérés à Baalbek. Les **niches** ménagées dans le mur du fond des propylées ont dû abriter les statues des dieux les plus importants. Les propylées ne furent sans doute achevés que sous l'empereur Philippe l'Arabe (244-249) car ils figurent sur des monnaies frappées sous son règne.

Un grand portail flanqué de deux portes plus petites permet d'entrer dans l'**avant-cour** ∎ hexagonale. De la porte de gauche, un **escalier en colimaçon** menait jadis au premier étage ou au toit.

Dans l'avant-cour hexagonale, un **péristyle** précédait quatre petites salles latérales dont le côté donnant sur la cour était rehaussé d'une série de colonnes. Là encore, deux rangées de **niches murales** devaient accueillir des statues. Comme pour les propylées, les pièces sont décorées de **reliefs** avec des motifs végétaux et géométriques. Les pèlerins étaient probablement préparés et contrôlés dans les **pièces annexes** avant d'être conduits en groupes au temple.

Dans le coin nord-est de la cour, il y a aujourd'hui une **statue de Jupiter** ∎ que l'on a trouvée dans une localité voisine. Debout sur son char, Jupiter (Baal, Hadad) brandit la foudre d'une main et un fouet de l'autre. Les taureaux sculptés sont le symbole de l'ancien dieu oriental de l'orage, Hadad, tandis que la foudre est celui du Zeus grec et du Jupiter romain. Le dieu est coiffé d'un calathos.

Une croix sur une pierre rappelle que les chrétiens ont consacré ici une église Notre-Dame (Ve s.). L'avant-cour était autrefois surmontée d'une coupole d'un diamètre de 30 m – une performance due aux ingénieurs byzantins – que le calife omeyyade Abd al Malik (685-705) a fait transporter par la suite à Jérusalem. Pour éclairer l'intérieur de l'église, les chrétiens ont aménagé dans les pièces latérales des fenêtres que les occupants de la forteresse mamelouke (XIIIe s.) ont utlisées ensuite en guise de meurtrières.

Les fidèles pénétraient par les trois portes situées à l'ouest dans la **Grande Cour** ∎ précédant le temple de Jupiter Heliopolitanus, où avaient lieu cérémonies et sacrifices. Les **exèdres** rectangulaires et les niches semi-circulaires des murs de la cour permettaient de s'abriter du soleil vénéré certes en tant que dieu, mais pas au point de risquer une insolation. Les **colonnes rouges** sont en syénite, une roche cristalline de Haute-Égypte. Des **édicules** destinés à recevoir les statues sont également aménagées dans les murs. Sur le côté sud, l'une des niches semi-circulaires est ornée de **sculptures** représentant la Méduse (une des trois Gorgones dont le regard pétrifiait les hommes), des têtes entourées de serpents, et des êtres ailés (dragons ?). Les bords des deux **bassins** ∎ plats de la cour sont finement sculptés. Outre des animaux et des fleurs, on y voit des génies (esprits tutélaires), des nymphes, des faunes et des sirènes, des divinités de la mer et des fleurs, la naissance de Vénus et de petites divinités de l'Amour.

Entre les bassins se trouvaient deux **tours-autels** ∎ : la plus grande avait quatre étages accessibles par un escalier. C'est sans doute ici que l'on sacrifiait les animaux. Les autels sont beaucoup plus anciens (Ier s. av. J.-C.-Ier s. ap. J.-C.) que la cour des sacrifices. Car, si les autels furent achevés, cette dernière ne le fut pas en raison de l'édit de Milan (313) par lequel l'empereur romain interdit les cultes orientaux. La majorité des fidèles venait certainement ici pour prier et déposer des offrandes et uniquement jeter un coup d'œil dans le temple sur la statue du dieu. À l'origine, il y avait encore dans la cour deux

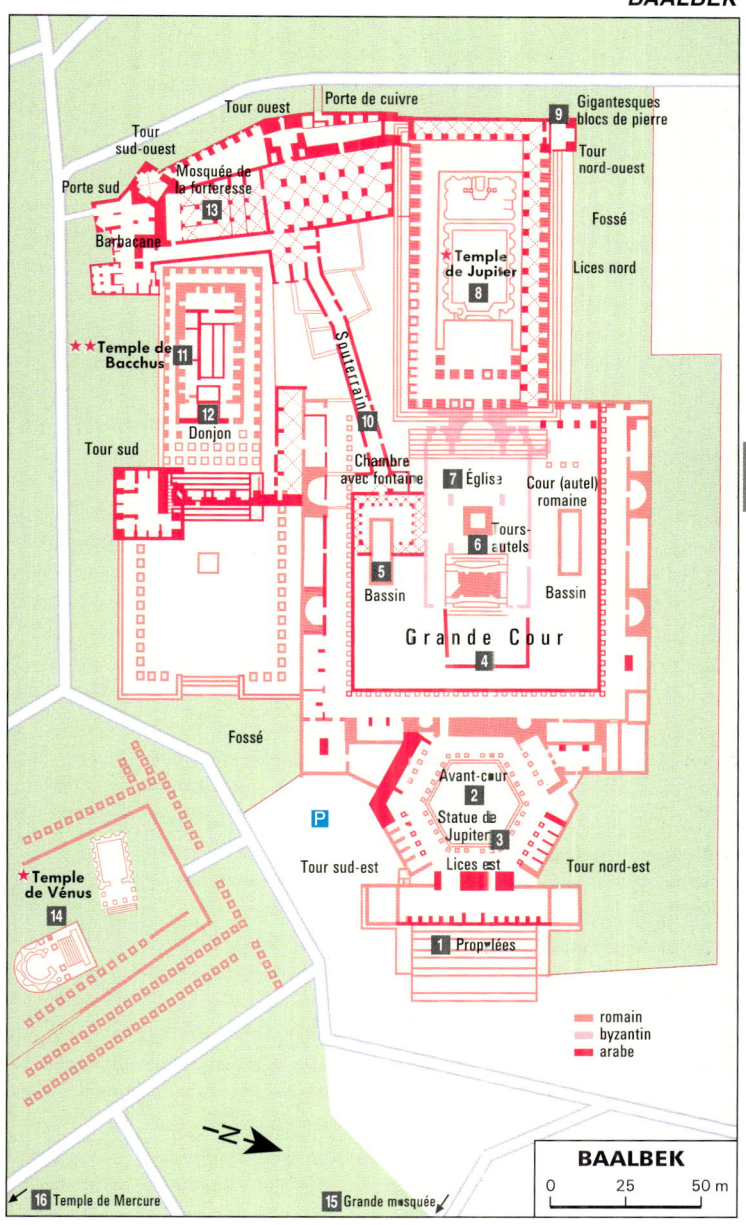

BAALBEK

romain
byzantin
arabe

0   25   50 m

215

colonnes dont les tambours gris venaient du Bosphore.

L'empereur Théodose Ier (379-395) fit construire au milieu de la cour une **église** 7 chrétienne dédiée à saint Pierre, ce qui entraîna la destruction d'une partie du grand escalier du temple.

Du ***temple de Jupiter Heliopolitanus** 8, le plus grand temple de l'Empire romain, il ne reste plus que l'**estrade**, l'**escalier d'accès**, quelques **éléments de charpente** et six immenses ****colonnes** qui, tels des index tendus, indiquent de loin le chemin des ruines. Les colonnes ont des fûts composés de trois tambours attachés par des crampons en fer coulés dans du plomb. Au fil des siècles, le métal fut brisé par des personnes peu respectueuses et les colonnes endommagées ; certaines n'ont pas résisté aux tremblements de terre. Il ne reste rien de la **cella** (cœur du sanctuaire) et de la **statue du dieu**.

Ci-dessus : les Libanais sont très attachés à leur passé (Baalbek). Ci-contre : niches (édicules) et demi-colonnes structurent le murs de l'intérieur du temple de Bacchus.

Jupiter Heliopolitanus était un dieu qui réunissait en lui les attributs de différentes divinités plus anciennes. Aux traits de Hadad, le dieu de la Tempête et le maître des dieux (Baal, Zeus ou Jupiter) se rajoutèrent ceux du dieu du Soleil Shamach (Apollon ou Hélios). Une statue en bronze d'environ 50 cm, qui a dû être réalisée d'après le modèle de la statue du dieu du sanctuaire du temple, est exposée au musée du Louvre à Paris. Jupiter est debout sur deux taureaux et est coiffé d'un calathos. Plusieurs autres divinités sont représentées sur ses vêtements, Jupiter est donc également vénéré comme le père des dieux.

Les dimensions gigantesques de ce temple sont certainement ce qu'il y a de plus impressionnant à Baalbek, mais les **ornements** des fragments de charpentes et de frontons qui jonchent le sol sont tout aussi fascinants. On remarquera surtout les merveilleuses **têtes de lions** et les **gargouilles** qui étaient censées éloigner le Mal.

Les trois plus gros **blocs de pierre** 9 se trouvent dans le soubassement du temple à l'angle nord-ouest (le longer à

7

Le Liban

l'extérieur). On estime qu'ils pèsent environ 800 tonnes. Ces énormes pierres et les blocs de la **carrière** à l'entrée est, à droite de la route de Beyrouth, ont alimenté la légende selon laquelle des géants auraient construit le temple sur l'ordre du roi Nemrod, un personnage de la Bible.

À gauche, à côté de l'escalier du temple, un **souterrain** 10 permet de descendre au temple voisin, le ****temple de Bacchus** 11. Il était certainement consacré à Vénus, la déesse de l'Amour (Aphrodite, Astarté). Plus petit que le temple de Jupiter certes, il est bien moins endommagé. Au nord et à l'ouest notamment, les colonnes du ***portique** sont presque toutes encore là. Le grand **portail principal** est flanqué de deux portes qui menaient aux escaliers du toit. Les imposants **linteaux** sont ornés sur leur face inférieure d'une ***sculpture** représentant un aigle entouré de génies tutélaires. Dans ses serres, le rapace tient la foudre de Jupiter et le bâton de Mercure et dans son bec des guirlandes de cônes de cèdre et de grenades.

Avec ses colonnes, ses niches et la ***riche ornementation** de ses murs latéraux, il émane de l'intérieur du temple un charme presque baroque ainsi qu'une impression de profondeur. La **cella** à trois nefs surélevée, à l'extrémité de l'étroit mur du fond, était séparée de l'espace du temple par deux colonnes supportant trois arcs. Sur les murs de la cella, on peut encore voir un **relief** très abîmé représentant une procession sacrificielle.

La **statue du dieu** se trouvait sur une estrade au milieu du mur du fond sous un baldaquin en pierre. Elle était creuse et accessible depuis le mur du fond du temple. Ce système permettait aux prêtres de mettre en scène des oracles. Avant de partir combattre les Parthes à l'Est, l'empereur Trajan (98-117) aurait consulté les oracles de Baalbek.

Alors que la cella était surmontée d'un plafond à caissons en bois, les **salles hypostyles** extérieures avaient des plafonds en pierre légèrement concaves, ornés de magnifiques ***reliefs**. Des divinités sont représentées au centre des caissons géométriques.

Des **★fragments de plafond** jonchent le sol qui arborent des représentations du dieu du fleuve Oronte et de Ganymède qu'un aigle emporte vers le ciel. À côté se trouvent Jupiter Heliopolitanus qui protège Baalbek du soleil au moyen d'un voile et Eirènè, la mère de la Fortune et de la Paix portant le dieu Pluton dans ses bras. On distingue également Cérès, la déesse de la Fertilité reconnaissable aux épis de blé ; Vulcain, le dieu forgeron avec un marteau ; Tyché, la déesse du Destin avec une corne d'abondance ; Diane, la déesse de la Chasse avec arc et flèches ; la déesse de la Victoire avec une palme ; Mars, le dieu de la Guerre en armure ; Dionysos avec des grappes de raisin et Cléopâtre avec un serpent.

Sur l'**estrade** devant l'entrée principale de ce temple se trouve une tour rectangulaire : la niche de la porte est surmontée d'une **voûte à stalactites**. Il s'agit du **donjon** 12 de la forteresse mamelouke.

Ci-dessus : les ruines du temple dit de Vénus à Baalbek.

À l'ouest du temple de Bacchus se trouvent les vestiges de la **mosquée de la forteresse** 13 de l'époque mamelouke (XIVe-XVe s.). On ne peut malheureusement pas accéder aux **voûtes** du soubassement de la cour des sacrifices, mais les **marques des tailleurs de pierre** permettent de penser que des groupes d'ouvriers y ont travaillé. C'est dans les pièces et les passages qu'étaient entreposés les instruments sacrificiels et qu'attendaient les animaux qui allaient être sacrifiés.

En quittant le site des ruines en direction de l'est, on peut, là où commence la terrasse de Jupiter, jeter un coup d'œil à l'intérieur d'une des **salles du soubassement**. Dans les murs de cette pièce au merveilleux **★plafond à caissons** ont été aménagées des niches ressemblant à de petits temples et l'on y découvre aussi la statue d'un enfant nu. De toute évidence, cette petite chapelle était utilisée comme salle d'accueil ou de prière.

À l'extérieur de l'aire sacrée romaine proprement dite, on aperçoit les vestiges du **★temple de Vénus** 14. La petite rotonde est presque écrasée par son imposant **fronton syrien** qui repose sur huit colonnes. Les murs extérieurs sont divisés en cinq niches semi-circulaires précédées de quatre colonnes. Vénus, la déesse de l'Amour, ou une autre divinité y a-t-elle été vénérée ? La question n'est toujours pas tranchée. En tout cas, les chrétiens ont aménagé dans le temple par la suite, une église consacrée à sainte Barbe. Le temple se trouvant au bord d'un petit ruisseau, il pourrait bien avoir été dédié à Vénus, l'Astarté phénicienne. On suppose qu'il a dû être achevé vers 300.

La **Grande Mosquée** 15 se trouve dans la localité. Elle a été victime en 1318 d'une terrible inondation qui coûta la vie à 200 personnes. On ignore la date exacte de la construction de la mosquée, mais la présence d'arcs brisés permet de la faire remonter à l'époque du sultan Saladin (XIIe s.). Ses colonnes et ses chapiteaux proviennent toutefois des temples romains.

Du **temple de Mercure** 16, mentionné dans des inscriptions, on n'a retrouvé que quelques marches d'escalier à 300 m environ au sud-est de l'aire sacrée.

YAAT ET CHLIFA

La **colonne** romaine de **Yaat** ㊻ (Yaad) se dresse à quelque 6 km au nord-ouest de Baalbek.

Après avoir parcouru 7 km, toujours dans la même direction, on arrive au sanctuaire romain de **Chlifa** ㊼ qui, comme c'est souvent le cas en Orient, porte le nom de **Qasr al Banat** ("château des Filles").

SARAAIN, AL HADET, NIHA ET HOSN NIHA

En poursuivant vers le sud et Zahlé, on aperçoit encore quelques ruines de temples romains : le **temple d'Apollon** à **Al Hadet** ㊽, à l'ouest de la route 4 ou bien encore le **temple à colonnes** de **Saraain** ㊾, à l'est de la route. Ces temples sont certes nettement moins intéressants que Baalbek, mais ils témoignent des profonds sentiments religieux des habitants de la vallée dans l'Antiquité.

On rencontre un grand nombre de temples et d'édifices romains au nord-ouest d'**Ablah** près de Nina et Hosn Niha. **Niha** ㊿ est situé dans la vallée et d'un accès aisé et connu pour son **temple de Hadaranès** (IIIe s.).

Hosn Niha (51) ("forteresse de Niha") est en fait une terrasse artificielle aménagée sur la montagne et d'accès plus malaisé. Plusieurs **temples**, dont l'un a servi d'église par suite, y ont été érigés au IIe/IIIe siècle.

ZAHLÉ

Sur le versant sud de la montagne, une grande **statue de la Vierge** veille sur la jolie petite ville de **Zahlé** (52), dans la vallée du Nahr Berdaouni. Cette localité où, au XVIIIe s., on falsifiait des pièces de monnaie turque, est un lieu de villégiature apprécié des Libanais ce qu'attestent les nombreux **restaurants** d'où l'on a une belle ★**vue** sur les toits de tuiles rouges de la ville et la rivière.

CHTAURA

À quelques minutes en voiture au sud de Zahlé se trouve le petit village de **Chtaura** (53) (prononcez *Chtuura*), célèbre pour son excellent vin, le *Ksara*, et sa délicieuse confiture – le village ressemble à un immense supermarché.

★★AANJAR

De Chtaura, en prenant la route de Damas, on arrive à **Haouch Moussa**, la localité à proximité de laquelle vous découvrirez les ruines d'★★**Aanjar** (54) (patrimoine mondial de l'Unesco). Si vous n'avez jamais vu de châteaux du désert omeyyades, prenez le temps de faire ce détour d'autant qu'Aanjar est

Plan p. 215, carte p. 210-211, fiche pratique p. 232-235

tout indiqué, avec ses petits **restaurants-jardins**, pour une pause gastronomique. La truite fraîchement pêchée est la spécialité de l'endroit et on aurait tort de ne pas céder à la tentation !

Le **château des plaisirs** ou la **résidence d'été** (370 m x 310 m) du seigneur et de sa suite fut probablement construit en 714 pour le calife Al Walid Ier (705-714), fils d'Abd Malik. Aujourd'hui, l'**entrée principale** ■ se trouve sur le côté nord de l'édifice rectangulaire entouré de **murs** et inspiré d'un modèle romain (fouilles depuis 1957).

À gauche derrière la porte nord, cachés aujourd'hui par des arbres, se trouvait les **bains** ■ avec vestiaire (apodytérium), salle d'eau chaude (caldarium) et salle d'eau froide (frigidarium).

Deux **rues à colonnade** perpendiculaires partagent le site en quatre parties égales : le **cardo maximus** et le **decumanus maximus** à l'extrémité sud/est desquels se succèdent de petites **boutiques** et autres **ateliers** qui ne correspondent pas du tout à l'idée que l'on se fait d'un château des plaisirs omeyyade. On remarquera la grande variété de **chapiteaux** dont il se peut que certains soient en fait des ornements byzantins "recyclés" alors que d'autres semblent avoir été conçus pour ce site expressément.

Longeant deux importants complexes de bâtiments, qui étaient vraisemblablement les **résidences** ■ de hauts dignitaires, la rue mène au **tétrapyle** ■ qui, avec ses 16 colonnes, a été incontestablement construit sur le modèle de son homologue de Palmyre (cf. photo p. 131).

Au sud-est du carrefour central se trouve la **mosquée** ■ avec une **avant-cour à colonnes** et un **mirhab** (niche de prière) orienté vers le sud.

Le **★palais principal** ■ succède immédiatement au lieu de prière et possède au nord et au sud de sa **cour** centrale une **salle d'audience** dotée d'une abside à laquelle viennent s'ajouter au sud des rangées de colonnes. C'est ici que l'on découvrira les **★reliefs** qui ont fait la réputation d'Aanjar. Les recher-

Ci-dessus : cour à péristyle (salle du trône du palais du calife d'Aanjar).

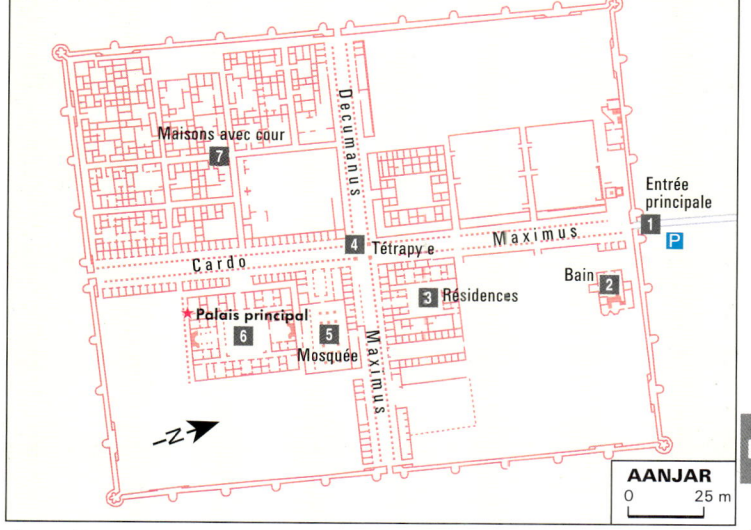

AANJAR

0   25 m

Maisons avec cour **7**

Decumanus

Cardo

Tétrapyle **4**

Maximus

3 Résidences

★ Palais principal

6   **5**

Mosquée

Maximus

Entrée principale

1

P

Bain

2

ches effectuées permettent d'attester que la salle sud du moins était à deux étages. L'effet de contraste provoqué par l'alternance de couches de briques rouges et de pierres jaune pâle est typique de l'architecture byzantine des VIe et VIIe siècles. Les Omeyyades ont repris cette technique au VIIIe siècle.

La majeure partie des résidences d'été sont des **maisons** **7** de style arabe. Une grande pièce principale, flanquée respectivement d'une ou de deux pièces plus petites, donne sur une cour.

TELL JEZIRA, ZEHWEH ET KAMED AL LAOUZ

À l'ouest d'Aanjar, au niveau du pont du Litani, une route bifurque vers le sud à droite de laquelle, derrière **Istabl**, surgit le **Tell Jezira** **55** ("colline-île") parsemé de décombres byzantins. Dans l'Antiquité, il y avait dans cette région, qui s'appelait à l'époque *Marsyas*, un grand lac qui ne fut asséché qu'au XVe siècle.

Un peu plus au sud, à l'est de la route, se trouvent les ruines du **temple ro-**main à colonnes (IIIe s.) de **Zehweh** **56** (**Dekweh**).

Encore plus au sud, juste avant d'arriver à **Joub Janine**, une route bifurque à gauche en direction de **Kamed al Laouz** **57**. Le tell du village cachait l'ancienne petite ville de province de *Kumidi* (XIVe s. av. J.-C.) dont les vestiges, qui avaient été mis au jour, ont toutefois été détruits par les bulldozers.

KAFRAIYA ET LE LAC DE BUHAYRAT AL QARAAOUN

Bifurquer à **Joub Janine** en direction de l'ouest (plus au sud la route n'est pas sûre) et franchir le Nahr Litani. Il ne faut pas manquer de faire une brève halte avec **dégustation** de vin dans le petit village de **Kafraiya** **58**.

De là, il n'y a plus que 5 km jusqu'à la rive du **Buhayrat al Qaraaoun** **59** dont le mur de barrage a été construit en 1959 par les Yougoslaves et surélevé par la suite. L'unique grand lac du Liban sert à l'irrigation. Son eau serait polluée et il n'est donc pas recommandé d'aller s'y rafraîchir. Il est également

7

Le Liban

déconseillé de poursuivre sa route vers le sud. La région qui s'étend au sud du lac est en effet contrôlée par la *South Lebanon Army* financée par les Israéliens et fait partie de la zone de sécurité que ces derniers occupent.

QABB ELIAS ET LE COL DE DAR AL BAIDAR

Près de **Qabb Elias** 🟠, on peut visiter une belle **tombe rupestre** romaine du IIe-IIIe siècle.

Il faut s'arrêter au **col de Dar al Baidar** 🟠 ou **col du djebel el Barouk** (1556 m) pour profiter du *panorama : à l'est, la plaine de la Bekaa avec le **mont Hermon (djebel ech Cheïkh)**, qui culmine à 2814 m, en arrière-plan ; au nord et au sud, les vallées et les montagnes, les champs et les bois du **djebel el Knisse** et du **djebel el Barouk**.

Ci-dessus : romantique et pittoresque – la place du Marché de Deir al Qamar, où résida Fakhr ed Din. Ci-contre : salon décoré de mosaïques du palais de Beit ad Dine.

LA RÉGION DU *CHOUF

La région montagneuse du *Chouf (**Shouf**), qui s'étend de la côte méditerranéenne au djebel Barouk (jusqu'à 1948 m), est desservie par de bonnes routes.

De paisibles villages druzes alternent avec des édifices modernes en béton cependant que de pittoresques châteaux permettent de se faire une idée du faste auquel les hommes ont de tout temps aspiré.

*CEDARS OF ECH CHOUF RESERVED AREA

En venant du col de Dar al Baidar (cf. ci-avant, quitter la route 1 (Beyrouth – Damas) pour bifurquer vers le sud. Vous passerez ensuite par les villages de **Barouk** et **Masser ach Chouf**. Si vous souhaitez vivre un moment que vous n'êtes pas près de vous n'êtes pas près d'oublier, alors prenez le temps de vous promener à pied dans les *forêts de cèdres 🟠 du **djebel el Barouk (Cedars of ech Chouf Reserved Area)**.

*DEIR AL QAMAR

En continuant sur la route 15 en direction de Beit ad Dine et en restant à droite, on arrive à *Deir al Qamar ⓺, ("couvent de la Lune"), l'unique village chrétien du Chouf. C'était la résidence des émirs de la famille Shihab (XVIIIe s.) jusqu'à l'achèvement de leur palais de Beit ad Dine.

Les **palais**, le **sérail** et la **mosquée** de Fakhr ed Din, achevée vers 1615, enserrent le *midan, une jolie place restaurée. Les **portails** des XVIIe et XVIIIe siècles sont décorés, sur le modèle mamelouk, de pierres jaunes, noires et blanches, d'arcs dentelés et d'imitations en pierre de clous en bois. Le **palais Chéhab** (ou Shihab) abrite aujourd'hui un **Institut français**.

Le joli petit **château Moussa** sur la route de Beit ad Dine a été construit par un admirateur libanais du Moyen Âge ; il y a installé des **marionnettes folkloriques** auxquelles un système électrique donne vie.

*BEIT AD DINE

Le palais de *Beit ad Dine ⓸, que l'émir Bachir II Chéhab (1788-1840) commanda à des architectes italiens et dont la construction prit 30 ans, est bien plus digne d'intérêt. Le maître d'ouvrage a certes eu le temps d'emménager dans ce palais d'où il a régné pendant quelques années, mais en 1840, il fut contraint par les Anglais, en accord avec les Turcs, de s'exiler à Malte. Les gardes du palais appartenaient en partie à la milice druze aujourd'hui dissoute. Il vaut mieux ne pas visiter le palais en fin de semaine car c'est l'un des buts d'excursion favoris des Libanais.

Le **bâtiment de l'entrée** abrite le **musée Kamal Joumblatt**, le père de Walid Joumblatt qui a fait effectuer ici à ses frais d'importantes rénovations. Dans l'**avant-cour**, une flamme immortelle brûle, qui commémore les victimes de l'invasion israélienne du Liban

en 1982. Dans l'aile, occupée autrefois par des **logements réservés aux invités**, se trouve le **musée Rachid Karami** où sont exposés des objets archéologiques et ethnologiques ainsi que des armes et où sont organisées des expositions temporaires.

Un **buste de Kamal Joumblatt** se dresse face à l'escalier qui mène à l'*aile officielle du palais avec sa **cour** agrémentée de **jets d'eau**. Le vaste **iwan** (salle voûtée ouverte sur un côté), richement décoré d'*incrustations en marbre sur son côté nord, tenait lieu de salle de réception en été.

Sur le côté sud de la cour, le *musée de Mosaïques byzantines (Ve-VIe s.), en provenance des environs, occupe les anciennes caves et écuries.

À l'ouest, un portail à la riche ornementation à l'ouest permet d'accéder à une autre cour où se trouvent le **haramlik** (appartements réservés aux femmes) et les **bains**. Les balcons d'angle ont été construits sur le modèle des corbellements en bois turcs, qui permettaient aux femmes des villes d'avoir vue sur la rue sans être vues. On ne

7

Le Liban

manquera pas de profiter de la ★**vue** depuis la terrasse ni de parcourir la ★**roseraie** de style européen.

Pour vous remettre des fatigues de la visite, optez pour le **Mir Amin Palace Hotel** qui surplombe Beit ad Dine et constitue ce qu'il y a de mieux en matière de gastronomie dans la région du Chouf.

BOQAATA

À mi-chemin entre Beit ad Dine et Moukthara se trouve le village de **Boqaata** ❻❺ C'est ici que Kamal Joumblatt, le chef de la communauté druze qui en tant qu'*uukkal* ("savant") avait aussi étudié les religions et les philosophies asiatiques, fit aménager un ★**cimetière** inhabituel en partant de l'idée qu'en fin de compte toutes les religions ne font qu'une. Une idée dont témoignent les symboles en pierre de toutes les religions qu'arbore le **monument aux morts** du cimetière. Ce dernier se

Ci-dessus : grand-père druze et sa petite-fille.

trouve au milieu du village et si vous en faites la demande dans le magasin en face, on vous l'ouvrira.

MOUKTHARA

La localité de **Moukthara** ❻❻ ("les Élus") est connue à cause de la résidence de la famille Joumblatt (vers 1900), située sur le versant qui domine le village. Le **palais** étant encore habité, on ne peut le visiter qu'en partie et sur demande. C'est ici que depuis toujours le chef des Druzes reçoit en audience tous les dimanches les cheiks et les solliciteurs. On ignore cependant s'il porte ce jour-là la bague qui est le signe de l'autorité suprême chez les Druzes.

Le trajet de Moukthara à Sidon (Saïda, cf. p. 226) au sud du Liban via Jezzine est actuellement interdit aux touristes. De Beit ad Dine, une route mène également à la côte.

LE SUD DU LIBAN

Bien qu'il y ait eu d'importantes destructions dans le sud et le sud-est du Liban pendant la guerre civile et qu'on ne puisse évidemment pas faire abstraction des camps du Hezbollah et des tirs de roquettes israéliens toujours possibles, le sud du Liban vaut vraiment le détour. Et si cette région perpétuellement en crise devait un jour connaître la paix, il faudrait alors en profiter pour la découvrir. Du point de vue touristique, la côte est on ne peut plus intéressante : des paysages enchanteurs y séparent les villes phéniciennes de Sour et de Sidon (Saïda). À l'heure actuelle, les infrastructures sont embryonnaires voire inexistantes.

★BUSTAN ASH SHEIK

Juste avant d'arriver à Saïda, sur le versant sud de la **vallée de l'Awali**, l'antique *Asklepios*, on peut apercevoir à ★**Boustan ash Sheikh** ❻❼ (le "jardin du cheik") sur deux terrasses artifi-

MEDITERRANEAN

SEA

★★ **SIDON**
(SAIDA)

Maan Haret-Aalman Mghairiyé
Majdalouna
Bustan al-Sheikh Joun
Eramiyé Nahr el Awwali
Aabra Hababiyé Mountaqara
Hera Sathiyé Karkha
Majdelyoun
Ain Lebaa Kfar
ed-Delb Falous
Miyé Qraiyé
ou Miyé Baissour
Dart Nahr Saitaniik
es-Sim Maidel Barti
Maghdouche Kfar Hatta
Ghaziye Tanbourit 452
Qlionait Kfar
Maanariye Aanqoun Melki
Aaqtanit Arab Jernaya
Aadoussiyé Bnaafoul ej-Jall
Najjariya Hajjé Houmine et-Tahta 572
Arkey Roumine
Sarafand Maknouniyé Sarba
(Sareptaı) Me'ouaniyé Aazzé Hmailé
Mazraat Satsakiya Baissariyé Toufahta Zefta Bfaroua
Khaizarane Nmair'yé Deir ez-Zahrani
Bablivé 406 Mazraat
Insariyé Ghessaniyé el-Baiyad
Aadloun Mazraat Kaoutariyet Kfour Habbouch
Iskandarouna es-Siyad Charqiyé
Sari Khartoum Doueir
Oussamiyat Mazraat Harouf Zebdine
Sinai Jibchit Nabatiyeh
Insar Aabba Choukine
145 Mazraat Kaoutaniyet 366
er-Rézz Aadchiteh 10 Maifadoun
Matanayet Kharayeb Zrariyé Braiqqa Chqif
ech-Choumar Qsaibé Qaaqaaiya Zaoutar
Arzay Kfar ej-Jisr el-Gharbiyé
Nahr el-Litani Sir Zaoutar
Borj el-Haoua Sir el- Tair ech-Charqiyé
Tair Gharbiyé Semhat Aalmane
Bourghliyé Filsay Chahour Qsair
Borj Deir Qanoun
Rahhal en-Nhar Adchit
Aabbassiyé Halloussiyé Derdghaiya el Qsair
★★ **TYROS** Jannata Maaroub Qantara
(SOUR) Hammadiyé Tair Sfira
Debba Maaraké Ghandouriyé
El-Bass Barich Borj Qabrikha
Borj Yannouh Deir Qalaouiyé
ech-Chimali 303 Bafliyé Kifa Touline
Bazouriyé Salaa Qalaouiyé
Ain Baal Debaal Tair Souané
Rachidiyé Jouaiya Zet'na Dounine
Ras el-Ain Aaitanit Mjadel Khirbit Majdel
Batouliyé Hannaouiyé Silim Silim
★ **Qana** Deir Ntar
Ez-Zheiriyé Mahrouna
Qfailé Chaaitiyé Rmadiyé Tebnine
Deir Aamess JEBEL AAMEL

LE SUD DU LIBAN
0   5 km

Le Liban 7

cielles le ***temple d'Eshmoun** qui date de l'époque perse (fin du VIᵉ s. av. J.-C.). Le **jardin** actuel indique peut-être l'emplacement du bois sacré qui faisait souvent partie des sanctuaires phéniciens. Eshmoun, l'un des trois dieux suprêmes de Sidon, est mentionné pour la première fois dans un traité passé entre le roi assyrien Assarhaddon et le roi Baal de Tyr (VIIᵉ s. av. J.-C.). Son culte a dû se répandre rapidement au cours des années suivantes. Les sources grecques assimilent Eshmoun au dieu grec de la médecine, Esculape, mais il semble avoir également possédé des attributs du bel Adonis.

Le mauvais état du temple est dû principalement au fait que certaines de ses pierres ont été arrachées pour la construction de maisons dans le village de **Maan** situé de l'autre côté du fleuve. C'est là que s'était installée en 1800 l'extravagante Lady Hester Stanhope qui y reçut de nombreux hôtes étrangers avant de mourir complètement ruinée en 1839.

Près du temple, des archéologues ont mis au jour quelques **chapiteaux** typiquement perses en forme de protomés de taureaux (partie antérieure du taureau, cf. les chapiteaux de la résidence du roi achéménide Darius Iᵉʳ à Persépolis) qui devaient orner le sanctuaire tout comme les **statues** grecques dont on a également retrouvé des fragments. La découverte la plus importante fut celle du **cercueil du roi Eshmunazar Iᵉʳ** de Sidon qui reçut du Grand Roi de Perse, Ataxerxès Iᵉʳ, en 450 avant J.-C., des terres s'étendant jusqu'à Jaffa (Israël).

Les sarcophages de cette époque n'ont absolument rien à voir avec le célèbre cercueil, bien plus ancien, du roi Ahiram de Byblos (cf. p. 198) par exemple : ils font plutôt penser à des momies éyptiennes. Les visages représentés sont en majeure partie grecs et reproduisent généralement les types idéaux, bien que les traits de certains d'entre eux puissent presque les faire passer pour des portraits.

**SIDON (SAÏDA)

Sidon ❽ (Saïda**), la capitale de la province du Sud-Liban, s'est agrandie très rapidement ces dernières années et compte aujourd'hui plus de 100 000 habitants auxquels il faut ajouter les quelque 100 000 réfugiés palestiniens du camp situé au sud-est de la ville. C'est une ville très intéressante avec des mosquées, des khans et des marchés splendides qui constituera le point d'orgue de votre séjour au Liban.

Histoire de Sidon

Il n'y a plus grand-chose – des tombes et un tas de coquillages ont été retrouvés au sud du château Saint-Louis (Qala'at al Mezzeh) – à voir de la *Sidon* phénicienne, car la plus grande partie de la vieille cité est enfouie sous le cœur médiéval de Saïda.

Sidon était déjà célèbre dans l'Antiquité pour sa production de pourpre et ses verreries et, après l'enlèvement de la belle Hélène, le Troyen Pâris y serait même passé au cours de sa fuite (Hérodote, II, 116). Pour les Phéniciens c'était l'un des ports commerciaux les plus importants et en même temps une base indispensable à leur flotte. Zimrida, le plus ancien roi de Sidon connu, a régné au XIVᵉ siècle sur ce qui était à l'époque la ville la plus importante des Phéniciens. Après des destructions (XIIᵉ s. av. J.-C.) et un déclin (Xᵉ s. av. J.-C.), Sidon et Tyr semblent avoir été réunies vers 700 av. J.-C. sous l'autorité d'un seul roi.

À l'époque de la domination perse (fin du VIᵉ s. av. J.-C. à 333 av. J.-C.), le roi Ochos de Sidon tente en vain de se rebeller et la ville est réduite en cendres (354 av. J.-C.) L'introduction de la démocratie – fort répandue à l'époque – en 111 av. J.-C. est célébrée comme l'avènement d'une ère nouvelle.

Pendant le règne de l'empereur romain Commode (161-192), la ville est élevée au rang de *colonia* exempte

SIDON (SAÏDA) — Plan de la ville

d'impôts (190) et devient l'un des hauts lieux du culte de Mithra.

En 1110, avec l'aide de la flotte norvégienne, les croisés conquièrent la ville de Sidon. Devenue fief du roi de Jérusalem, elle va passer de mains en mains jusqu'en 1291. Les quatre-vingt-dix dernières années, les Templiers contrôlent la ville et le château. Ashraf, qui s'est emparé de Sidon, fit rebâtir et remettre à neuf une partie des fortifications. Ce n'est toutefois qu'au XVIIe siècle, lorsque Fakhr ed Din proclame la ville port principal de son empire qu'une nouvelle ère de prospérité va pouvoir commencer pour la ville.

Le tremblement de terre de 1837 cause de gros dégâts ; l'immense flotte des alliés européens fera le reste trois ans plus tard en bombardant et détruisant entièrement la ville.

Visite de la ville

On commencera la visite de la vieille ville, interdite aux voitures, par le **Saahet en Nejmeh** (1). Au nord du centre, le regard est attiré par le château de la mer, le **Qala'at el Bahr** (2), l'emblème de Saïda. Les croisés ont érigé cette forteresse destinée à protéger le port nord en 1228, sur une petite île et à l'emplacement d'un temple phénicien. Abandonné et détruit en partie, le château de la mer a vu sa partie est restaurée sous le sultan Baybars par les Mamelouks qui ont intercalé dans un but purement décoratif des tambours de co-

lonnes romaines entre les pierres rectangulaires des murs. Au sud-ouest de la **digue**, qui relie le château à la terre ferme, se trouve le **marché aux poissons** ③.

Avec les ★**souks** ④, on plonge dans l'univers du bazar oriental fait de vêtements colorés et amples, de voix mélodieuses, des cris des marchands qui vantent leurs produits et marchandent et de toute une gamme d'odeurs qui va de l'eau de fleurs d'oranger à celle des quartiers de mouton. La présence d'une multitude de très bons joueurs de backgammon dans les nombreux **cafés** de la ville est sans doute dû au manque notoire d'emplois.

Plus au sud, on peut voir le **khan al Franj** ⑤, le caravansérail des Français. L'émir druze Fakhr ed Din (1585-1635) l'avait fait construire à l'origine pour abriter son **harem**. Mais, lorsque pour se libérer de l'influence ottomane,

Ci-dessus : la forteresse maritime de Qala'at al Bahr à Sidon. Ci-contre : délicieuses mais caloriques, ses pâtisseries ont fait la réputation de Sidon.

l'émir se mit à intensifier ses liens commerciaux avec l'Europe, il installa les **marchands français** de plus en plus nombreux dans l'ancien harem, ce qui lui valut son nom. Le rez-de-chaussée était occupé par des écuries et des entrepôts, deux fontaines servaient à l'approvisionnement en eau, les chambres et les bureaux des marchands se trouvaient au premier étage. Le consul de France lui-même y a résidé un certain temps. Jusqu'en 1982, des moines franciscains y dirigeaient une école élémentaire gratuite. Une fondation de l'ancien Premier ministre libanais Hariri, originaire de la ville, finance les travaux de restauration en cours.

En partant du Khan al Franj et en longeant la mer sur 200 m en direction du sud-ouest, on arrive à la **mosquée Omari** ⑥. Les Mamelouks ont bâti ce lieu de prière après la conquête de Sidon (1291) sur les murs d'une église des croisés dont on peut encore voir les vestiges (murs extérieurs et voûtes à l'intérieur).

Sur la place devant la mosquée s'élevait jadis le palais de Fakhr ed Din dont il ne reste plus que le petit **Hammam al Ward** ⑦, le "bain des roses".

En revenant vers la ville, on peut encore jeter un coup d'œil à la **mosquée Qatashiyé** ⑧ (XVIᵉ s.) dont les carreaux multicolores témoigne de l'influence ottomane.

Au sud de la vieille ville, le château des croisés, le **Qala'at al Mezzeh** ⑨ (XIIᵉ s.) qui est également connu sous le nom de **château Saint-Louis**, trône sur l'**acropole** de l'antique Sidon. Les Mamelouks en s'en emparant puis, des travaux de restauration bâclés sont responsables de l'état déplorable dans lequel il se trouve.

Entre le château et le **port égyptien** (**port sud**) ⑩, où mouillaient les bateaux phéniciens qui se rendaient en Égypte, se trouve un **cimetière** antique, qui ne présente toutefois pas un grand intérêt archéologique, et un **tas de coquilles de murex** ⑪. C'est de ces mollusques gastéropodes que les Phéniciens extrayaient leur célèbre pourpre. Un gramme de pourpre coûtait 15 g d'or dans l'Antiquité. Dans la mythologie, c'est le dieu Melkart qui a été le premier à fabriquer cette couleur pour celle qu'il aimait, la nymphe Tyros.

Il ne faut en aucun cas quitter la ville sans avoir goûté à certaines de ses **spécialités** comme le *halawiyat*, une pâtisserie aux amandes ou aux pistaches très sucrée, qui doit son nom à une madrasa d'Alep, ou le *jazarieh*, très riche en calories et confectionné à base d'oranges, d'eau de roses et de sucre.

****TYR (SOUR)**

Tyr ㊾ (cf. photos p. 11 et p. 12) est la plus grande ville du Liban Sud. La ville actuelle (patrimoine mondial de l'Unesco) s'appelle **Sour ("rocher") en arabe et est située sur une langue de terre qui s'avance dans la mer. C'est la ville légendaire des Phéniciens car elle fut le point de départ des nombreux longs voyages en mer qu'a entrepris ce peuple de marins et de marchands.

7

Le Liban

Histoire de Tyr

L'histoire de la ville commence avec sa conquête par les Amorites sémites qui détruisirent la colonie qui se trouvait à cet endroit. Cette ancienne cité aurait été fondée vers 2700 avant J.-C., mais rien de précis ne l'atteste. Dès l'âge de bronze moyen (début du IIᵉ millén. av. J.-C.) Tyr joue déjà un rôle prépondérant dans le commerce méditerranéen. À Memphis, la capitale égyptienne de l'époque, les marchands de Tyr auraient même eu leur quartier avec un temple dédié à leur dieu principal Melkart. Leur plus ancien roi connu jusqu'à maintenant s'appelait Abimilki.

Europe, la fille du roi de Phénicie, aurait été enlevée à Tyr par des Grecs ou des Crétois, c'est du moins ce que rapporte Hérodote. Vers 800 avant J.-C., des marins de Tyr fondent la ville de Carthage dans ce qui est aujourd'hui le nord de la Tunisie ; par la suite, ils auraient même fait en trois ans, à la demande du pharaon égyptien Necho (610-595 av. J.-C.), le tour du continent africain.

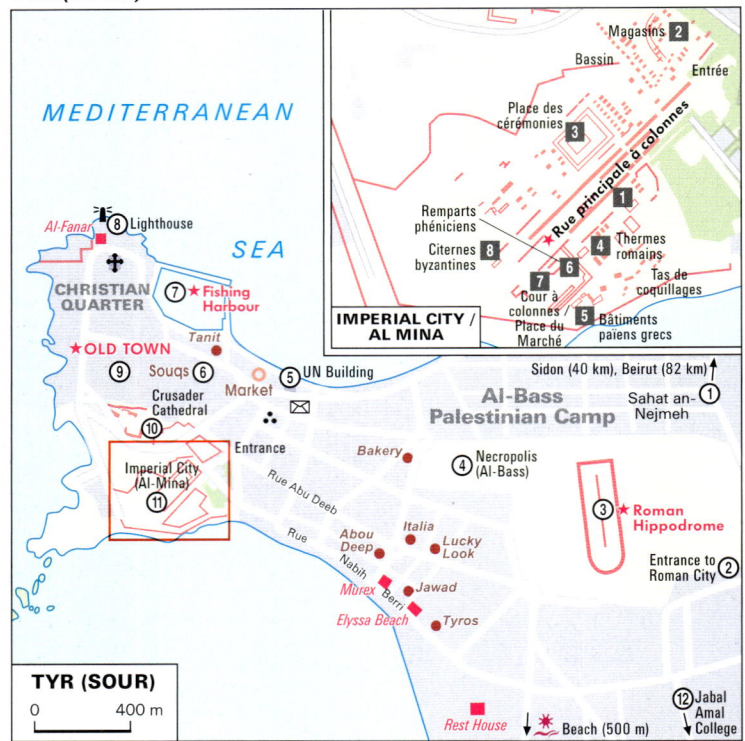

TYR (SOUR)

0   400 m

Comme toutes les autres villes phéniciennes, Tyr a été successivement sous la domination des Assyriens, des Babyloniens et des Perses.

Sept mois durant elle a résisté à Alexandre le Grand et il fallut que le Macédonien fît ériger une digue artificielle permettant d'accéder à l'île pour que la ville tombât (332 av. J.-C.). Avec le temps, des dépôts naturels et artificiels ont transformé l'île et la digue du conquérant grec en une presqu'île.

Sous les Romains est construit le premier hippodrome et l'on élève en l'honneur de l'empereur Hadrien une statue et un arc de triomphe (120). Lorsque l'empereur Septime Sévère exonère la ville d'impôts, on lui élève également une statue sur la place du Marché (190).

Au IIIe siècle, on construit les thermes, le sanctuaire de Mithra et un autre hippodrome. Odainat, le prince de Palmyre, fait dresser une stèle à son effigie dans la ville. Vers 330, c'est l'édification de la grande colonnade et la rénovation de l'ancien temple du dieu Melkart.

Après la conquête par les musulmans, les Omeyyades y mettent leur bateaux en chantier et font revivre la vieille tradition de la verrerie, à l'époque on y produit même des verres dorés.

En 1124, les croisés s'emparent de Tyr avec l'aide de la flotte vénitienne. En contrepartie, les Francs doivent accorder aux Vénitiens des privilèges commerciaux et un tiers de la ville. Un traité de 1185 protège certes l'archevêché de Tyr, qui appartient au royaume de Jérusalem, du sultan Saladin, mais en 1291, la ville tombe aux mains des Mamelouks et est complètement détruite. Aujourd'hui, elle est toujours le siège d'un évêché.

Les Israéliens ont occupé Sour de 1948 à 1991, mais la ville connaît des troubles jusqu'à aujourd'hui.

Visite de Tyr

La Sour moderne compte 100 000 habitants environ, qui sont pour la plupart chiites. Si vous quittez **Sahat an Nejmeh** ①, la grande place qui donne sur la route de Beyrouth, pour vous diriger vers le sud, vous arriverez au bout de quelques minutes à l'entrée de la **Tyr romaine** ②. Derrière l'**arc de triomphe** de l'empereur Hadrien, plusieurs **sarcophages** jalonnent le pavage antique.

Puis, vous remarquerez l'***hippodrome** ③ qui, avec près de 500 m de longueur, est l'un des plus grands hippodromes romains. Ses tribunes pouvaient accueillir 20 000 spectateurs ; les jeunes qui y jouent aujourd'hui au football sont loin d'attirer autant de monde.

Les **tombes rupestres** de la **nécropole** ④ romaine et byzantine (**Al Bass**) étaient en partie ornées de belles **fresques**. En surface, les **pierres tombales** arboraient souvent des inscriptions, certaines même des portraits des défunts en **mosaïque**, des reliefs avec des guirlandes, des thèmes mythologiques, des cupidons, des griffons, des lions décoraient les **sarcophages**.

À l'ouest de la nécropole se trouvent le quartier général des troupes de maintien de la paix des **Nations Unies** ⑤ (UNIFIL), le **souk** ⑥, le petit ***port de pêche** ⑦ romantique et tout au nord du **phare** ⑧.

La moitié nord de la ***vieille ville** ⑨ est réservée aux chrétiens, la moitié sud aux chiites. Sur la presqu'île, on peut voir les vestiges de la **cathédrale des croisés** ⑩ du XIIᵉ siècle et de l'ancien-

ne **cité phénicienne** ⑪ (appelée **Imperial City** ou **Al Mina**, entrée au nord-est des fouilles).

On découvrira de part et d'autre de la ***rue à colonnade** ■, les ruines – on ne voit parfois pas grand-chose – de **magasins** ▨, d'une vaste **place des cérémonies** ▨, de grands (30 m x 40 m) **thermes romains** ▨ avec *caldarium* (eau chaude), *frigidarium* (eau froide) et *apodytérium* (vestiaire), de **bâtiments païens** ▨ de l'époque hellénistique, de **remparts** ▨ phéniciens, d'un **forum** ▨ romain et de **citernes** ▨ byzantines. La plupart des incrustations de marbre du pavage datent de l'époque romaine alors que les mosaïques noires et blanches sont typiques de l'art byzantin. On n'a malheureusement rien retrouvé du grand autel de Melkart, le dieu principal de Tyr avec sa colonne en or et en émeraude.

En bordure sud-est de la ville se trouve le **Jabal Amal College** ⑫, une école de théologie chiite très influente qui, avant la révolution en Iran, était même fréquentée par des religieux perses. Il s'agit d'ailleurs d'une vieille tradition car au XVIIᵉ siècle, le cheik Lotfollah (mort en 1622) avait déjà marqué de son empreinte le chiisme à Ispahan. La présence de portraits de Khomeini dans la ville renoue un peu avec cette époque.

*QANA

Le village de ***Qana** ⑳ est situé à 15 km au sud-est de Tyr. C'est une paisible localité de montagne dont la principale attraction est une falaise dans laquelle sont sculptées les **figures des douze apôtres** ainsi qu'une collection de **cruches en terre** de l'époque biblique. Celles-ci ont amené certains exégètes à penser que les noces de Cana citées dans le Nouveau Testament n'auraient pas eu lieu en Palestine mais ici.

Qana est vraiment le dernier point que l'on puisse atteindre sans problème au sud du Liban.

7

Le Liban

BEYROUTH (☎ 01)

Conseil national pour le Tourisme (Tourist Information, www.lebanon-tourism.gov.lb) : rue Banque du Liban, lun.-jeu. 8h30-14h, ven. 8h30-11h30 et sam. 8h30-12h30.

Bon à savoir : en raison de l'instabilité politique, les bars, cafés et restaurants du quartier de Hamra ainsi que les abords de la place de l'Étoile sont fermés le soir depuis 2006. Mais restaurants et cafés sont néanmoins ouverts le midi. L'exception qui confirme la règle : le **restaurant Virgin's** qui se trouve sur le toit du **Virgin Megastore** entre la place de l'Étoile et la place des Martyrs. Le cadre est chic, les tarifs élevés et l'on y jouit d'une belle vue sur la ville.

Les établissements suivants sont ouverts le midi :

LIBANAIS : les fruits de mer sont la spécialité du **Marouche**, dans la rue Sidani. C'est un restaurant distingué qui pratique des tarifs élevés, mais où l'on mange merveilleusement bien. Un snack-bar dépend du restaurant, où vous trouverez *shish tawouk, shawarma* etc.

On peut également recommander le **Bay Rock Café**, ne serait-ce que pour sa situation, en face de l'île aux Pigeons.

Une liste des restaurants ouverts est disponible sur le site www.lebanon.com. Elle est constamment réactualisée, mais ne comporte aucun renseignement sur les restaurants.

INTERNATIONAL : **Pasta di Casa,** rue Clémenceau, tél. 366909, plats de pâtes à partir de 10 US$. Restaurant italien sympathique dont la carte change un peu de la cuisine locale.

On recommandera aussi le restaurant **Adam** de la rue Gouraud, tél. 560353. C'est un bon restaurant moderne qui est plutôt spécialisé dans la cuisine française et propose en outre des plats végétariens.

Le café **Al Kahwa** fait face à l'American University of Beirut (tél. 362232). Sa clientèle est surtout composée d'étudiants et de jeunes. Idéal pour prendre un bon petit déjeuner.

L'ouverture au cours de l'été 2007 du café et de la **Pâtisserie Beyt Douaihy** dans le Beyt Douaihy Building de Jal el Dib a constitué un

véritable signe d'espoir. Délicieuses pâtisseries libanaises dans un cadre fort chic.

CHANGE : on trouve des distributeurs automatiques dans toute la ville, pour ne pas dire dans chaque rue. C'est le meilleur moyen de se procurer la monnaie locale oder des dollars US à un taux correct.

La **poste principale** se trouve dans la rue Fakhr ed-Dine. Horaires d'ouverture : lun.-ven. 8h-17h, sam. 8h-13h.

Le **Telephone Office** d'État se trouve dans la rue Banque du Liban, juste à côté de l'office de tourisme. Ouvert sam.-jeu. 7h30-11h. On trouvera des opérateurs privés notamment dans la rue Bliss et dans la rue Jeanne d'Arc.

BUS : il y a à Beyrouth trois gares routières, **Charles Hélou** pour les destinations du Nord, **Cola Station** pour celles du sud de la capitale et **Dawra Station** pour celles de l'Est et du Nord. Les bus de ville desservent les gares routières.

TAXI : les taxis desservent toute l'agglomération, le prix est à débattre avant la course. Compagnies de taxis : *Lebanon Taxi* : tél. 340718 ; *Allo Taxi* : tél. 366661.

AVION : l'aéroport (www.beirutairport.gov.lb) se trouve à environ 10 km à l'extérieur de la ville. On peut s'y rendre en bus ou en taxi.

BEIT MERI (☎ 04)

Outre les restaurants de l'**Hôtel Bustan**, on recommandera le **Janna**, tél. 873120. Situé à flanc de coteau, ce restaurant aux allures de tour à bulbe sort de l'ordinaire. On s'y régale de spécialités libanaises ou encore brésiliennes. Un **night-club** dépend du restaurant.

BROUMANA (☎ 04)

Broumana possède toute une palette de restaurants, du plus simple au plus chic, du restaurant spécialisé dans la cuisine libanaise à celui servant des plats internationaux. On recommandera notamment deux restaurants, qui pratiquent des prix élevés : le **Burj al Hamam** (tél. 960058) et le **Mounir** (tél. 873900), tous deux disposent de superbes terrasses d'où l'on aperçoit la mer. Vous y mangerez les hors-d'œuvre typiques ainsi que des grillades et des plats de poisson.

Toninos Bakery, dans la rue principale, est un endroit très sympathique où les crêpes, les pizzas et les sandwiches sont très bons.

JOUNIEH (☎ 09)

Chez Sami, Maameltein, tél. 910520, www.chezsamirestaurant.com, est un restaurant où l'on mange merveilleusement bien ; les prix ne sont pas exagérés et le cadre fort joli. On peut choisir le poisson (fraîchement pêché) à l'entrée et choisir le mode de préparation avant de se régaler sur une terrasse couverte d'où l'on a une belle vue sur la mer.

Pour un simple snack ou un plat rapide, on se rendra dans la rue Mina, au **Makhlouf** (tél. 258565) près du stade.

Vous aurez l'embarras du choix en matière de **bars** et de **bistrots** si vous longez la Corniche. Le célèbre **Casino du Liban** (www.cdl.com.lb) est ouvert de 20h à 4h du matin.

BYBLOS (JBAIL, ☎ 09)

Le **Byblos Fishing Club** du port, tél. 540213, est un excellent restaurant de poisson et l'on y mange dans un cadre agréable.

Le restaurant **Bab el Mina** est juste à côté du Fishing Club (tél. 540475, site internet : www.babelmina.com). C'est joli, moderne et un peu moins cher qu'au Fishing Club sans compter qu'on a en plus une belle vue sur le vieux port et la mer.

Le **Rif Grill**, dans le vieux souk, près du khan, tél. 545822, portable : 03-676798, www.rif-grill.com est également un endroit sympathique. Très bons plats libanais.

Taxi-service : départ près de la Banque Libanaise pour Beyrouth et Tripoli.

TRIPOLI (☎ 06)

Une foule de restaurants et stands bon marché entoure la place Tall où l'on peut manger des *falafels* (petites boulettes de purée de pois chiches frites et servies avec du pain pita, de la salade et de la sauce au sésame), les célèbres snacks que sont les *shawarmas* (agneau ou poulet rôti à la broche) et les *kaaks* (gâteaux fourrés aux dattes ou aux noix).

La plupart des restaurants se trouvent dans le quartier d'Al Mina. Le restaurant **Al-Fayssal Bakkawr** de la rue Riad as Sohl, tél. 202203, possède une agréable terrasse couverte où l'on peut découvrir la cuisine libanaise (mezzés en particulier) sans se ruiner.

Le "**46**" (tél. 212223) est situé sur la Corniche. Spécialités internationales ou, plus chers, du poisson et des fruits de mer. On jouit du restaurant d'une vue splendide sur la mer.

Quand on ne se contente pas du premier restaurant venu, on va chez **Ginger's**, rue Principale à Al Mina (tél. 200055). Excellente cuisine italienne et quelques spécialités mexicaines et chinoises.

Dans un tout autre style, le **Café Fahim**, au centre-ville (Sahat Tall) est un endroit fabuleux. Aménagé dans un khan ottoman en partie rénové, le cadre et l'ambiance sont on ne peut plus typiques. Café, thé et narguilé. Peu touristique, ce café est surtout fréquenté par les habitants de Tripoli.

Le *souk* de Tripoli est un endroit haut en couleur et l'animation qui y règne en fait un univers qu'il faut absolument découvrir. Au **khan al Khayatin**, vous pourriez vous prendre pour un grand couturier et faire réaliser vos propres créations ou bien encore faire copier des modèles qui vous ont particulièrement plu.

TAXI : des taxis collectifs partent de la place Tall à destination de Beyrouth et de Bécharré ainsi que des villes syriennes de Homs, Tartous et Damas.

BUS : deux départs par jour en direction de Damas et un pour Istanbul ; il existe aussi une ligne Tripoli – Amman (Jordanie).

 CHANGE : les bureaux de change de la place Tall accepte l'argent liquide, mais pas les chèques de voyages.

EHDEN (☎ 06)

Les restaurants d'Ehden proposent surtout des spécialités libanaises, même si leurs cartes arborent aussi de temps à autre des plats internationaux (steaks, fruits de mer, plats de poisson par exemple). On recommandera le restaurant **Au Père Loup**, tél. 662413. En été, vous y mangerez pour pas cher sur une plaisante terrasse. Il faut absolument goûter les plats à base de poisson ! L'**Al Asmar** ne se trouve pas très loin de là. Les prix et le cadre sont comparables, bons plats à base de poisson.

L'**Al Arze** (tél. 520226) se trouve assez loin d'Ehden, on y mange de bonnes spécialités libanaises à des prix corrects.

BÉCHARRÉ (☎ 06)

Le meilleur restaurant de Bécharré est celui de l'**Hôtel Chbat**. On y mange vraiment très bien dans un cadre rehaussé par la présence de cheminées.

Vous trouverez également toutes sortes de petits restaurants et de snacks-bars dans cette localité, notamment à l'extrémité de la vallée. On recommandera l'**Elie Makhlouf**, un snack-bar tout simple où l'on vous servira sandwiches, falafels et shawarma dont vous pourrez vous régaler sur la terrasse du toit tout en vous repaissant de la vue.

LES CÈDRES (☎ 06)

La plupart des hôtels y sont équipés de restaurants.

L'hôtel **Mon Refuge** propose des spécialités libanaises ou internationales à des prix tout à fait corrects.

On mange également très bien au restaurant de l'**Alpine Hotel**.

À l'**Auberge des Cèdres**, vous apprécierez la cuisine libanaise et le cadre.

BAALBEK (☎ 08)

La qualité des mets est excellente au restaurant de l'**Hôtel Palmyra** dont il émane un charme délicieusement suranné. Très bonne cuisine (libanaise surtout), personnel prévenant, bons vins, que demander de plus ? Mention spéciale pour le bar dont Édith Piaf ou Charles de Gaulle ont goûté les cocktails. Bien aussi, mais dans un tout autre genre, le restaurant **Sherazade** de l'ancien souk (Yaghi-Center, 6e étage, tél. 371851). Vous pourrez profiter à la fois de menus pas chers du tout et de la vue splendide sur les ruines et la ville. Plusieurs petits snacks-bars et autres restaurants jalonnent la **rue Halim Hajjar**.

La seule possibilité de se rendre à Baalbek est le **taxi-service** ou le **minibus** via Beyrouth, Zahlé ou Bécharré. L'arrêt de bus de Baalbek se trouve en contrebas de l'hôtel *Palmyra* et la station de taxi-service dans le quartier du souk.

Baalbek International Festival : jazz, opéra et théâtre, tous les ans en juillet et en août ; www.baalbeck.org.lb.

AANJAR (☎ 08)

L'élevage des **truites** est la spécialité d'Aanjar et on vous sert évidemment de la truite dans les **jardins-restaurants**. La présence arménienne a fortement influencé la cuisine de cette région du Liban. La plupart des restaurants jalonnent la **Damascus Highway**.

ZAHLÉ (☎ 08)

La plupart des restaurants se trouvent sur les rives du **Birdawni**. Ils ne sont ouverts qu'en été et pratiquent des tarifs plutôt élevés. Vous y mangerez les spécialités libanaises habituelles.

Le restaurant de l'hôtel **Monte Alberto** est excellent. On y est fort bien assis et l'on jouit d'une très belle vue sur la plaine.

Tout au long de la **rue Brazil**, vous trouverez de petits restaurants qui proposent sandwiches, falafels et sharwama ainsi que des jus de fruits frais.

Le **Lido Café**, Brazil Street, tél. 818656, est un café à la mode occidentale où l'on peut avoir un menu à partir de 10 US$.

CHTAURA (☎ 08)

C'est dans les deux hôtels de luxe de Chtaura, le **Chtaura Park** et le **Massabki** que vous mangerez le mieux. On recommandera notamment le restaurant du Massabki d'autant qu'il se trouve dans un jardin (avec piscine) très bien entretenu.

Situé lui aussi au cœur d'un grand jardin, l'**Akl** (autoroute Beyrouth, tél. 540699), est un restaurant qui existe depuis longtemps et accueille surtout des clients venus pour le week-end et à qui l'on propose d'excellents hors-d'œuvre et spécialités de grillades.

Si vous avez plutôt envie de snacks et de jus de fruits frais, vous trouverez votre bonheur tout au long de la rue principale.

BEIT AD DINE (☎ 05)

Les meilleurs restaurants sont ceux du superbe hôtel **Mir Amin Palace**. L'un d'entre eux propose des plats internationaux, un autre des spécialités libanaises. Tous les deux pratiquent des prix élevés.

Vous trouverez comme partout ailleurs de petits restaurants et autres snacks-bars tout au long de la rue principale. On peut même manger des hamburgers ou des pizzas dans certains d'entre eux.

SIDON (SAÏDA, ☎ 07)

Vous trouverez des restaurants simples et des sandwicheries non seule-

ment aux abords de la **gare routière** de Sidon, mais aussi dans le quartier du **port**.

Le meilleur restaurant (catégorie intermédiaire) de Sidon existe depuis longtemps, il s'agit de l'**stirahat Saida**, "The Rest House Saida", situé dans le port même (tél. 722469). On s'y régale d'une délicieuse cuisine (libanaise) dans un cadre très agréable. Ce restaurant a été aménagé dans un ancien khan ottoman (caravansérail) possédant une terrasse donnant sur la mer.

L'**Abu I-Iss** est une pizzeria toute simple de la rue Shakrieh où les pizzas sont très bonnes et les prix corrects.

Il faut absolument goûter le *sanioura* : cette pâtisserie est la spécialité de la ville.

Toutes les 30 minutes, des **bus** quittent Sidon à destination de Beyrouth et réciproquement. Ils partent de la Sahat an Nejmeh où se trouve le *Lebanese Transport Office*. Des bus partent toutes les 20 minutes de la rue Fakhredcine, le prolongement de la rue Riad as Solh, à destination de Tyr.

Taxi-service et **minibus** desservent également ces deux destinations (dans les deux sens) au départ de la Sahat an Nejmeh.

TYR (SOUR, ☎ 07)

Le meilleur restaurant de Tyr n'est autre que le **Tanit Restaurant** situé dans le port nord, tél. 347539. Il se trouve dans une ancienne demeure de caractère et c'est un endroit très convivial. Musique live tous les soirs. Fruits de mer et steaks en sont les spécialités.

On recommandera aussi le **Tyros Restaurant** de la rue Nabih Berri, tél. 741027. Il est un peu moins cher que le Tanit. Personnel sympathique.

L'**Al Fanar** est très bien situé (périphérie nord de la ville), tél. 741111. Bonne cuisine libanaise et ambiance très sympathique.

Il n'existe aucune liaison directe par autobus entre Tyr et Beyrouth. Il faut changer à Sidon. Les bus pour Sidon passent par le rond-point situé à proximité de l'entrée d'Al Bass.

DÉLICES CULINAIRES SYRIENS ET LIBANAIS

La cuisine libanaise, qui ne diffère pas vraiment de la cuisine syrienne, passe pour être la meilleure du Proche-Orient. Le petit déjeuner a un rôle secondaire, il se compose généralement de pain pita (*chubbes*), de fromage (*labneh*), de yaourt (*laban*) et d'œufs (*baidah*) accompagnés de thé (*chai*) ou de café turc (*qahwe* ou *'Ahwe*) avec un verre d'eau. Les principaux repas sont le dîner, mais aussi le déjeuner les dimanches et jours de fête.

Les *mezzés*, les hors-d'œuvres copieux qui se déclinent en une infinité de variétés et sont servis dans de petites coupes, constituent vraiment la particularité de la cuisine syrienne et libanaise. Ces plats ont pour principaux ingrédients : le *boulgour* (blé dur concassé et séché au soleil que l'on fait cuire comme la semoule du couscous), le riz (longs grains), les haricots secs, les petits pois, les lentilles et les aubergines ainsi que le *tahiné* (purée de graines de sésame) et *l'hoummous* (purée de pois chiches). Le tout est accompagné de sauce tahiné (*taratur bi tahiné*), de sauce aux pignons (*taratur bi sunbar*), de farce à base de viande, de riz et de noix (*hachwa*), de concentré de tomate, de *samna* (beurre fondu clarifié), d'*uchta* (lait de chèvre caillé), de yaourt et de fromage. Le *ruz bichiriya* est un plat de riz *pilaf* originaire de Perse : on fait revenir le riz avant de rajouter de l'eau et d'assaisonner de poivre, de safran et de jus de fruits.

En plus des épices habituelles en Europe, on utilise de la coriandre, du sumac (*samgh arabi*) et des mélanges d'épices à base de cannelle, noix de muscade, clous de girofle et gingembre. On utilise également beaucoup d'herbes aromatiques comme le persil, la ciboulette, le thym, la marjolaine, la menthe, le sésame. Le *sa'tar* est un mélange de thym, de graines de sésame et de sel très apprécié. Et, afin de relever la saveur d'un plat, on a souvent recours aux pignons de pin, à l'eau de roses ou de fleurs d'oranger.

Le repas s'ouvre en fanfare avec les *mezzés* servis de préférence avec une eau de vie, l'arak, et qui n'ont pas pour seule fonction de remplir un estomac vide. Les *mezzés* accompagnent merveilleusement bien conversations, jeu et passe-temps divers. Comme en Orient, on mange aussi avec les yeux, ces hors-d'œuvre orientaux sont servis dans des coupes multicolores. L'arak se boit pur ou coupé d'eau. Au nombre des principaux *mezzés* figurent évidemment le plat national libanais, le *taboulé*, une salade composée de persil, de boulgour, d'oignons hachés et de tomates que l'on mange avec des feuilles de salade en guise de cuiller, mais aussi le *chass,* une salade verte avec ou sans assaisonnement (yaourt ou sauce à l'ail) ; le *moutabal*, une purée d'aubergines avec du citron et du yaourt que l'on mange avec du pain pita ; le *baba ghanoudj* (aubergines grillées réduites en purée et assaisonnées de citron, d'ail et d'huile de sésame) ; le *kebbé nayé* (viande de mouton hachée avec du boulgour) et le *waraq ainab mehchi* (feuilles de vigne farcies de riz et de hachis). On sert aussi des feuilletés, *kebbés*, parmi lesquels les *samboussiks* et les *fatayers* (mélange d'épinards et de hachis) ainsi que le *fraqui* (sept sortes de poivre et un peu de hachis de viande). Les *sfiha baalbak* (pâte fourrée de hachis très épicés), que l'on mange dans la plaine de la Bekaa, vous mettront la gorge en feu.

Après les hors-d'œuvre aussi copieux, plus d'un convive est déjà rassasié. Il faut pourtant passer au plat de résistance consistant en fait, généralement, en une succession de trois plats. En plus d'un plat de viande et d'un plat de poisson, on sert de la volaille accompagnée de légumes cuits à l'eau et de céréales. Les *chiche-kebab* (brochettes

Ci-contre : les mezzés (hors-d'œuvre) sont également un régal pour les yeux.

de viande, appelées en Syrie *lahme mechwi* ou *chiche-taouk* (brochettes de poulet) sont connues en Europe à l'instar des *kafta* (saucisses de viande hachée) et du *chawarma*, qui rappelle le chiche-kebab. Les plats de volaille sont en général à base de poulet, mais on apprête aussi des pigeons, des alouettes, des dindons et des outardes. Le *jaj mechwi* est du poulet à l'ail, le *habash mechwi* du dindon farci au riz et le *shash bi sirch* du poulet grillé avec une sauce tahiné ou à l'ail.

Le poisson (*samak*) est préparé en entier et servi avec un riz spécial. Les spécialités de poisson libanaises sont le *sayadiyeh*, une marende de poisson, et le poisson *likuus*. Le poisson très assaisonné qu'est le *samaka harra* est une spécialité de Tripoli.

En accompagnement, les cuisiniers syriens et libanais servent, outre des salades, du chou-fleur, des courgettes et des aubergines grillées. Le *garnabit makli* est du chou-fleur frit avec de la sauce au sésame.

On apprécie également les légumes marinés (*kabis*) comme les concombres, les oignons, les choux-fleurs et les aubergines (*chiyara, bassal, garnabit* et *bitinja*).

Les desserts sont généralement composés de *boughacheh* (chaussons aux noix et au miel), de *ruz bi halib* (pudding de riz), de *halwa al jibna* (fromage au sirop), de *baklawa* (feuilleté aux noix, amandes et gingembre) ou de *burma* (rouleaux de pâtes avec sirop de sucre, amandes, noix et pistaches). En Syrie, les pâtisseries de Damas sont particulièrement réputées. Les spécialités libanaises, pudding aux fruits et aux noix (*mahalabiyé*) ou les dattes à la crème (*aishta*), sont très riches en calories. À Tripoli, il faut à tout prix goûter les rouleaux de pâte feuilletée fourrés à la crème, les *znoude sitt*.

On fait glisser le tout avec un bon vin libanais, un rosé de *Ksara* par exemple ou bien encore un vin rouge *Réserve du Couvent* en provenance des mêmes vignobles. Le *Château Musar* ou le *Kéfraya* sont ces vins de très grande qualité. Les amateurs de bière apprécieront la *Barada* et la *Sharq*, des bières produites dans le pays.

RÉSONNEZ TAMBOURS, TAMBOURINS ET LUTHS !

On ne sait pas quand la première mélodie a été fredonnée ni quand le premier instrument a été accordé, mais dès les IVe et IIIe millénaires avant J.-C., on trouvait dans les sanctuaires de Sumer (sud de la Mésopotamie) le groupe professionnel des musiciens avec le *gala-mach*, le grand chanteur, le *gala-tur* (petit chanteur) et le *gala*. Ils étaient chargés de la musique religieuse et des plaintes funèbres, les *Nar*, chanteurs et musiciens, s'occupant eux des chants de joie et des louanges.

Le métier de musicien était ouvert aux hommes comme aux femmes et il y a 4000 ans, il était déjà si prisé que le roi Shulgi d'Ur fit mentionner ses aptitudes musicales dans des inscriptions. On employait les filles des rois vaincus comme musiciennes. Outre la musique de temple, il y avait de la musique de danse, de la musique militaire et populaire et comme instruments, des harpes angulaires, des hautbois, des tambours, des tambourins et des trompettes.

On travaillait avec une gamme à sept tons ; dans les instruments à neuf cordes la huitième était l'octave. À côté de tons supplémentaires et de parallèles d'intervalles, l'hétérophonie (réalisations simultanées différentes d'une mélodie) jouait aussi un rôle important dans la composition de la mélodie. La hiérarchie des dieux, numérotés de 60 à 1 selon leur importance, semble avoir été une base importante de l'orientation cosmologique de la musique. Les saisons étaient par ailleurs exprimées par des rapports de tons : printemps – automne correspondait à la quarte, printemps – hiver à la quinte et printemps – été à l'octave.

La musique grecque se basait probablement sur des principes similaires.

Ci-contre : des luthiers en train de fabriquer avec amour l'instrument de musique arabe le plus important.

On travaillait avec une gamme descendante, le ton le plus haut étant le ton conducteur. La succession horizontale des intervalles étaient appelée *thésis* et *dynamis* la transposition qui dépendait de l'instrument. D'après une anecdote, Pythagore aurait identifié le rapport d'oscillation de la quinte (3 : 2) au son harmonieux des marteaux des forgerons. La musique romaine, qui entretenait des liens étroits avec la musique grecque, était jouée avec les mêmes instruments. Certains empereurs romains sont connus pour avoir joué de plusieurs instruments. Néron et Alexandre Sévère jouaient de la lyre, de la flûte, du tuba et de l'orgue, l'empereur Héliogabale aurait même su jouer de la pandura (grande mandoline basse).

La propagation de plus en plus forte au IVe siècle de la doctrine chrétienne a également entraîné des innovations dans la musique. Les chants furent interprétés et rassemblés conformément aux prières des différents moments de la journée (matin, midi, soir et à minuit) et des jours de la semaine. On réunit les prières des jours de la semaine en *chimta*, les chants des dimanches et jours de fête en *beit gaza* (trésor de la maison). Dans les services religieux de Syrie occidentale, les *Qala*, les mélodies simples, ont un rôle important. Siméon le Potier (vers 500), Jean de Damas et Eferm le Syrien (306-373) furent de célèbres musicologues de l'espace culturel syrien.

De la même manière que l'*oktoichos* grec, les huit tons que l'on utilisait en fonction du jour de la semaine étaient subdivisés en groupe de 1 à 4 et de 5 à 8, le deuxième groupe de tons correspondant au premier, le reproduisant en quelque sorte. Le cinquième ton avec la note inférieure comme dominante repose probablement sur la gamme arabe *maqam ajam*. En revanche, le huitième ton semble en rapport avec le *hihaz* arabe et la "gamme tzigane".

La musique des débuts de l'ère chrétienne étant essentiellement composée

de chants transmis par la tradition orale, il est extrêmement difficile d'analyser les différentes influences auxquelles elle a été soumise au cours des siècles qui suivirent. Outre la musique sacrée, on cultivait la musique profane et toutes deux semblent s'être mutuellement influencées. En 950, Al Farabi en Syrie et en 1020, Avicenne en Perse établirent les grands principes de la musicologie arabe. Le luth est de loin l'instrument de musique arabe le plus important. Son nom français vient d'ailleurs de l'arabe *al-ud* par l'intermédiaire de l'ancien provençal *laüt*.

Ainsi que le prouvent les fresques arabes et les descriptions de la vie à la cour, les musiciens et les danseurs étaient très appréciés. Outre la danse du tambourin, la danse du ventre est connue depuis le Moyen Âge. La danse (*zikr*) des derviches tourneurs, qui connaît actuellement une secrète renaissance, vient probablement des rondes déjà connues en Syrie avant la naissance du Christ.

Comme la musique perse, la musique syrienne passe pour être de la musique arabe classique. Les bases des mélodies sont les octaves *maqaman* qui, à l'instar de leurs modèles grecs, possèdent une signification éthique. Certains tons sont liés à des moments de la journée et/ou à des sentiments. H. Husmann en a donné en 1961 une définition idéale : les *maqaman* sont des sortes d'octaves à connotation sentimentale et mélodique qui peuvent être placées sur les dix-sept degrés de l'échelle tonale arabo-persique. Les *maqaman* sont également les bases du *baqqashot* juif, un recueil de chansons lithurgiques et poétiques qui sont encore chantées de nos jours avant que ne commence l'office religieux du matin du sabbat.

Au fil des siècles, les échanges culturels n'ont cessé de se multiplier entre l'Europe et l'Orient et ont constitué pour la musique une source d'inspiration qu'il s'agisse de *L'Enlèvement au sérail* ou de la *Marche turque* (*Rondo alla Turca*) de Mozart (1756-1791) ou des accents asiatiques de certains airs de musique pop occidentale qui, à leur tour, influencent la musique de variété orientale.

SYRIE

Depuis de nombreuses années, le gouvernement syrien tente d'encourager le tourisme dans le pays. Mais les événements politiques et un problème d'image ont toujours entravé ses initiatives. Et pourtant la Syrie compte aujourd'hui parmi les pays touristiques orientaux les plus sûrs et elle dispose de bonnes infrastructures.

PRÉPARATIFS

Climat et saison touristique

La meilleure période pour visiter le pays s'étend de début avril à début juin, les températures oscillant alors entre 20 et 35° C. À cette époque de l'année, la végétation est particulièrement belle. L'automne (octobre à novembre) avec des températures comprises entre 20 et 30° C convient aussi. De décembre à février, il pleut souvent dans les montagnes calcaires du Nord. Le froid peut y être désagréable et il peut même neiger en altitude (au-dessus de 1000 m). Juillet et août sont en général très chauds et voyager à l'intérieur du pays à ce moment-là peut donc se révéler pénible (températures de 40 ° C et plus).

Formalités d'entrée

Tous les étrangers ont besoin d'un visa pour entrer en Syrie. Vous en ferez la demande à l'ambassade ou au consulat de Syrie de votre pays (cf. "Ambassades et consulats" p. 243). Votre passeport ne doit contenir ni visa israélien ni la moindre mention des postes-frontières de Taba, Wadi al Araba, de la vallée du Jourdain, de Rafah ou de Charm al Cheikh ou vous risquez de voir votre visa purement et simplement annulé. Pour les voyages en groupe, le voyagiste demande généralement un visa collectif. Les visas sont établis pour 3 ou 6 mois et coûtent de 40 à 60 euros. Lors de votre arrivée, on vous remettra une **Immigration Card** dont vous aurez besoin au moment de votre départ de Syrie. Au bout de 30 jours passés dans le pays, vous devez vous présenter à l'*Immigration Office*, une obligation qui ne concerne pas les personnes voyageant en groupe.

Formalités douanières

On peut importer ce qui est nécessaire à l'usage personnel. À partir de 5000 US$, toute somme d'argent liquide doit être déclarée sous peine de rencontrer de sérieux problèmes. Il est interdit de sortir du pays avec plus de 200 LS. L'importation d'armes et de talkies-walkies est interdite ainsi que l'exportation d'antiquités.

Habillement

Optez pour des vêtements légers en coton ou en lin. Les messieurs renonceront aux shorts et aux polos sans manches. Pour visiter certaines mosquées, on fait revêtir aux femmes une pèlerine noire, il peut être utile d'emporter un foulard. Il faut se déchausser pour pénétrer dans la salle de prière voire dans la cour intérieure parfois.

De bonnes chaussures sont indispensables pour la visite des ruines. Au printemps, un anorak et parfois même un pullover seront utiles. En hiver, munissez-vous de vêtements chauds et d'un imperméable. Un chapeau sera le bienvenu en toute saison.

Monnaie

L'argent liquide est ce qu'il y a de plus pratique dans les banques ou les bureaux de change. Dans les hôtels de catégorie supérieure, on paie en dollars US/euros. Mieux vaut payer en livres syriennes les prestations de services ou les repas dans les hôtels car le taux de change pratiqué n'est pas avantageux.

La livre syrienne, la *Lyra Suria* (LS) équivaut à 100 piastres (*girsh* en arabe).

Les pièces d'une demi-livre ou d'une livre sont rares. Des billets de 5, 10, 25, 50, 100 et 500 livres sont en circulation.

Dans les banques, le taux de change pour les touristes correspond à peu près au taux pratiqué au marché noir. Dans le commerce, il existe une multitude de taux de change. Les chèques de voyage ne sont plus acceptés en Syrie. Les cartes de crédit ne sont acceptées que dans les hôtels de luxe. 1 € = 77 LS, 1 CHF = 48 LS, 1 US$ = 52 LS (mars 2008).

Santé

La Syrie possède un bon sytème de santé et les Syriens sont soignés gratuitement dans les hôpitaux d'État (sauf services privés). Les touristes doivent payer comptant un séjour à l'hôpital et les honoraires facturés par les médecins, acheter à leurs frais médicaments et pansements ; mieux vaut souscrire avant le départ une assurance-maladie pour l'étranger. Dans les grandes villes, il existe de bons médecins privés qui ont obtenu leurs diplômes à l'étranger. Une liste des **médecins francophones** est disponible sur le site de l'ambassade de France : www.ambafrance-sy.org. À Damas par exemple, vous pourrez vous adresser au Dr Ayman Kouzbari, généraliste, tél. 333 41 53 ou au Dr Riyad Kardouss, dentiste, tél. 331 29 00. Il y a aussi un hôpital français (sans lien avec la France) à Damas, tél. 444 04 60/61.

Aucune **vaccination** n'est obligatoire. Si vous vous rendez dans une région touchée par le paludisme, prévoyez une chimioprophylaxie.

Trousse médicale : un anti-nauséeux, un antalgique, un antidiarrhéique, un antibiotique à large spectre et de la crème solaire. Évitez les crudités, les fruits non pelés, l'eau du robinet et les glaçons.

Sites internet / Sécurité

Il est recommandé juste avant de partir de consulter les informations relatives à la **sécurité** disponibles sur le site du ministère des affaires étrangères : www.diplomatie.fr
www.syriatourism.org

SE RENDRE EN SYRIE

En avion : *Syrian Arab Airlines* propose des vols au départ de Damas et d'Alep à destination de Paris et de Marseille. *Austrian Airlines* et *Air France* desservent également Damas au départ de presque tous les aéroports européens. *Austrian Airlines* est représentée à Damas par *Nahas Travel & Tourism* : Fardoss Street, tél. 223 60 01 sans oublier le guichet de l'aéroport (tél. 540 07 79).

Syrian Arab Airlines à Damas : Hijaz Street (Centrale), tél. 245 00 98 et à Alep : Baron Street, tél. 212 55 01-3.

Lorsque l'on quitte le pays en avion, il faut acquitter une taxe d'aéroport de 200 LS.

En bateau : il n'existe à l'heure actuelle aucune liaison par ferry avec la Syrie.

En train : le *Taurus Express* part deux fois par semaine d'Istanbul Haydarpacha et effectue le trajet jusqu'à Alep 36 à 38 heures. Le train possède un wagon-restaurant.

En voiture : si vous souhaitez vous rendre par la route en Syrie, il vous faudra traverser toute l'Europe jusqu'à la Turquie (environ 3500 km). Le véhicule doit être immatriculé à l'étranger et le conducteur doit en être le propriétaire (carte grise). Il faut, en outre, un permis de conduire international et un *carnet de passage*. À la frontière, il est obligatoire de souscrire une assurance (env. 30 US$) qui est censée être également valable au Liban. Pour les moteurs diesel, il faut s'acquitter d'une «taxe diesel» d'un montant de 100 US$ par semaine.

En Turquie, on peut emprunter les **passages frontaliers** suivants :

Antakya – Yayladagi (turc) / Yacab (syrien) – Lattaquié : toujours ouvert.

9

Guide pratique

Iskenderun-Reyhanli (turc) / Bab el Hawa (Syrie) – Alep : toujours ouvert.

Garintab-Kili (turc) / Azaz (syrien) – Alep : ouvert de 9h à 20h.

Garintab – Nisib (turc) / Jerablus (syrien) – Alep : 9h-11h et 14h-16h.

Urfa – Akracale (turc) / Tell Abyad (syrien) : 9h -11h et 14h-16h.

Musaybin (turc) / Qamishliyé (syrien) – Deir az Zur : 9h-11h et 14h-16h.

Le poste frontalier entre la Syrie et la Jordanie (Dar'a – Amman) est toujours ouvert.

En autobus : au départ de toutes les grandes villes turques au moins jusqu'à Antakya d'où des bus partent toutes les heures en direction des plus grandes villes syriennes. Istanbul, Ankara, Adana, Urfa, Diyabakir et quelques autres villes proposent même des liaisons directes avec Damas et Alep. Les bus à destination de la Syrie n'ont pas de gare routière propre. Le trajet entre Antakya et Alep (liaison la plus courte) prend de 3 à 5 heures selon le temps pris par les formalités, rarement plus longtemps. D'Istanbul à Damas (liaison la plus longue), il faut compter en général 25 à 28 heures.

SE DÉPLACER EN SYRIE

En avion : la *Syrian Arab Airlines* propose des vols intérieurs au départ de Damas pour Alep, Lattaquié, Deir az Zur et Qamishliyé.

En train : les liaisons ferroviaires suivantes sont actuellement en service : Alep – Lattaquié, Alep – Deir az Zur – Qamishliyé, Damas – Homs – Tartous – Lattaquié – Alep (horaires disponibles sur le site www.cfssyria.org). Les trains sont assez lents et leur confort n'est pas comparable à celui des autobus "Grandes Lignes".

En voiture : le réseau routier syrien est dense. Les tronçons Alep – Damas Dar'a et Homs – Tartous – Lattaquié sont à 4 voies. En Syrie, il y a des plaques minéralogiques de trois couleurs différentes : les véhicules militaires et officiels ont des plaques vertes, les véhicules et conducteurs habilités à transporter des touristes ont des plaques rouges et tous les autres véhicules des plaques noires.

Sur les routes à grande circulation, la vitesse maximale est indiquée : dans les villes, elle est de 50 km/h et dans les villages de 35 km/h. Il y a des stations-services dans tout le pays, même si elles ne sont pas très fréquentes dans le Nord-Est. On trouve du super (*muntaz*) à 88-92 octanes, de l'essence normale (*benzin*) à 84-88 octane et du diesel (*masout*) dont la combustion n'est pas toujours très bonne. On ne trouve du sans plomb qu'à Damas et à Alep.

Sur les principaux axes, les panneaux de signalisation sont en arabe et en anglais, mais à l'intérieur du pays, il n'y a que des indications en arabe. On évitera de rouler à la nuit tombée car il n'est pas facile de distinguer les animaux, les gens ou les véhicules qui circulent souvent sans feux.

On quittera immédiatement les routes à bordures blanches car elles mènent généralement à des installations militaires ou officielles.

En voiture de location : deux agences internationales, *Europcar* et *Herz*, sont représentées en Syrie et travaillent en collaboration avec l'agence syrienne *Cham Car*. Ces deux agences ont également des filiales à l'aéroport de Damas. Il est préférable de réserver un véhicule avant de partir afin d'être mieux couvert en matière d'assurance. En Syrie, c'est Europcar qui offre les meilleures prestations puisque l'on peut louer un véhicule avec kilométrage illimité. Renseignements : www.europcar.fr ou www.hertz.fr.

Il existe, outre les agences internationales, nombre d'agences locales qui louent en général des véhicules avec chauffeur, mais sans assurance. Si vous souhaitez avoir les deux, réservez un véhicule (avec chauffeur) auprès d'une agence de voyages (par ex. : *Nawafir Travel*, www.nawafir-tours.com).

Pour louer une voiture, il faut être titulaire d'un permis de conduire international et d'une carte de crédit. Si le véhicule présente des imperfections à la location, n'oubliez pas de les faire figurer dans le contrat.

En autobus : grâce aux compagnies privées, on peut parcourir la Syrie en bus. Toutes les villes possèdent une gare routière d'où partent des bus "Grandes Lignes". *Zitouna* et *Qadmus* jouissent toutes deux d'une excellente réputation.

Les trajets plus courts sont assurés par des compagnies d'État qui ont leurs propres gares routières.

En taxi collectif : c'est un moyen de transport bon marché lorsque l'on veut effectuer de courts trajets à la campagne.

Par une agence de voyages : les agences de voyages locales organisent des circuits dans le pays. Il est particulièrement recommandé de faire appel à elles pour des excursions dans des régions reculées (châteaux du désert par ex.) et pour des excursions à la journée au Liban.

À Damas : on peut faire entièrement confiance à *Nawafir Travel & Tourism* par exemple, tél. 011-335 01 51, site internet : www.nawafir-tours.com.

CONSEILS PRATIQUES

Ambassades et consulats en Syrie

Ambassade de Belgique : Mezzé, Villas est, rue Al Salam, Immeuble 10, Damas, tél. 613 999 31, site internet : www.diplomatie.be/damascusfr.
Ambassade de France : rue Ata-al-Ayyoubi, BOP 769, Damas, tél. 339 02 00, www.ambafrance-sy.org.
Ambassade de Suisse : Mezzé, rue Shafi, PO Box 234, Damas, tél. 611 19 72, www.eda.admin.ch/damascus.
Consulats à Alep :
Belgique : rue Khan Al Wasir, tél. 221 03 26. **France** : 40, rue Fayçal, BP 768, tél. 221 18 29, alepconsfr@net.sy.

Ambassades de Syrie en Europe

En **Belgique** : av. F. D. Roosevelt 3, 1050 Ixelles, tél. (02) 648 01 35, site internet : www.syrianembassy.org.
En **France** : 20, rue Vaneau, 75007 Paris, tél. 01 40 62 61 00, site internet : www.amb-syr.fr.
En **Suisse** (Consulat Général) : 72, rue de Lausanne, 1202, Genève, tél. (022) 732 56 58, fax (022) 738 42 75, lun.-ven. 9h30-12h30 et 15h30-16h30.

Baignade

En Syrie, la Méditerranée n'invite pas tellement à la baignade. Il est préférable de se contenter des piscines des hôtels de catégorie supérieure.

Banques

La *Commercial Bank of Syria*, la meilleure adresse pour les grosses transactions financières, est représentée dans toutes les villes d'importance. Il existe des distributeurs automatiques ATM dans toutes les grandes villes où l'on peut retirer de l'argent avec sa carte de crédit. Officiellement, la Syrie accepte certes les chèques de voyage, mais dans la pratique, c'est très compliqué voire impossible !

Eau et électricité

En période de grande sécheresse, eau et électricité peuvent être coupées dans tout le pays plusieurs heures par jour. Les hôtels de luxe pallient ces coupures grâce à leur propre alimentation en eau et en électricité. Le courant fonctionne en 220 volts, inutile de prévoir d'adaptateur.

Horaires d'ouverture

Dans les **administrations**, les horaires sont : lun.-jeu. de 8h à 13h30.
Les **banques** et **bureaux de poste** sont ouverts du sam. au jeu. de 8 à 14 h,

9 Guide pratique

mais les horaires ne sont pas toujours respectés à la lettre.

Les heures de visite des **musées** et des **sites archéologiques** sont en général de 9h à 17h. Pour les sites en ruine situés dans des endroits reculés et donc plus rarement visités, il faut parfois aller chercher le gardien chez lui. Les musées et quelques sites en ruine sont fermés le mardi.

Pour les **monuments** qui abritent des écoles et des bibliothèques, il faut s'en tenir aux emplois du temps et aux heures de bureau.

Les **mosquées** ne sont pas ouvertes au public aux heures de prière et surtout pas le vendredi.

Les **magasins** sont toujours ouverts. Lorsque les musulmans ferment le vendredi, on va chez les chrétiens qui ont leur jour de repos le dimanche. De nombreux commerçants ferment entre 13h et 17h.

Jours fériés et festivals

Jours fériés nationaux :

1er Janvier : nouvel an. 22 février : jour de l'Union. 8 mars : anniversaire de la Révolution. 22 mars : journée de la Ligue arabe. 17 avril : Fête nationale qui commémore le départ des Français en 1946. 1er mai : fête du Travail. 6 mai : fête des Martyrs. 29 mai : journée des Forces de sécurité. 6 octobre : journée des Vétérans et commémoration du début de la Guerre d'Octobre (1973). 16 novembre : commémoration du Mouvement de Redressement et de la prise de pouvoir par le président Assad. 14 décembre : journée des Paysans. 25 décembre : Noël.

Fêtes mobiles :

Hégire : nouvel an musulman, 1er jour de l'année lunaire musulmane.

Achoura : jour des Morts, on commémore aussi l'expulsion d'Adam et Ève du paradis terrestre. Dixième jour du premier mois musulman.

Mouled an Nabi : naissance du prophète célébrée le douzième jour du troi-

sième mois islamique (20 mars 2008, 9 mars 2009, 26 fév. 2010).

Aïd al-Kébir : Grand Sacrifice, début du dixième mois, le mois du pèlerinage (8 déc. 2008, 27 nov. 2009 et 17 nov. 2010).

Ramadan : neuvième mois de l'année musulmane, mois de jeûne. Pendant le *ramadan*, les musulmans doivent s'abstenir de consommer nourriture, boisson ou tabac du lever au coucher du soleil. À la tombée de la nuit, de grands repas de fête sont organisés (1er jour : 1er septembre 2008, 22 août 2009, 11 août 2010).

Aïd al-Fitr : marque la fin du *ramadan* (2 oct. 2008, 21 sept. 2009, 10 sept. 2010).

On célèbre en outre le 20 avril à **Damas** la fête des Fleurs, le 13 juillet la fête du Vin à **Suweida** et la fête du Coton au mois d'octobre à **Alep**.

En mai a lieu le festival de **Palmyre** (musique classique), en août le festival de musique de **Lattaquié** et en septembre (années paires) le festival de théâtre de **Bosra**.

Dans le village de **Maalula**, on célèbre le 14 septembre la fête de sainte Thècle et le 7 octobre, on fête la saint Serge et Bacchus.

Des foires internationales ont lieu à **Damas** en août et en décembre.

Médias

Les **cinémas**, nombreux, projettent surtout des films arabes très sentimentaux qui viennent d'Égypte. Généralement, les films américains ou européens sont sous-titrés en arabe.

Les cinémas sont bien fréquentés et constituent la plupart du temps avec la **télévision** la seule distraction. Dans le sud de la Syrie, on reçoit la télévision jordanienne et dans le nord la télévision turque.

Outre les informations (en arabe et en anglais) et les innombrables émissions sportives, la **radio** diffuse essentiellement de la musique de variété arabe.

Depuis que les **antennes paraboliques** font partie du paysage syrien, la radio a perdu de son importance, un sort partagé par les conteurs arabes des cafés.

Les **journaux** arabes sont en vente partout, le *Syria Times* en anglais uniquement à Damas et Alep. Les journaux et magazines étrangers sont censurés ; les photos à caractère pornographique et les reportages sur Israël sont noircis ou découpés. En dehors de Damas, on ne trouve la presse étrangère que dans les hôtels de luxe.

Poste, téléphone et Internet

La **poste** syrienne est fiable dans l'ensemble. Les tarifs d'affranchissement des cartes postales et des lettres varient souvent et les timbres sont parfois une denrée rare. Les lettres et cartes postales postées dans les grandes villes mettent en général dix jours pour arriver en Europe.

Dans toutes les villes, il y a des **centraux téléphoniques** d'où l'on peut également envoyer des fax. Pour les communications avec l'étranger, un minimum de trois minutes est facturé. Il faut parfois attendre jusqu'à 2h pour obtenir une communication ; mais dans les hôtels de luxe, la procédure est généralement plus rapide, les appels sont directs, mais la note bien plus élevée.
Réseau portable : GSM 900 et 1800.
Indicatifs : Syrie : 00963 ; Belgique : 0032 ; France : 0033 ; Suisse : 0041.

Internet : toutes les grandes villes syriennes possèdent des cybercafés disposant d'un accès à haut débit.

Pourboires / Tarifs des visites

Les pourboires sont surtout "espérés" par le personnel des hôtels et restaurants de catégorie supérieure (10%) ainsi que par les gardiens des sites de ruines reculés (env. 100 LS) qui, la plupart du temps, vous remercieront en vous offrant un thé ou un café. Le prix d'entrée officiel pour la visite des monuments varie de 75 à 150 LS selon l'importance du monument. Les étudiants munis de leur carte d'étudiant ne paient que 10 LS.

Prendre des photos

Il est interdit de photographier installations militaires, ponts, aéroports et bâtiments officiels (ceux qui arborent le drapeau national). On ne photographie pas les gens à leur insu. Les hommes ne demanderont pas leur autorisation aux femmes directement, mais aux hommes qui les accompagnent.

Usages et bienséance

La main gauche étant impure chez les musulmans, vous ne toucherez donc la nourriture et les boissons qu'avec la main droite. Il est mal vu que des hommes abordent des femmes du pays. Il est également inconvenant de faire des compliments de l'épouse d'un Syrien. Évitez de parler politique, il y a des sujets sensibles, notamment tout ce qui touche à Israël.

LIBAN

Au Liban, le tourisme jouit d'une tradition depuis la Deuxième Guerre mondiale et c'est au tourisme économique que la place financière qu'était alors le pays doit d'avoir été surnommée la "Suisse de l'Orient". La guerre civile dévastatrice et les fréquentes attaques israéliennes ont presque suspendu toute activité touristique.

Entre la fin de la guerre civile et la guerre du Liban de 2006, tout fut mis en œuvre pour inciter les touristes à reprendre le chemin du Liban. Les raids aériens israéliens et la crise politique ont momentanément stoppé le flot de visiteurs. La population s'est habituée à l'état d'urgence et fait preuve d'une incroyable sérénité face à l'instabilité de la situation. Les circuits Syrie-Liban proposés autrefois par les voyagistes connaissaient un franc succès. Nul ne sait si ce sera un jour à nouveau le cas.

PRÉPARATIFS

Climat et saison touristique

On peut se rendre au Liban en toute saison. La meilleure époque se situe entre mars et octobre, mais il peut faire très lourd sur la côte en juillet-août. Si l'on veut faire du sport à la libanaise, on partira plutôt en mars/avril car l'on peut alors dévaler les pentes à ski le matin et se baigner dans la mer l'après-midi.

Formalités d'entrée et visas

Le visa indispensable pour pouvoir pénétrer en territoire libanais peut être obtenu à l'arrivée à l'aéroport de Beyrouth. Votre passeport doit posséder une validité suffisante (au minimum 6 mois par rapport à votre date de sortie du Liban) et n'être revêtu d'aucun visa ou tampon israélien ; vous devez également être en possession de votre billet d'avion pour le retour. Mais vous pouvez aussi faire votre demande de visa en Europe voire en ligne sur le site internet www.expats-welcome.com/fr/ à la rubrique Visa Express. Les frais occasionnés sont de 15 euros pour 2 semaines et une seule entrée, de 30 euros pour 30 jours ou de 60 euros pour 3 mois et plusieurs entrées. On peut sans problème faire prolonger son visa au *Amn al Aam* (bureau du secrétaire général) de Beyrouth, rue de Damas (en face du Musée national), t.l.j. sauf dim., 8h-14 h.

Formalités douanières

On peut apporter tout ce qui est nécessaire à l'usage personnel. Il est permis d'importer 400 cigarettes et 1 l d'alcool ou 200 cigarettes et 2 l d'alcool, mais cela n'en vaut pas la peine car ces articles sont souvent moins chers au Liban que dans les boutiques duty free. Il n'y a pas de limite pour l'importation de devises et la monnaie libanaise peut être exportée sans problème. Il faut déclarer toute somme d'argent en liquide à partir de 10 000 US$. Le trafic de drogue est sévèrement réprimé.

Habillement

Des vêtements légers sont généralement suffisants, mais prévoyez un pull et une veste au printemps et en hiver. De bonnes chaussures sont conseillées afin d'arpenter sites en ruine et autres pentes (enneigées). Les codes vestimentaires, dans les régions libanaises et les quartiers chrétiens de Beyrouth notamment, sont moins stricts qu'en Syrie, mais il convient dans les régions rurales et surtout dans les régions musulmanes, à Tripoli et en visitant des édifices religieux de se conformer aux règles en vigueur et donc d'éviter minijupes, shorts et bras nus. Et les femmes ne renonceront pas au soutien-gorge.

Monnaie

La monnaie locale est la *livre libanaise* (LL). Il y a des billets de 50, 100, 250, 500, 1000 et 10 000 livres et des billets de 5000, 20 000, 50 000 et 100 000 livres sont prévus. On peut changer des devises dans n'importe quelle banque. Les guichets sont ouverts de 8h à 14 h. Les bureaux de change que l'on trouve à tous les coins de rue changent pratiquement toutes les devises. La livre libanaise étant soumise à de fortes fluctuations, le dollar est devenu la seconde monnaie nationale : 1 US$ = 1522 LL ; 1 € = 2263 LL et 1 CHF = 1395 LL (mars 2008).

Les hôtels, restaurants et magasins acceptent les cartes Visa, Master Card ou Eurocard et parfois aussi les cartes American Express.

Santé

À moins de venir de régions contaminées, aucune **vaccination** n'est obligatoire. Le système de santé libanais est bon et la plupart des médecins parlent anglais ou français. En cas d'urgence, l'hôpital de l'université américaine est à recommander, rue Sourati, tél. 35 00 00 ou 37 43 74. On trouve des **pharmacies** dans toutes les localités un peu importantes. Les médicaments sont en général accompagnés de notices en plusieurs langues. Il est vivement conseillé de contracter une **assurance** pour soins médicaux et rapatriement sanitaire.

Sites internet / Sécurité

Il est recommandé juste avant de partir de consulter les informations relatives à la **sécurité** disponibles sur le site du ministère des affaires étrangères : www.diplomatie.fr www.destinationlebanon.gov.lb

SE RENDRE AU LIBAN

En avion : de nombreuses compagnies aériennes internationales et la compagnie libanaise *Middle East Airlines* (MEA) proposent des liaisons aériennes entre presque toutes les capitales européennes et Beyrouth. MEA dessert Paris et Nice tous les jours (MEA, 6 rue Scribe, 75009 Paris, tél. 01 42 66 93 93, www.mea.com.lb) et Genève au départ de Beyrouth 4 fois par semaine. L'aéroport de Beyrouth se trouve à 10 km au sud du centre-ville. À Paques, à la Pentecôte et pendant les mois d'été, les vols sont généralement complets plusieurs semaines à l'avance.

SE DÉPLACER AU LIBAN

En autobus : on peut se rendre en autobus de Beyrouth à Baalbek, Tripoli, Saïda et en Syrie. Beyrouth possède trois gares routières : Charles Hélou Bus Station pour les destinations du Nord, Cola Station pour celles situées au sud de la capitale et Dawra Station pour celles situées à l'Est et certaines villes du Nord. Les liaisons secondaires

sont assurées par des minibus qui n'ont pas d'itinéraire fixe et marquent l'arrêt à la demande des passagers.

En taxi-service et en taxi : les taxis-services desservent tout le pays et possèdent des itinéraires bien précis. On se partage la voiture (une vieille Mercedes en général) à cinq et ne paie en conséquence qu'un cinquième du prix de la course. Les destinations n'étant pas affichées, il faut poser la question au chauffeur. Attention : les taxis-services ne se distinguent pas des taxis "normaux" et il arrive que les chauffeurs de ces derniers essaient de proposer leurs services aux touristes crédules à qui la course revient au bout du compte cinq fois plus cher. Il est donc conseillé de s'assurer que l'on a bien affaire à un taxi-service. Si vous souhaitez emprunter un taxi "normal", négociez le prix de la course avant de partir. Un trajet en ville vous coûtera de 3 à 6 euros.

En voiture de location : il existe des agences nationales et internationales. Parmi ces dernières, c'est Avis qui possède le réseau le plus dense au Liban : vous pouvez louer un véhicule également en dehors de Beyrouth. Pour tout renseignement et pour réserver : *Europcar* (www.europcar.fr), *Hertz* (www.hertz.fr) et Avis (www.avis.fr). Les tarifs sont comparables à ceux pratiqués en Europe. Les agences locales proposent des véhicules à partir de 25 US$ par jour.

Par une agence de voyage : quelques agences de Beyrouth organisent excursions et circuits pour tous les sites touristiques du Liban, de Syrie ou de Jordanie. S'adresser à : *Saad Tours*, tél. 01-42 94 29, www.saadtours.com. Pour combiner Liban et Syrie : Nawafir Travel à Damas (www.nawafir-tours.com).

CONSEILS PRATIQUES

Ambassades au Liban

Ambassade de Belgique : bâtiment Lazarieh, bloc A, 10ème étage, rue Émir

9

Guide pratique

Bachir, centre-ville, Beyrouth, tél. (961) (1) 976 001 à 005, fax 976 007, www.diplomatie.be/beirutfr.

Ambassade de France : rue de Damas, Espace des Lettres, Ras El-Nabaa, Beyrouth, tél. 42 00 00, fax 42 00 13, www.ambafrance-lb.org.

Ambassade de Suisse : av. Bourj al-Ghayal, Beyrouth, tél. 32 41 29, fax 32 41 67.

Ambassades libanaises en Europe

Belgique : rue G. Stocq 2, 1050 Ixelles, tél. (02) 645 77 65, fax 645 77 69, www.lebanonembassyus.org.

France : 3, villa Copernic, 75116 Paris, tél. 01 40 67 75 75, fax 01 40 67 16 42, na@amb-liban.fr.

Suisse : Thunstr. 10, 3054 Muri près de Berne, tél. (31) 951 29 72.

Baignade

Au Liban, la côte méditerranéenne n'invite pas tellement à la baignade. Il est préférable de se contenter des piscines des hôtels de catégorie supérieure.

Eau et électricité

Abstenez-vous de boire l'**eau** du robinet.

Le **courant** fourni, lorsqu'il n'y a pas de coupure, est en 110 ou 220 volts (50 hz). Lampes de poche et adaptateurs sont toujours d'une grande utilité.

Horaires d'ouverture

Bureaux de poste et **administrations** sont ouverts du lun.-sam. de 8h-14h. Mais il ne faut pas aller avant 9h dans un service administratif.

Les **banques** sont ouvertes du lun.-ven. de 8h30 à 12h.

Les **entreprises** et les **magasins** ouvrent en général du lun.-sam. de 9h à 18h et les magasins d'alimentation sont parfois ouverts le soir et le dimanche.

Mais en été les magasins ferment dès 15h.

Jours fériés

Jours fériés nationaux :

1er janvier : nouvel an. 9 février : saint Maron. 1er mai : fête du Travail. 6 mai : fête des Martyrs. 5 août : Ascension. 1er novembre : Toussaint. 22 novembre : fête de l'Indépendance. 25 décembre : Noël.

Fêtes mobiles :

les fêtes chrétiennes suivantes se célèbrent neuf jours plus tôt qu'en Europe centrale : le **vendredi saint** et le **lundi de Pâques** des uniates et des orthodoxes.

Les fêtes musulmanes sont fonction du calendrier lunaire et se célèbrent chaque année 11 jours plus tôt :

Aïd al-Fitr : fin du ramadan (11 octobre 2007, 30 septembre 2008, 22 septembre 2009).

Aïd al-Kébir : Grand Sacrifice, au début du 10ème mois, le mois du pèlerinage (20 décembre 2007, 8 décembre 2008, 27 novembre 2009).

Hégire : nouvel an musulman, 1er jour de l'année musulmane.

Achoura : jour des Morts et anniversaire de la mort de Hussein, 10ème jour du premier mois musulman.

Al Mawlid : naissance du prohète (20 mars 2008, 9 mars 2009).

Médias

Au Liban, il y a plusieurs chaînes de télévision privées représentant les différents groupes d'intérêt du pays. Des émissions d'informations sont également diffusées en anglais et en français.

Il y a aussi de nombreuses stations de radio. *Radio One* s'est spécialisée dans les tubes anglais.

Le quotidien *L'Orient Le Jour* est édité en français à Beyrouth. L'équivalent anglais est le *Daily Star* avec des reportages intéressants. *The Guide* est un mensuel politique et économique.

Poste, téléphone et Internet

Il n'y a plus de boîtes aux lettres au Liban, on dépose son **courrier** au guichet des bureaux de poste que l'on trouve dans toutes les localités. Il est toutefois préférable de déposer son courrier à Beyrouth. Le courrier n'étant plus distribué dans le pays, il faut avoir une boîte postale.

Le **réseau téléphonique** est saturé, les numéros changent souvent ; un nouveau système est en cours d'installation. Les hôtels facturent les communications pour l'Europe jusqu'à 6 US$ la minute. On peut téléphoner et envoyer des fax des bureaux de poste et des centraux téléphoniques (à l'université américaine, par ex.).

Réseau portable : GSM 900. **Indicatifs** : Liban : 00961 ; Belgique : 0032 ; France : 0033 et Suisse : 0041.

Internet : il existe de nombreux cybercafés au Liban.

Pourboires

La plupart des restaurants comptent 16% de *Service Charge* auquel on ajoutera 10% de *Tip* si l'on est satisfait. Les employés des prestataires de services attendent généralement un pourboire car leurs salaires sont très bas.

Prendre des photos

Ne photographiez en aucun cas les installations militaires, les milices ou les postes de contrôle ! Et il devrait aller de soi qu'avant de prendre des gens en photo, il faut leur en demander l'autorisation. Abstenez-vous de photographier des cérémonies religieuses !

PETIT LEXIQUE

à droite	*al-je'min*
à gauche	*al-jar'sar*
bienvenue	*ahlan wa ahlan*
bonjour	*sabah al kheer*
bonsoir	*sabah al nur*

combien	*kam*
Combien cela coûte-t-il ?	*bi-kam dah*
Bonjour, comment ça va ?	*marhaba*
	keef halak
Bien, merci	*mabsud, al hamdu lillaah*
Comment t'appelles-tu ?	*eh ismak*
demain	*bukra*
hier	*m'barih*
J'ai besoin de...	*la'zimni*
Je ne comprends pas.	
	mush faahim wala klima
Je ne veux pas..	*mush aajiz*
là.	*hu'nak*
Laissez-moi tranquille.	*ut'rukni li-'wahdi*
La paix soit avec vous.	
	as salam alaikum
(réponse)	*wa alaikum as salam*
merci	*shuqran*
(réponse à merci)	*afwan*
non	*la*
oui	*na'am*
Où sont mes bagages ?	*feen 'afsi*
pardon	*lamo'axza*
Parlez-vous anglais ?	*btit kallem inglizi*
Pourriez-vous m'aider ?	
	saa idni min fadklak
Apportez-moi s.v.p.	*gibli min fadlak*
Quand ouvrez-vous ?	*emta b'jiftah*
Quelle heure est-il ?	*es sa'a kam*
Qui est là ?	*min he naak*
bon	*kwaijis*
tout	*kull*
tout droit	*'duyri*
1	*wahad*
2	*tnin*
3	*talata*
4	*ar'ba'a*
5	*khamsa*
6	*sitta*
7	*sab'a*
8	*ta'manija*
9	*tis'a*
10	*ashera*
20	*ishrin*
30	*ta'la'tin*
100	*'mijja*
200	*mi'teen*
1000	*alf*
2000	*alfeen*
3000	*talatt-alaaf*

9

Guide pratique

GLOSSAIRE

Agora (gr.) : place centrale ou de rassemblement des cités grecques sur laquelle donnent temples importants et autres bâtiments officiels (cf. *forum*).

Atabeg (turc) : personne chargée de l'éducation d'un prince seldjoukide.

Atrium (lat.) : cour intérieure entourée de colonnes d'une maison d'habitation romaine ou avant-cour entourée de colonnes d'une église du début de l'ère byzantine.

Baitylos, bétyle (gr.) : pierre sacrée (météorite souvent) des cultes préislamiques syriens.

Bazar (pers.) : marché couvert parcouru d'innombrables ruelles (cf. *souk*).

Bimaristan (pers.) : "lieu où l'on trouve des malades" ; hôpital complété d'une faculté de médecine et d'une bibliothèque.

Calife : désigne à l'origine le "successeur" ou le "représentant" du Prophète puis, d'Allah sur terre ; souverain théocratique musulman.

Cannelures (lat.) : moulures creuses et verticales d'une colonne.

Cella (lat.) : cœur du sanctuaire d'un temple païen (gr. : *sekós*).

Clair-étage : dans une église, zone réservée aux fenêtres et située au-dessus des arcades de la nef principale.

Colonnade (lat.) : suite de colonnes.

Décapole (gr.) : association de dix villes ; désigne à l'origine la fédération crée par Pompée en 63 av. J.-C., notamment à l'est de la Jordanie (Transjordanie) et qui regroupait 10 à 18 villes libres.

Déésis (gr.) : représentation du Christ et de saints (généralement la Vierge Marie et saint Jean-Baptiste) en prière.

Djebel ou jebel (arab.) : mont.

Donjon : tour principale d'un château constituant une vraie petite forteresse.

Édicule (lat.) : niche encadrée de colonnes abritant statues ou tableaux.

Exèdre (lat.) : portique concave (semi-circulaire) ou niche surmontée d'une demi-coupole.

Forum (lat.) : place centrale ou de rassemblement des cités romaines sur laquelle donnent temples importants et bâtiments officiels (cf. *agora*).

Francs : croisés.

Ghassanides : tribu d'Arabie du Sud qui a migré au IIIe/IVe s. vers le Nord et le désert syrien ; vassaux de l'Empire byzantin, ils en défendent la frontière orientale à partir du début du VIe s.

Glacis : talus incliné précédant l'enceinte d'un château dont la fonction était d'empêcher la pose d'explosifs et de compliquer la tâche des assaillants.

Hammam : bain oriental se composant d'une série de pièces dont la dernière est une étuve (bain "turc" ou "maure").

Haramlik (arab.) : partie d'une maison syrienne traditionnelle réservée aux femmes et à la famille (cf. *salamlik*).

Hauran (arab.) : terme désignant les "terres noires" c'est-à-dire le plateau basaltique du sud de la Syrie et du nord de la Jordanie (l'*Auranitis* grec).

Hippodrome (gr.) : cirque pouvant atteindre 400 m de longueur et où avaient lieu courses de chevaux et de chars.

Hypocauste (gr.) : système de chauffage attesté dès le IIIe siècle av. J.-C. et surtout utilisé dans les thermes romains (puis omeyyades) et qui consistait à faire circuler de l'air chaud sous le sol (socles maçonnés séparés par des interstices) ou dans les murs (briques creuses).

Hypogée (gr.) : salle souterraine ou tombeau souterrain.

Imam (arab.) : "chef" ou "modèle" ; 1. Chef de prière (*salat*) dans une mosquée ; 2. Dirigeant, religieux ou non, de la communauté musulmane (*umma*) et considéré comme le successeur du Prophète (équivalent du calife pour les sunnites jusqu'en 1924).

Iwan (pers.) : espace surmonté d'une voûte qui donne en général sur une colonnade ou une cour ; se retrouve très souvent dans l'architecture musulmane sacrée ou profane.

Khan (pers.) : auberge (1er ét.) et camp (rez-de-chaussée) accueillant caravanes et marchands (caravansérail).

Lices : espace compris entre l'enceinte et le fossé ou entre deux enceintes.

Mâchicoulis (arab.) : partie des remparts des châteaux médiévaux par les trous de laquelle était déversé du plomb fondu ou de la poix.

Madrasa (arab.) : école supérieure musulmane dotée d'un internat où sont enseignés, outre la théologie, le droit et des sciences telles que la médecine et l'astronomie.

Martyrion (gr.) : salle où l'on vénère ou conserve les reliques d'un saint ou d'un martyr (lat. *mémorial*).

Méghazil (phénic.) : "fuseau" ; mince stèle funéraire des nécropoles phéniciennes qui se rétrécit vers le haut.

Mihrab (arab.) : dans une mosquée, niche de prière orientée vers La Mecque.

Minaret (arab.) : tour d'une mosquée d'où le muezzin appelle les fidèles à la prière.

Minbar (arab.) : dans une mosquée, chaire du haut de laquelle l'imam s'adresse aux fidèles lors de la prière du vendredi.

Monolithe (gr.) : élément (colonne...) ou monument constitué d'un seul bloc de pierre.

Muqarnas (arab.) : trompe constituée d'une série de trompes miniatures ou de niches créant un effet de nid d'abeille.

Narthex (gr.) : vestibule des églises datant du début de l'ère byzantine.

Nymphée (lat.) : fontaine monumentale antique généralement semi-circulaire.

Octogon (gr.) : bâtiment de plan octogonal.

Odéon (gr.) : théâtre couvert.

Opus caementitium (lat.) : "béton romain" ; appareil (*opus*) composé de tessons de briques et de cailloux (*caementum*) concassés et de mortier.

Pastophories (gr.) : dans l'architecture du début de l'ère byzantine, pièces qui flanquaient le chœur : *diakonikon* (sacristie) et *prothèse* (où étaient préparées les victimes des sacrifices).

Péristyle (gr.) : dans l'Antiquité, galerie à colonnes qui entoure la cour d'une maison, d'un temple ou l'atrium d'une

basilique du début de la chrétienté ou du Moyen Âge.

Peuples de la Mer : nom égyptien donné à des tribus issues des Balkans (?) à la fin de l'âge de bronze / début de l'âge de fer et qui, en longeant l'est de la côte méditerranéenne, détruisirent sur leur passage de nombreuses villes(-États) d'Anatolie, de Syrie et de Palestine ; les Philistins de l'Ancien Testament en faisaient partie.

Praetorium (lat.) : désigne, à l'ère romaine et à l'ère byzantine, la tente du général en chef du camp ou le quartier général (palais) du commandant en chef et de sa garde personnelle.

Presbytérium (gr.) : espace entourant l'autel et réservé aux prêtres (presbyter) dans une église byzantine.

Proskénion (gr.) : scène d'un théâtre grec ou romain (lat. *pulpitum*) ; cf. *skênê* ou *scenae frons*.

Qala'at (arab.) : château, forteresse.

Qasr (arab.) : château, forteresse ; désigne au sens large toute construction monumentale antique.

Riwaq (arab.) : salle du trône des palais arabes.

Salamlik (arab.) : dans une maison syrienne traditionnelle, partie accessible aux invités ; cf. *haramlik*.

Skênê (gr.) : bâtiment de scène dans un théâtre grec ou romain (lat. *scenae frons*) ; cf. *proskénion* ou *pulpitum*.

Souk (arab.) : marché couvert parcouru d'innombrables ruelles (cf. *bazar*).

Spolia : réutilisation d'éléments d'architecture de bâtiments antérieurs.

Stylite (gr.) : désigne au début de l'ère byzantine (V^e/VIe s.), en Syrie du Nord notamment, un ascète vivant au sommet d'une colonne.

Sultan (arab.) : terme désignant depuis le Xe/XIe s. les souverains musulmans des dynasties mamelouk, ottomane et ayyoubide.

Tekkiyé Tekkiya : à l'origine, sorte de "couvent" abritant une confrérie musulmane.

Tell, Tall (arab.) : colline artificielle pouvant atteindre plusieurs mètres et

9

Guide pratique

constituée de plusieurs couches de vestiges.

Temenos (gr.) : aire sacrée d'un temple.

Tétrapyle (gr.) : monument situé aux carrefours principaux des villes romaines et constitué de quatre ouvertures ou piliers.

Tribune (lat.) : étage supérieur en forme de galerie d'une basilique, situé en général au-dessus des nefs latérales et ouvrant sur l'intérieur de l'église. Réservé à des personnes ou buts précis.

Triclinium (lat.) : désignait dans l'Antiquité une salle à manger dotée sur trois de ses côtés de banquettes où l'on s'allongeait pour manger.

Trompe : petite voûte en forme de demi-sphère ou d'entonnoir permettant de passer d'un plan carré à un plan polygonal ("coupole sur trompes"). Typique des bâtiments à coupoles orientaux ou médiévaux.

Uléma ou **ouléma** (arab.) : docteur de la loi, théologien musulman.

Vizir (arab.) : "celui qui porte une charge" ; titre donné à partir de la dynastie des Abassides au conseiller et plus haut fonctionnaire du calife. Ses compétences et son influence n'ont cessé de s'accroître au fil du temps.

Voûte à stalactites : variété de muqarnas dans laquelle des éléments en forme de cônes (en stuc, pierre ou céramique) pendent de la voûte.

Wadi (arab.) : "vallée" ; désigne généralement le lit asséché d'un fleuve dans le désert.

Wali (arab.) : gouverneur.

Zengides (**Zankides**) : dynastie turque originaire du nord de la Syrie et du nord de l'Irak (1126-1262).

AUTEURS

Wolfgang Gockel (auj. décédé) a fait des études d'archéologie et de civilisation américaine. Il a travaillé comme archéologue indépendant et a participé entre autres aux fouilles en Iran, dans les Émirats et le sultanat d'Oman. Il est l'auteur de plusieurs ouvrages et articles sur le Proche-Orient, le Pérou, le Mexique et la renaissance architecturale italienne.

Muriel Brunsweig-Ibrahim a réactualisé ce guide. Essayiste, elle organise également des voyages au Maroc, en Égypte et au Proche-Orient. Pour en savoir plus : www.brunswig.info.

CRÉDITS PHOTOGRAPHIQUES

INDEX

Al Diwan, souk Saroudja, tél. 231 85 67, fax 334 34 40, www.aldiwanhotel-damascus.com. Situé tout près des deux hébergements pour routards, cet hôtel est meilleur, plus propre et plus cher que les deux autres sans être aussi "idyllique". À recommander !

Al Salaam, Ibn Sina Street, tél. 2216674, fax 2215031. Très propre, agréable, toutes les chambres sont équipées d'un frigo et d'une salle de bains.

Maalula (☎ 012)

☺☺-☺☺☺ Maalula Hotel, près du monastère de Saint-Serge, tél. 7770250, fax 7770255. Seul hôtel de Maalula dont les chambres aient une belle vue. Bons restaurant et bar. L'hôtel n'ayant pas de concurrence, il pratique des tarifs qui ne se justifient pas.

☺ On peut également passer la nuit au **monastère de Sainte-Thècle**, près de l'arrêt de bus. Simple, mais charmant et avec balcon.

Bosra (☎ 015)

☺☺☺ Bosra Cham Palace, tél. 790488, fax 790996, www.chamhotels.com. Tout près des ruines, ce petit hôtel raffiné est le seul de Bosra. Réserver absolument au moment du festival !

Suweida (☎ 016)

Aucun hôtel de Suweida ne mérite de figurer dans cette liste. Mieux vaut séjourner à Bosra ou à Damas !

3 ALEP ET LE NORD DE LA SYRIE

Alep (☎ 021)

☺☺☺ Al Mansouriya, Bab Qinnasrin, tél. 144180180, fax 144180237, adresse internet : www.mansouriya.com. Palais du XVIe siècle doté d'un charme extraordinaire et situé dans la vieille ville d'Alep. Propose neuf suites personnalisées et toutes très rafinées. L'hôtel dispose en outre d'un hammam, d'un jacuzzi, d'une bibliothèque et de divers salons.

Beit Wakil, Djeidé, tél. (France) : 0033 2217169, fax (France) : 0033 2247082, Internet : www.beitwakil.com. Petit hôtel raffiné ne disposant que de quelques chambres, dans une très belle demeure citadine du XVIe siècle.

Cuisine fantastique servie dans une grande cour intérieure.

Bait Martini (Dar Zamaria), Djeidé, tél. 3636100, fax 3632333, site : www.darzamaria.com. Comparable au Bait Wakil sans avoir autant de classe. Situé également dans une demeure de la vieille ville, doté d'un restaurant où l'on mange bien. Personnel sympathique.

Chahba Cham Palace, Chahba Cham Street, tél. 2270100, fax 2270140, site : www.chamhotels.com. Manque de cachet comparé aux demeures de la vieille ville. Mais la vue du restaurant situé à l'étage compense. Excentré.

Hôtel Ramsis, Baron Street, tél. 2111102, fax 2216700, site : www.ramsishotel.com. Hôtel moderne tout confort situé au cœur de la ville.

☺☺ Diwan Rasmy, derrière l'Immigration Office, tél. 3312222, fax 3322688, www.diwanrasmy-hotel.com. Occupe la troisième place au classement des plus beaux hôtels d'Alep, qui sont tous situés au cœur de la ville dans d'anciens palais. De certaines chambres, on a une vue imprenable sur la citadelle. Possède un restaurant où l'on mange bien.

Mandaloun, Al Telal-Hazazeh Street, tél. 2283008, fax 2283007, www.mandalounhotel.com. Cet hôtel se trouve lui aussi dans une ancienne demeure de la vieille ville. Tout en étant fort plaisant, il n'est pas aussi bien situé ni aussi raffiné que les précédents.

Baron, al Baron Street, tél. 2210880, fax 2210883, www.the-baron-hotel.com. C'est un hôtel mythique qui a accueilli le président Roosevelt, Agatha Christie et Lawrence d'Arabie. Un peu vieillot, mais c'est justement ce que recherchent tous ceux à qui le charme désuet importe davantage que le ménage fait à fond... Le bar n'a pas son pareil !

Dar Halabia, Bab Antakia, tél. 3323344, fax 2219657, www.dar-halabia.com. Jolie petite demeure de la vieille ville, en plein cœur du souk dont il émane un charme fou. 17 chambres.

Al Faisal, Yarmouk Street, tél./fax 2112618. Hôtel de classe moyenne très propre qui possède de belles chambres.

☺ Hanadi, Bab al Faradj, tél. 2238113. Petit hôtel propre dont les chambres simples sont toutes peintes en rose.

Spring Flower Hostel (Zahert al-Rabih Hotel), Mari Street, tél. 2122790, www.springflo-

Hôtels et restaurants de luxe et/ou de catégorie moyenne ne se rencontrent que dans les grandes villes et quelques endroits touristiques. Mais vous êtes assuré de trouver un hébergement simple (en arabe *funduq*) même dans les petites villes. Alep et Damas possèdent des terrains de camping officiels (en arabe *khallaby*). Généralement, vous pourrez planter votre tente à côté d'un hôtel, de l'hôtel Zenobia à Palmyre par exemple. Les terrains ne remplissent pas tous les normes européennes. Camping sauvage fortement déconseillé.

🅢🅢🅢 plus de 80 euros
🅢🅢 de 30 à 80 euros
🅢 moins de 30 euros

2 DAMAS ET LE SUD DE LA SYRIE

Damas (☎ 011)

🅢🅢🅢 **Cham Palace**, Maysaloun Street, tél. 2232300, fax 2232320, www.chamhotels.com. Hôtel de luxe du centre-ville, doté à son sommet d'un restaurant panoramique. Il a le charme et la distinction convenant à son statut d'emblème de la chaîne syrienne Cham.

Four Seasons, Shukri al Quwatly Street, tél. 3391000, fax 3390900, www.fourseasons.com/damascus. L'un des meilleurs hôtels de la ville et des plus chic. Direction canadienne. 297 chambres et 54 suites qui allient design et une élégance toute syrienne, trois restaurants, deux bars, spa. À quelques pas seulement du Musée national.

Dar al Yasmin, Bab Touma, tél. 5443380, www.daralyasmin.com. Belle auberge aménagée avec goût dans un ancien palais de la vieille ville. Les chambres et suites personnalisées sont meublées (meubles anciens en partie) avec recherche.

Talisman, Sh. Tal al Hijara, tél. 5415379, www.hoteltalisman.net. Hôtel de la vieille ville chic voire luxueux. 17 suites personnalisées ont été aménagées dans un ancien palais. Beaucoup de classe, goût sûr.

Le Meridien, près du parc des Expositions, Shukry al Quwatly Street, tél. 3738730, fax 3738661, Internet : www.starwoodhotels.com. Hôtel international de catégorie supérieure, en face du parc des Expositions, très belles chambres, jardin et bons restaurants.

Al Mamlouka, près du hammam Bakri, Bab Tuma, tél. 5430445/46, fax 5417248, www.al-mamlouka.com. Certainement l'un des plus beaux hôtels de Damas. Aménagé dans une demeure traditionnelle, ce petit bijou n'a que huit chambres qui donnent sur un patio verdoyant. Les chambres sont personnalisées et ont été meublées en ancien et avec goût. Formidable !

Omayyad Palace, 1, Al Brasil Street, tél. 2217700, fax 2213516, www.omayad-hotel.com. Ancien hôtel colonial du centre-ville. Mention spéciale pour le bar. Parfois bruyant – des mariages y sont souvent célébrés –, mais à conseiller absolument.

Semiramis, Shukry al Quwatly Street, tél. 2233555, fax 2216797, www.semiramis-hotel.com. Bon hôtel 4 étoiles tout confort, en plein centre-ville. Non loin de la gare du Hedjaz, seul hôtel moderne près de la vieille ville.

Carlton Hotel, Mezze, Nissan Street, tél. 2122000-5, fax 2122007, www.carltonhotel-syria.com. Bon hôtel d'affaires à la périphérie.

🅢🅢 **Al-Amer**, Baramke, tél. 2116600, fax 2128889, www.alamerhotel.com. Un peu à l'écart malheureusement, près de l'université (juste derrière l'Immigration Office), mais un très bon hôtel, plaisant, chambres avec coin cuisine.

Al Faris Hotel, 20th May Street, tél. 2319389, fax 2319663, www.almajed-group.com. Hôtel moderne et propre, sympathique, au cœur de la ville moderne.

Al-Majed, 29th May Street, tél. 2323300, fax 2323304, www.almajed-group.com, derrière le cinéma Sufara (Ambassador). Grandes chambres avec frigo, parfois un peu sombres, correct pour le prix. Au centre, propre et sympathique.

🅢 **Al Haramain**, souk Sarouja, tél. 2319489, fax 2314299, alharamain_hotel@yahoo.com. Hôtel de routards agréable aménagé dans un ancien commissariat ottoman. Dortoirs et salles de bains collectives, le tout propre et récent.

Al Ghazal, souk Saroudja. Près d'Haramain, dans une demeure historique et aménagée comme telle, simple et propre. Dirigé par un jeune couple dynamique.

A

werhostel.com. L'hôtel d'Alep qui plaira le plus aux routards. Pour tous ceux qui voyagent sac au dos, nombreuses possibilités d'excursions (Villes Mortes, désert syrien, châteaux des croisés), bon marché, propre avec terrasse sur le toit.

Krak des Chevaliers (☎ 031)

😊😊-😊😊😊 **Francis Hotel**, à 4 km du Krak des Chevaliers et du monastère Saint-Georges à Amar, Wadi Nassarah, tél. 730949, fax 730950, www.francishotel.net. Très bel hôtel louant des studios, grandes chambres et piscine. Site fantastique.

😊😊 **Al Wadi**, sur la route du monastère de Saint-Georges, tél. 7730456/7, fax 7730399, www.alwadihotel.com. Hôtel de classe moyenne avec piscine et vue sur le Krak. Bon buffet pour le petit déjeuner.

😊 **Hôtel al Fahd**, sur la route du monastère de Saint-Georges, tél. 730822. Charmant petit hôtel dont les propriétaires sont symathiques. Chambres simples et propres avec balcon et vue sur le Krak.

Berbars, en face du château, tél. 7341201. Simple, propre, plaisant, vue fantastique sur le château ! Tâchez d'éviter les chambres qui ne donnent pas sur le château car elles sont sombres et humides.

Homs (☎ 031)

😊😊😊 **Hôtel Safir**, Ragheb al Jamali Street, tél. 412400, fax 433420, www.safirhotels.com. Hôtel chic qui vous comblera – citons entre autres : une discothèque, un restaurant international, une piscine et un bar.

😊-😊😊 **Hôtel al Mimas**, Malab al Baladi, tél. 410524, fax 436522. Très bon rapport qualité-prix. Grandes chambres propres avec salle de bains et balcon dans un bâtiment récent.

Hama (☎ 033)

😊😊😊 **Apamee Cham Palace**, Abi Nawas Street, tél. 525335, fax 511645, site internet : www.chamhotels.com. Situé sur la rive de l'Oronte, relativement récent et orné d'objets trouvés à Apamée. L'un des plus beaux hôtels Cham avec vue sur l'Oronte et les norias en face de la vieille ville.

😊-😊😊 **Noria**, Shukry al Quwatly Street, tél. 512414/717, fax 511715, www.noria-hotel.

com. Bon hôtel de classe moyenne au cœur de la ville dont le personnel est très sympathique et les chambres tout à fait correctes.

New Basman, Shukry al Quwatly Street, hinter dem Uhrturm. tél. 521802, fax 517776. Joli et plus calme que tous les autres. Gens charmants qu parlent très bien anglais.

😊 **Cairo**, Shukry al Quwatly Street, tél. 222280, fax 237206, cairohot@scs-net.org. Bon marché et propre.

Faisant fortement concurrence au Cairo, le non moins bon **hôtel Riad** se trouve de plus juste à côté, Shukry al Quwatly Street, tél. 239512, raidhotels@scs-net.org.

4 PALMYRE ET L'EST DE LA SYRIE

Palmyre (☎ 031)

😊😊😊 **Palmyra Cham Palace**, non loin de la tombe des Trois Frères, tél. 912230-44, fax 912245, www.chamhotels.com. Beau complexe hôtelier bien entretenu datant des années 1970, incontestablement le meilleur hôtel de Palmyre.

😊😊 **Zenobia**, près des ruines, tél. 5918123/9, fax 5918130, www.attar-group.com/zhotel.htm. Très bel hôtel de style Art déco dont les atouts sont de donner directement sur les ruines et de posséder une splendide terrasse. Il a été complètement rénové et dépend désormais du Cham Palace Hotel.

Il existe dans le désert un mode d'hébergement loin de tout et pourtant on ne peut plus romantique : le **Zenobia Desert Camp**, PO Box 10261 Damas, tél. 031-910107, fax 912407, www.zenobia-camp.com. Les tentes sont confortables, aménagées avec goût et possèdent ces installations sanitaires.

Heliopolis, au cœur de Palmyre, tél. 5913921, fax 5913923, heliopolis-palmyra@usa.net. Le meilleur hôtel de sa catégorie. Les chambres sont belles et l'on jouit des étages supérieurs d'une vue imprenable sur les ruines.

Orient, au centre, tél. 5913500, fax 5910700. Accueille de nombreux touristes voyageant en groupe, propre et personnel prévenant.

😊 **An Nakhil**, situé dans une rue latérale de la rue principale, tél./fax 5910744. Petit hôtel, mignon comme tout dont le personnel est sympathique.

Caracalla, rue du château, tél./fax 5910879. Très belles suites absolument immenses disposant d'une vue magnifique sur les ruines, grande terrasse, personnel chaleureux et très bonne cuisine. Réservation indispensable ! Bon rapport qualité-prix.

Faris, tél. 912514, également dans la rue du château, ce petit hôtel n'a que deux chambres. Les propriétaires sont aux petits soins pour leurs hôtes et servent sur demande les meilleures spécialités syriennes. À recommander.

Tower, au centre, tél. 910273, fax 910116. Chambres agréables et très bon rapport qualité-prix.

Omayyad Palace, PO Box 9, tél./fax 910755. Hôtel tout simple dont les chambres sont très propres, jolie cour intérieure, gens charmants, bon petit déjeuner et calme.

Deir az Zur (☎ 051)

☺☺☺ **Fourat Cham Palace**, au bord de l'Euphrate, tél. 312798, fax 312900, site internet : www.chamhotels.com. Donne directement sur le fleuve, le meilleur hôtel de Deir.

☺-☺☺ **Ziad**, Al Ma'mun Street, tél. 214596, fax 211923, www.ziadhotel.com. Hôtel très agréable dont les propriétaires parlent allemand, vue sur le canal latéral à l'Euphrate.

Alsaeed, Corniche, tél. 221965, fax 214367. Nouvel hôtel, rose, mignon et un très bon rapport qualité-prix.

Raqqa (☎ 0221)

☺ **Lazaward**, tél. 216120/1/2, fax 216123. Seul hôtel qui mérite de figurer dans cette liste. Autant dire qu'il vaut mieux poursuivre sa route et faire en sorte de ne pas devoir passer la nuit à Raqqa.

Qamishliyé (☎ 052)

☺ **Al Tilal**, Ar Rais Street, tél. 770777. Seul endroit à peu près correct sur place. Personnel sympathique.

5 LE LITTORAL SYRIE

Safita (☎ 032)

☺☺☺ **Safita Cham Palace**, tél. 531131, fax 525984, www.chamhotels.com. Trop grand vu la taille de la localité, l'hôtel est souvent vide. Vue splendide de la terrasse.

Lattaquié (☎ 041)

☺☺☺ **Le Méridien**, à 10 km à l'extérieur de la ville, donnant sur la plage, tél. 428735, fax 428732, www.lemeridien.com. Institution dans le style des années 1970, accueille surtout des Syriens.

☺☺ **Côte d'Azur Cham Resort and Residence**, à 10 km à l'extérieur de la ville, tél. 428700, fax 428285, www.chamhotels.com. Hôtel très agréable qui donne directement sur la plage.

Riviera, Ramadan Street, tél. 211806 ou encore 216311, site internet : riviera@net.sy. Très propre, sympathique et extrêmement apprécié notamment par les groupes !

Saladin Castle, Haffe, tél. 730954, fax 730301, salladincastelhotel@hotmail.com. Situé un peu à l'écart de Lattaquié, dans la petite localité de Haffe, à proximité du château de Saladin. Seule possibilité d'hébergement sur place. Bel hôtel moderne avec vue imprenable sur le château, les propriétaires sont charmants. Une oasis de calme si l'on compare avec Lattaquié. À recommander !

Al-Riad, Shaik Daher, tél. 476315. Hôtel agréable ; des chambres du haut, on embrasse la ville du regard.

☺ **Lattakia**, Shaikh Daher, près de la statue d'Assad, tél. 479527 et 4458678. Très propre, chaleureux et mieux que certains hôtels étoilés. De nombreux routards y descendent. Les chambres de l'étage supérieur sont plus jolies.

Tartous (☎ 043)

☺☺☺ **Shahine Tower Hotel**, Tarek ibn Ziad Street, PO Box 228, tél. 329100, fax 315290, shahin@scs-net.org. Meilleur hôtel sur place. Au centre-ville, certaines chambres donnent sur la mer.

☺ **Al Bahr**, Corniche, tél. 312246. Hôtel ancien donnant directement sur la mer. Très propre, agréable.

Raffoul, juste en face de la cathédrale, tél. 220616. Petite pension très jolie. Deux chambres sont équipées d'une salle de bains ; salle de bains commune pour les autres sans oublier une cuisine commune.

LIBAN – HÉBERGEMENT

Les bons et très bons hôtels sont légion à Beyrouth et dans le Nord. Il en va différemment dans le Sud. Vous ne trouverez que peu d'hôtels bon marché, les *funduqs*, au Liban. Le ministère du Tourisme libanais à Beyrouth édite un répertoire gratuit des possibilités d'hébergement.

🅢🅢🅢 plus de 100 euros
🅢🅢 40-100 euros
🅢 moins de 40 euros

7 LIBAN

BEYROUTH ET LE CENTRE DU LIBAN

Beyrouth (☎ 01)

🅢🅢🅢 **Hôtel Albergo**, rue Abdel Wahab al Inglizi, tél. 339797, fax 339999, www.albergo-beirut.com. Charmant hôtel de style colonial, aménagé avec goût. Les 33 chambres sont fort vastes et personnalisées. Le grand luxe !

Le Méridien Commodore, rue Commodore, Hamra, tél. 734734, fax 750782, www.lemeridien. com. Complètement rénové en 2004, ce grand hôtel brille à nouveau de tous ses feux.

Riviera Beirut Hotel, Corniche, tél. 373210, fax 365239, www.rivierahotel.com.lb. Cet hôtel un peu impersonnel est merveilleusement situé et dispose d'une plage privée ; les chambres sont vastes.

Mövenpick Resort Beirut, avenue General de Gaulle, PO Box 2038, tél. 869666, fax 809326, www.moevenpick-hotels.com. Splendide complexe situé juste au bord de la mer, au sud de la ville, le service Mövenpick est à la hauteur de sa réputation.

Monroe, rue Kennedy, tél. 371122, fax 371112, www.monroebeirut.com. Hôtel moderne, fort chic, un peu dans le style des années 1970, chambres agréables, au centre et au bord de la mer, personnel prévenant.

Cavalier, rue Hamra, tél. 353001, www.hotel-cavalier.com. Hôtel séduisant, chambres confortables et bon rapport qualité-prix.

🅢🅢 **Mayflower Hotel**, rue Némaé Yafet, tél. 340680, fax 342038, www.mayflower.com.lb. Les journalistes s'y retrouvaient avant la guer-

re ; aujourd'hui c'est un charmant hôtel un petit peu démodé, chambres très propres.

University Hotel, au niveau de l'entrée de l'AUB, tél. 365391, www.university-hotel.net. Chambres propres et convenables avec TV par satellite, frigo et balcon (pour certaines). On ne peut plus au centre.

🅢 **Regis Hotel**, rue Razi, Ain al Mreisse, tél. 361845, www.regishotel-lb.com. Hôtel simple dont les chambres sont propres et équipées de l'air conditionné (AC), d'un frigo et de la TV.

Pension al Nazih, avenue Charles Hélou, tél. 564868, fax 564868, site www.pension-alnazih.8m.com. Chambres simples (avec TV et parfois AC, mais sans salle de bains) et dortoirs. Près de la gare routière.

Beit Meri (☎ 04)

🅢🅢🅢 **Al Bustan Hotel**, tél. 972980-2, fax 752000, site : www.albustanhotel.com. Hôtel immense possédant plusieurs restaurants. Le luxe à l'état pur. À recommander absolument.

Bourrama (☎ 04)

Les prix varient considérablement selon la saison. Hors saison, vous paierez parfois jusqu'à 50 % moins cher.

🅢🅢🅢 **Grand Hills Hotel & Spa**, Al Charkiah Road, tél. 862888, fax 851888, www.grandhillsvillage.com Luxe un peu tapageur.

🅢🅢-🅢🅢🅢 **Printania Palace**, rue Chahine Achkar, tél./fax 862000, www.printania.com. Jadis le meilleur hôtel sur place, il reste un hôtel de luxe non dénué de charme proposant tout le confort nécessaire à un bon séjour.

Belle Vue Palace, tél. 865000, fax 865002, www.bellevuepalacehotel.com. Hôtel soigné de 50 chambres qui possède une grande salle de théâtre, très calme.

🅢🅢 **Le Crillon**, rue Centrale, tél. 865555 ou 960579, www.lecrillon.com. Hôtel plaisant avec piscine.

Garden Hotel, tél. 960203, fax 960259, site : www.gardenhotellb.com. Hôtel très joli avec petit jardin et piscine. Toutes les chambres sont équipées d'un balcon, minibar, de la TV par satellite et de l'AC.

Jounieh (☎ 09)

🅢🅢🅢 **Le Royal**, tél. 04-555555, fax 04-555100, www.leroyalbeirut.com. Hôtel grand

E

luxe à 6 km au sud de Jounieh – espace Spa agréable voire luxueux, chambres spatieuses, divers restaurants internationaux et libanais, espace aquatique et immenses salles d'affaires. La classe !

Fait un peu moins dans le gigantisme tout en restant dans la catégorie supérieure : l'hôtel **Portemilio**, tél. 933300, fax 931866, www.portemilio.com, le hall est beau, vaste espace aquatique et chambres décorées dans un style très oriental. Les suites notamment sont splendides.

Acropolis, tél. 578256, fax 639400, site internet : www. acropolis.com.lb. Très bon hôtel 4 étoiles, équipements à l'avenant.

😊😊 **Madisson Hotel**, Jounieh Downtown, tél. 931722, www.madissonhotel.com. Hôtel convenable de catégorie moyenne, situé au centre-ville.

La Medina, rue Maamelteltin, tél. 918484, www.lamedinahotel.com. Hôtel rigolo et quelque peu kitsch, agréable, piscine, personnel prévenant.

Faraiya / Faqra (☎ 01)

😊😊😊 **L'auberge de Faqra**, tél. 300600, fax 300610, www.faqraclub.com. Hôtel chic dont le club propose toutes les activités sportives possibles et imaginables. Les tarifs varient considérablement selon la saison.

Byblos (Jbail, ☎ 09)

😊😊 **Byblos sur Mer**, tél. 548000, fax 944859, www.byblossurmer.com. Les chambres sont certes petites mais offrent une vue sensationelle. Piscine géniale au milieu du môle du port, personnel sympathique. Bon restaurant.

😊-😊😊😊 **Abi Chmou**, Nassib Eid Bldg, tél. 540584. Cet hôtel extrêmement séduisant n'a qu'une chambre et une suite qui sont toutes deux à tomber à la renverse, la suite en particulier. Toutes deux offrent une vue magnifique sur les ruines. Cet hôtel a énormément de succès et comme il n'a que deux chambres, il est absolument indispensable de réserver. Très bon rapport qualité-prix.

Laqlouq (☎ 09)

😊😊 **Shangrila Hotel**, au centre-ville, tél. (portable) 03-430005. Bel hôtel traditionnel. Jouxtant l'hôtel, le **Nirvana** n'est ouvert que lorsque le Shangrila est complet.

La Vallade, en début d'agglomération, tél. 904140. Motel simple, piscine l'été.

TRIPOLI ET LE NORD DU LIBAN

Batroun (☎ 06)

😊😊-😊😊😊 **San Stefano Beach**, tél. 740366 et **Aqualand**, tél. 742760. Ces hôtels, qui se ressemblent, bordent la plage et sont équipés de plusieurs restaurants. Compter de 70 à 100 US$ la nuit pour une chambre double.

Tripoli (☎ 06)

😊😊😊 **Château des Oliviers** (Villa Nadia), à quelques kilomètres au sud de la ville, à Haykalieh, tél. 411170, fax 440981, www.chateaudes-oliviers.com. Très bel hôtel situé au cœur des montagnes dont les chambres sont personnalisées et l'ambiance très familiale.

Quality Inn, Rashid Karami International Fair, tél. 211255. Meilleur hôtel de Tripoli dont le hall est rehaussé par une authentique statue de Dali. Immense et quelque peu impersonnel.

😊-😊😊 **Hôtel Koura**, rue Tall, tél. 326803, fax 425451. Cet hôtel a été aménagé avec un soin tout particulier dans une maison vieille de 300 ans. Les chambres sont propres et équipées de l'AC. Propriétaires sympathiques !

😊 **Pension Haddad**, rue Tall, tél. 507709. Pension toute petite, mais charmante dont les propriétaires sont très chaleureux et les chambres propres et fort peu chères

Hôtel Hayek, rue Ibn Sina, tél. 601311. Petit hôtel sympathique avec des chambres simples et pas toujours aussi propres qu'on pourrait le souhaiter. Cela étant, elles donnent sur la mer et le personnel est très aimable. Reste malgré tout un pis-aller dans sa catégorie.

Ehden (☎ 06)

😊😊 **La Mairie**, rue Dawalib, tél. 560108. Hôtel de catégorie moyenne tout à fait convenable, situé au cœur d'Ehden, plaisant et propre.

Grand Hôtel Abchi, tél. 560001. Grand hôtel moderne, quelque peu ennuyeux avec piscine. Toutes les chambres sont équipées de l'AC, de la TV, d'un réfrigérateur et sont propres. Le personnel est sympathique.